★ 河北省金融学重点学科项目
★ 河北金融学院金融学卓越应用型人才工程项目资助

# 财富管理与
# 理财规划实验教程

EXPERIMENTAL TEXTBOOK ON WEALTH MANAGEMENT
AND FINANCIAL PLANNING

主编◎徐　丹

副主编◎王小彩　王丽媛

经济管理出版社
ECONOMY & MANAGEMENT PUBLISHING HOUSE

**图书在版编目（CIP）数据**

财富管理与理财规划实验教程/徐丹主编 . —北京：经济管理出版社，2022.3
ISBN 978 - 7 - 5096 - 8359 - 0

Ⅰ. ①财…　Ⅱ. ①徐…　Ⅲ. ①投资管理—实验—教材　Ⅳ. ①F830. 593 - 33

中国版本图书馆 CIP 数据核字（2022）第 047045 号

组稿编辑：申桂萍
责任编辑：申桂萍　李光萌
责任印制：黄章平
责任校对：蔡晓臻

出版发行：经济管理出版社
　　　　　（北京市海淀区北蜂窝 8 号中雅大厦 A 座 11 层　100038）
网　　址：www. E - mp. com. cn
电　　话：（010）51915602
印　　刷：北京晨旭印刷厂
经　　销：新华书店
开　　本：720mm×1000mm/16
印　　张：17
字　　数：319 千字
版　　次：2022 年 6 月第 1 版　　2022 年 6 月第 1 次印刷
书　　号：ISBN 978 - 7 - 5096 - 8359 - 0
定　　价：68. 00 元

# 前　言

理财规划是理财活动的核心内容，从本质上讲是一种综合的金融服务，是指专业理财人员通过分析和评估客户财务状况和生活状况，明确客户的理财目标，最终帮助客户制订出合理的、可操作的理财方案，满足客户人生不同阶段的需求，最终实现人生在财务上的自由、自主和自在。可见，理财规划的成果要以理财规划方案的形式呈现出来，是指导客户开展理财活动的蓝本。

结合多年从事理财实际工作的经验和在理财教学中的问题积累，本书写作的初衷是想要解决理财教学中理论与实践的脱节问题，更好地把理财理论与理财实践相结合，培养真正具备金融理财行业所需的职业素质和执业能力的应用型人才。通过本书的学习，读者能加深对理财技能的掌握，熟悉理财规划方案的基本设计要求，初步具备金融理财从业人员的基本素质，能够胜任理财行业的岗位工作。

本书的写作目的是从实践的角度为理财规划方案的制定提供全流程指导，适用于金融理财相关课程的教学、金融学专业方向学生的自学和初入理财行业从业人员的学习，主要为理财工作中遇到的实际问题提供解决方案，并以案例的形式加以展现。本书具有以下几个特点：

第一，本书的写作逻辑与理财规划基本流程一一对应。按照理财规划的步骤，以项目教学法为依托，分为五个项目，即"理财规划准备流程""客户家庭财务分析""客户理财目标的制定""理财方案制定""理财规划方案的执行与调整"。

第二，本书以"基础学习＋实践训练＋案例"的模式安排理财学习活动。书中每一部分内容的编写均按照"基础知识""实训任务及具体步骤""案例演示"三个模块展开，不同读者群体可以有针对性地选择学习内容。

第三，结合财富管理相关内容，特别安排了有关客户沟通和问题解决方面的内容，引入财富管理实际工作中的具体案例，更好地融合了理论和实践，专业性和应用性更强。

第四，作为理财实训课程教学使用，本书为教学活动提供了较为全面的教学资源支持，包括教学安排、方法设计、理财规划方案设计实训指导书、参考案例库及学生训练用的理财规划方案模板等。

本书在内容安排上兼顾了不同背景读者的学习要求，内容通俗易懂，理论讲解较少，侧重实践，案例丰富。既适用于金融理财方向学生和初入职场者的专业性学习，又适用于非金融专业学生的学习和非专业人士的理财培训。

本书在编写过程中得到了河北金融学院各级领导的大力支持和指导，同时本书参考和借鉴了国内外金融理财方面专家学者的文献资料，在此一并表示衷心的感谢！

由于本人水平有限，书中还存在一些不足之处，恳请各位读者不吝赐教！

徐丹

2020 年 3 月 12 日

# 目　录

# 第一章　理财实训课程概述

## 第一节　理财实训课程的教学目标

　　理财综合技能实训课程是以培养学生的职业能力为目标，在教学过程中，注重遵循渐进、由浅及深的原则，注重教学内容实践带动理论的特征，并在理论够用为度的前提下，尽可能详细地运用实际案例分析理财过程。通过课程训练，使学生了解金融理财及财富管理行业所需的职业素质、职业技能，加深对理财技能等知识的理解，巩固课堂教学内容，熟悉各分项规划，较好地掌握相关理财方法与技巧，初步具备金融理财从业人员的基本素质，能胜任理财行业的岗位工作，最终达到培养专业化的、高素质的实用型人才的目标。

　　学习本课程，需要学生在课前储备理财相关知识和理论，具体包括以下几点：

　　（1）金融理财的基本概念、原理和基础理论。

　　（2）个人及家庭财务规划的基本概念、原理和基础理论。

　　（3）投资及投资规划的基本概念、原理和基础理论。

　　（4）保险及保险规划的基本概念、原理和基础理论。

　　（5）证券（包括基金等）及证券投资的基本概念、原理和基础理论。

　　（6）税务及税务筹划的基本概念、原理和基础理论。

　　（7）信托及其筹划的基本概念、原理和基础理论。

　　（8）金融风险及风险管理的基本概念、原理和基础理论。

　　（9）市场营销和推销技巧的基本概念、原理和基础理论。

　　通过课程学习，要求学生掌握理财规划的基本原理包括以下几点：

　　1. 风险和收益的权衡

　　"高风险、高收益"是每一个学习金融的学生都明白的道理，投资者要获得最低报酬率来对资金的使用即延迟消费进行补偿，要求获得额外的报酬来对所承担的风险进行补偿。因此，在理财的过程中，永远离不开投资，也就充斥着风险和收益的权衡问题。

2. 货币的时间价值

"今天的钱比以后的钱更有价值"是我们在理财中所应有的认识。它让我们明白投资价值是如何随时间推移而逐渐增加的，也让我们有了一个将不同时点资金进行比较的标准和工具。

3. 多样化投资有助于降低风险

"不要把所有的鸡蛋放在同一个篮子里"是在投资中常常提到的建议。多样化的确能够降低或分散部分风险且不影响我们的预期收益。但需要注意的是：多样化并不能分散所有风险，多样化投资能够分散的风险都是非系统性风险，而系统性风险是不能够被分散的；并不是任意投资工具或投资产品的组合都可以被称为多样化，需要考虑产品或工具间的关联性。

4. 提供充足的流动性

理财规划活动作为一项长期复杂的服务，在为长期目标进行规划时，一定要未雨绸缪，保证充足的流动性供应。

5. 计划的重要性

考虑如何花钱总是比考虑如何存钱容易，储蓄不是自发事件，必须有计划并按计划严格执行。储蓄是理财的"初级阶段"，从一个简单的理财规划开始，将储蓄放在消费之前，养成为长期目标储蓄的行为方式。

6. 时间尺度和风险承受能力

时间与风险承受能力之间存在一定的关系，一般而言，投资的时间越长，对于风险的承受能力也就越强。为孩子明年上学而准备的钱决不能投入股市，因为把钱投入股票市场的风险要远远高于所能够承担的风险，而对于为20年后的退休生活做养老准备规划而言，股票市场不失为一个理想的投资场所。

7. 不可或缺的保障

在理财规划中我们需要明确的一点是风险无处不在，保障必须先行。在任何理财规划中都必须安排保障方案，以提高在重大事件或意外事件发生时的应对能力。

8. 理财行动越早越好

从下决心到付诸行动也许是个人理财规划过程中最艰难的一步，但理财过程中最核心的要点就是时间，时间能帮助我们避免遗憾，获得更多收益，因此理财开始的时间越早越好。

本课程的学习目的是进一步加深学生对于金融理财理论知识的理解和理财实

际操作技能的运用，培养学生收集整理信息能力、语言表达能力、营销能力、金融市场分析能力、策划与统筹能力及心理分析能力，使学生成为具有扎实理论基础、勇于探索、敢于创新的经济应用型和实际操作型专业人才。同时，在课堂教学与实习（训）中还应注意加强思想政治教育，树立正确的人生观和价值观，培养学生良好的职业道德理念。

理财综合实训课程的具体学习要求包括五个方面：第一，努力学习理财基本理论知识和理财技能；第二，关注金融市场相关动态和市场的变化；第三，掌握理财工具的使用方法和使用技巧；第四，树立正确的理财观念；第五，从自己和家庭开始，进行理财规划。

# 第二节　理财实训课程的内容安排

现代的财富管理即用标准化的流程来做非标准化的方案，也就是理财流程的六个标准步骤，包括：①建立和界定与客户的关系；②家庭财务状况分析；③确定理财目标；④制订理财方案和计划；⑤执行理财计划；⑥检查、调整和修改理财计划。这六个标准步骤就是要为每一个环节中的核心任务做相应的标准，用相对收缩和明确的标准来确定多元化服务的质量。本书以理财规划的六个步骤为依据，结合理财教学活动的特点，合理安排教学内容和训练计划。

在学习本课程前，我们要先解决几个问题：什么是理财？什么是理财规划？为什么需要理财规划？

## 一、理财概念界定

本书所说的"理财"是指个人/家庭理财，也就是不包括公司（单位）理财或公共理财。个人/家庭理财有以下几种定义：从狭义上讲是银行提供的产品销售及金融中介服务，目的是为了佣金。也可以说是投资者个人为了达到个人资产收益最大化的目标而进行的调整资产配置和投资的活动。从广义上讲，本书中的理财更多指的是一种服务，是由专业理财机构为个人/家庭提供的综合理财服务，目的是满足整个人生的财务需求。

## 二、理财规划概念界定

理财规划（Financial Planning）就是理财活动的核心内容，这里我们引用中国金融标准委员会对理财规划的定义：理财规划是一种综合金融服务，指专业理财人员通过分析和评估客户财务状况和生活状况、明确客户的理财目标、最终帮助客户制订出合理的、可操作的理财方案，使其能满足客户人生不同阶段的需求，最终实现人生在财务上的自由、自主和自在。

对于理财规划定义的理解，我们需要明确这样几个问题：

（1）理财规划是理财产品的销售吗？

（2）理财规划是为了投资收益吗？

（3）理财规划有风险吗？

（4）理财规划是一次性完成的工作吗？

首先，理财规划不是简单的理财产品销售，如前面所述，我们这里所说的理财就是一种服务，而狭义的理财就是销售产品，是理财活动的早期形式，也是很多人对于理财的一种误区。其次，理财规划需要投资，当然投资需要有收益，但理财规划的最终目的是追求财务自由，满足理财目标所需，而不是追求高额回报和投机。再次，在理财规划中需要投资，投资必然有风险，我们在理财规划时要做的就是了解和明确个人/家庭的风险属性，与所选择的金融工具的风险属性进行匹配，选择适合的投资工具和投资产品。最后，理财规划从本质上讲是一种综合的金融服务，具有综合性、复杂性和长期性的特征，在理财规划的几个环节中，开始与客户的接触是非常重要的环节，其可能持续时间很长，包括建立信任关系、投资者教育等。制定理财规划报告书需要的时间不会太长，借助于各种计算工具和管理系统可能需要几小时或几天，执行和监督理财规划却需要几年、几十年甚至终身。所以，我们所要学习的理财规划是一项长期复杂的金融服务，不能一蹴而就。

除了理财规划，大家可能还听到过综合理财规划。综合理财规划是将不同种类、不同性质的理财规划，如现金规划、储蓄规划、房地产投资规划、税收规划、保险规划等分支理财规划组合在一起，形成一个完整的、全面的理财规划，通常以综合理财规划建议书的形式提交给客户。各个分支理财规划是综合理财规划的基础（见图1-1），在学习并掌握各个分支理财规划后，再进一步学习将各个分支理财规划整合协调的方法，最终完成综合理财规划。综合理财规划的作用与理财规划的作用类似，也就是平衡现在和未来的收支、提高生活水平、规避风险和灾害。

**三、理财规划的作用**

金融服务以前是卖方市场，金融机构掌握主动权，金融服务行业的利润率也高于普通企业。然而，普通人在金融服务中的话语权并不多，只能被动接受。现阶段，"互联网金融""金融＋"等带来了全新的金融服务方式和支付方式，个人对于金融服务的选择多了起来，金融服务行业面临很大压力和转型挑战，或者说是市场定位的改变，直接带来的是买方市场的形成。银行业、保险业、证券业等都在客户资源、产品创新、服务营销方面加大了投入。而且，更多的新型金融机构开始为客户提供定制化的服务，而理财规划就是极具个性化的服务，也是现在为大多数人所接受的服务。在理财规划服务中可以说综合了金融服务、金融产品等多个方面，可以为金融机构带来更多的客户和利润。那么，这些理财规划服务的需求主要集中在哪些方面呢？或者说为什么会有这么多需求呢？

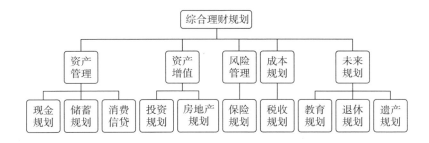

**图 1 - 1　综合理财规划脉络**

（1）从理财规划的定义入手，每个人都希望实现财务自由，而现阶段存在的实际矛盾是养老保障不足、教育需求增加、医疗费用上升等，为了平衡一生的财务收支，越来越多的普通人开始关注理财服务，并寻求理财帮助。

（2）从财富收入和财富结构来看，整个社会财富总量急剧增加，越来越多的家庭拥有了可投资资产，或者说拥有了理财的资源，理财客户和财富客户的数量大幅度增长，人们开始关注于资产的保值增值，甚至是财富的传承。

（3）从目前个人和家庭的消费支出来看，消费者支出更加理性，而且其有更多教育、养老的支出需要，因而人们在这几个方面需要做储蓄。在关于城乡居民储蓄的目的调查中，子女教育费用排在居民储蓄目的的第一位，位列养老和住房之前。据调查，从居民的储蓄目的看，"为教育储蓄"是居民储蓄的首要目的，接下来依次是"养老""买房装修"和"预防意外"，占比分别为18.9%、14.1%、11.8%和10.7%。从整体调查情况来看，子女教育支出已经成为城市家庭的主要经济支出项目之一，城市家庭平均每年在子女教育方面的支出占家庭子女总支出的76.1%，占家庭总支出的35.1%，占家庭总收入的30.1%。[①]

（4）越来越多的人意识到了风险的存在和风险与收益的关系，从而重视对

---

① 张涛．中国城镇居民储蓄状况调查与研究［M］．北京：中国金融出版社，2010.

风险的控制。一方面，保险开始在生活中发挥更大的作用，教育、医疗、养老、遗产传承等都用到了保险产品，其可以有效地转移和分散风险，降低风险引起的损失；另一方面，人们意识到了投资的重要性，明白高风险高收益的道理，但又害怕风险，想要管理风险。因此，人们开始寻求理财方面的帮助，特别是在风险的管理方面。

下面，我们来详细介绍理财规划的基本流程。

第一步，建立和界定与客户的关系。这是理财规划开始的基础和重要环节。只有与客户建立起相互信任的关系，才能了解客户的基本情况和理财的需求。

第二步，家庭财务状况分析。这是理财规划活动开始的一步，通过制作家庭财务报表，观察报表数据和结构，并进行相关财务指标的分析，了解客户家庭的财务状况。

第三步，确定理财目标。如果我们不知道自己想要什么，自然也就得不到。所以在这一步，我们需要引导客户了解自己及家庭所需，"要什么？要多少？什么时候要？"是我们要明确的问题。

第四步，制订理财方案和计划。理财规划核心内容就是为实现财务目标制订一个具有可行性的行动计划。一个可靠的理财规划包括一个正式、可控的预算，合理有效的投资策略，还要反映客户独一无二的个人和家庭目标。

第五步，执行理财计划。我们都知道"知易行难"，制定一个仔细周全的理财规划方案固然重要，但是何时执行方案，怎样执行方案并坚持执行这个方案则更为重要。需要理财师与客户的共同努力才能最终实现理财目标。

第六步，检查、调整和修改理财计划。制定理财规划方案不是目的，是我们用来实现目标的工具，因此在执行的过程中，应该根据实际情况的变化，包括金融市场的变化、客户需求的变化、客户家庭变故等对理财规划方案进行修正。

最后，我们来了解一下开展理财活动的几个关键步骤：

第一步：个人理财规划（理财记录的事理与分析、预算规划）。

第二步：资源成本管理（消费与信贷规划、税收规划）。

第三步：理财资源保障（现金规划、保险规划）。

第四步：理财资源投资（投资规划）。

第五步：掌控理财未来（教育、退休、遗产策划）。

# 第三节　理财实训课程的方法设计

## ——项目教学法的应用

　　项目教学法最早由美国著名哲学家、教育家、心理学家杜威提出，美国进步主义教育家克伯屈对其进行了理论化、系统化阐述，建立了项目教学的理论架构。项目教学法是以学生为主体的一种教学方法，即学生在教师指导下通过完成一个完整的项目而进行的活动，在项目进行过程中学生掌握教学所要求的内容，将理论与实践相结合，充分发挥学生创造能力、发挥其潜能，培养学生的独立性、团队合作、探索创造、发现问题及解决问题的能力，同时调动了学生学习的兴趣。项目教学法强调先学后教、先练后讲，实现了角色互换，改变传统教学模式，教师变为参与者、引导者，学生成为主体。

　　项目教学法能最大限度地调动学生学习的主动性和参与性，使其独立学习、独立思考、团结协作、发挥想象力和创造力，有效地锻炼和提高学生的社会能力、实践能力和综合职业能力。目前，该方法在高等教育和职业教育中得到了广泛使用，且很多教师和学者都进行了尝试。例如，肖启艳、李国太、郭阳明在"建筑BIM技术与应用"课程中以完成递进式项目为学习内驱力，促使学生在教师指导下通过自主学习、协作探究、展示互评和拓展训练等有计划地完成课程资源学习和项目训练，实现知识建构和应用迁移，提升专业技能和综合素质。[①] 李会民、代建军在英语课程中以实践活动的形式来体现项目化学习，以合作学习为载体开展多维度的学习实践活动，促进学生深度参与，发展学生高阶思维能力。[②] 吕玉玲、陈星毅、叶多多在服装设计与工艺专业教学中应用项目教学法，通过设定的项目让学生进行探究式、合作式的实践学习，学生在完成项目的过程中掌握相关知识和工作岗位所需的综合技能，培养学生可持续发展能力，解决传统服装专业传授很多零散的专业知识而无法提高其工作能力的问题。[③] 可见，与传统教学法不同的地方在于：第一，项目教学法改变了以教师为主体，学生被动学习的模式，学生在教师指导下进行学习；第二，项目教学法中学生全程参与项

　　① 肖启艳，李国太，郭阳明．基于SPOC的项目驱动式教学模式研究——以高职"建筑BIM技术与应用"课程为例［J］．职业技术教育，2020，41（32）：52－57.

　　② 李会民，代建军．指向高阶思维的英语项目化学习研究［J］．基础教育课程，2021（6）：48－53.

　　③ 吕玉玲，陈星毅，叶多多．基于CDIO教育理念的项目化教学模式研究与实践——以福建第二轻工业学校服装设计与工艺专业为例［J］．职业技术教育，2021，42（5）：37－42.

目的实施，从资料的收集、计划的制订、方法的选择、目标的实施，到信息的反馈及成果评价都主要由学生来完成，因此学生可以根据自身兴趣对项目做出选择，在此过程中学生的内在动力得以调动；第三，项目内容与实际紧密相连，学生可以从亲身经历中获得经验。

项目教学的基本内涵主要体现在通过项目主题所包容的跨学科的综合内容来实现教学完整性，[①] 理财规划的六个步骤分别为建立和界定与客户的关系，家庭财务状况分析，确定理财目标，制订理财方案和计划，执行理财计划，检查、调整和修改理财计划，是完整统一的规范化流程，且包含多学科知识和方法，本书即按照理财规划的规范步骤安排实训课程项目。有效的教学项目设计可按照工作设计、教学设计、任务设计、情境设计四个步骤进行。[②] 本书应用理财实践中的真实案例改编为教学案例，力求与理财实际工作相符；采用了组内合作，组间交流的模式；在每个项目里也设计了不同类型的实训任务，学生通过项目的分工与合作，完成获得客户的相关资料、分析客户财务状况中存在的问题、归纳客户实际的理财目标以及制订相应的理财方案等阶段任务；同时设计了情景模拟，使学生能够学会解决客户争议，模拟理财师与客户交流的全过程，从而使理财实训课程更加接近于实际的理财工作，以此提高学生的人际交往能力以及为客户制作理财方案的能力。

本书按照理财规划流程结合项目教学法安排实训流程，共安排了五个实训项目，如图 1-2 所示。

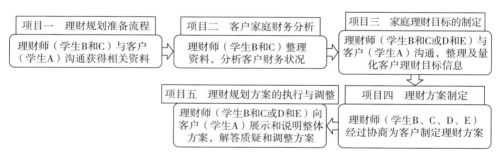

图 1-2　项目教学法实施流程

---

①　徐朔. 项目教学法的内涵、教育追求和教学特征 [J]. 职业技术教育，2008，29（28）：5-7.
②　赵茂锦，李振陆. 项目教学法设计的关键要素及评价 [J]. 职业技术教育，2017，38（8）：47-50.

具体安排如下：

对教学班级学生进行分组，每组学生人数在 3～5 人，为一个理财团队。

### 项目一：理财规划准备流程

每组选定一名学生 A 作为客户，其从案例库中随机抽取一个作为本组的研究对象，只有他一人知道客户资料，其他同学通过与他沟通获得相关客户信息。

理财师（学生 B 和 C）设计沟通问题和相关表格，通过与 A 沟通并填写表格的方式获取客户的所有财务信息及非财务信息（包括风险信息）。

### 项目二：客户家庭财务分析

理财师（学生 B 和 C）对项目一所获得的资料进行整理，编制相关家庭财务报表，计算财务指标，分析评价其财务状况，并对以后的财务状况作出预测。

### 项目三：家庭理财规划目标的确定

理财师（学生 B 和 C 或 D 和 E）通过与 A 沟通并填写相关表格获取客户理财目标相关信息，并归纳、整理理财目标，分析理财目标的可行性，应用理财计算工具（财务计算器、Excel 等）进行反复测算，最后使用目标基准点法确定具体理财需求，明确理财目标，并参照实训指导书列明理财目标明细表。

### 项目四：理财方案制定

由理财师（学生 B、C、D、E）经过协商为客户制定理财方案，包含现金规划（流动性需求）、保险规划、投资策略选择、具体投资方案等。

### 项目五：理财规划方案的执行与调整

由理财师（学生 B 和 C 或 D 和 E）向客户（学生 A）展示和说明理财规划方案，并推荐投资产品，客户（学生 A）需要对理财规划方案的具体内容提出质疑和问题，并协商解决，最终确定方案内容和具体实施的时间、方式。

# 第二章 项目一 理财规划准备流程

## 第一节 基础知识

### 一、如何与客户建立联系

理财规划标准流程的第一步就是建立和确定与客户的关系。这里要做两件事情：①客户营销，指了解客户偏好，投其所好，是一种与客户的初步交流。②确定与客户的服务关系，一般是以合同合约的方式，确定双方的基本权利、义务、职责范围等，这里也会涉及信息的收集。

与客户建立联系的前提是已有目标客户。如今已是以客户为中心的客户主义时代，忠实的客户已经成为最珍贵的资源。一个公司现在和将来的客户关系将决定公司未来的前途，也决定公司的价值。那么在理财服务中我们要寻找的是什么样的客户呢？

我们寻找的理财服务潜在客户应具备三个条件：第一，客户要有投资的意识和需要；第二，客户具备执行理财规划的投资能力；第三，客户在家庭中具有投资决策权。

为了更快地找到潜在客户，我们可以借助如下途径：首先，可以借助社会关系网，理财师和财富经理的已有客户资源、合作方、朋友和熟人等。初期业务开展最快速的方法就是发挥朋友和熟人的转介作用，这个方法尤其是对于没有社会经验的学生而言非常有效。随着业务的逐步展开，理财师和财富经理的社会关系网会逐步建立起来，可以与机构业务合作方相互介绍客户，特别是老客户带新客户的模式，更容易与新客户建立信任关系。其次，可以借助组织和参加展会、报告会等大型活动来接触有影响力的人（指那些因其地位、职务、成就、人格而对周围的人有较大影响的人）。他们可能是一个公司或一个部门的领导，也可能是在一群投资者中比较被大家推崇的人，总之，他们能够号召其他的人和他一起行动。研究表明，一个新产品或新业务要想为大众所接受，开始必须由那些有创新意识的人或公司使用，然后由他们向他人传播经验。要想被一个圈子的人尽快接受，最有效的办法就是找到在那个圈子中最有影响力的人，得到他的认同。然后采用多种方法，让他们记住你、认同你，经由关键人物发展更多高质量的理财客户。此外，目前较为常用的方法是主动拓展客户资源，借助理财机构自身或其他合作机构的网络资源和客户资源，对潜在客户进行上门访谈和电话邀约。对客户资源进行深度挖掘，与客户建立联系，拓展潜在客户规模。

对于潜在客户，理财机构可以多渠道推广理财服务，通过媒体、组织活动、发放宣传品等多种方式宣传个人理财规划的理念、所在机构的服务特色、理财人员的综合素质等，也可以通过互联网渠道做产品推荐、理财技巧解析、活动发布、理财业务推广等。

在明确目标客户后，客户关系建立的基础就是与客户的面谈，与客户的第一次交流和面谈是理财业务开展至关重要的一步。与客户的直接面谈可以使理财师和财富经理全面地了解客户，获得客户关于财务状况、理财目标、风险偏好等相关方面的信息。同时，客户也会对提供理财服务的人员形成一个初步的综合判断，这种判断将会对客户的需求产品有直接影响，进而影响理财人员与客户委托代理关系的建立。首先，在初次面谈前需要做好充分的准备，明确与客户面谈的目的，确定谈话的内容，拟定详细的谈话提纲，准备好所有的背景资料，明确要向客户传递的信息（见表2-1）。其次，做好前期的事务安排，为面谈选择适当的时间和地点，给予客户足够的安全感。最后，确认客户是否有财务决定权，是否清楚自身的财务状况，并通知客户需要携带的个人材料。

表 2 - 1　需要向客户传递的信息

| 信息类型 | 具体说明 |
| --- | --- |
| 理财人员在理财过程中的角色和作用 | 帮助客户明确理财目标，制定理财方案 |
| 理财规划的流程 | 客户信息收集、财务状况分析、方案提出、方案执行、监督反馈 |
| 理财人员的行业经验和执业资格 | 执业证书、从业年限、成功案例 |
| 费用收取标准 | 咨询费用等 |
| 投资理念 | 擅长的投资领域、投资组合的构建 |
| 后续服务和评估 | 跟踪调查、信息更新、组合调整 |
| 投资回报 | 风险与收益的关系 |

在客户对理财服务有了初步认知后，需要通过与客户的反复沟通让客户理解和认可理财服务，这对于理财规划的制订和执行都有重要意义。因此，我们需要对客户开展初步的投资者教育。投资者教育在理财服务的日常工作中是贯穿始终的，不管投资者在各自领域中多么精通和精明，但对理财规划是外行，要以这样的出发点来与客户交流，不能假设客户什么都知道。投资者教育在与客户的初次接触就已经开始了，因此我们需要提前做一些准备，如果没有教育准备，客户是无法理解在沟通中所用到的词汇和逻辑。这些准备工作包括设计投资者教育的小专题，包括：理财规划流程介绍，也就是在客户可理解的范围内对整个理财规划流程的概述；资产配置的基本概念和基本理论；从客户角度描述和介绍现代投资组合理论。此外，从非专业角度，以平常人的逻辑和语言沟通交流风险问题。当然还需要为这一小型投资者教育准备辅助图表和资料。

投资者教育的目的有四个层次：第一个层次是让客户理解和认识整个财富管理流程。因为整个流程是从客户开始的，也是到客户结束的，所以需要客户的配合。所有理财活动的开展和理财规划的调整都是因为客户的情况发生了变化。第二个层次是使客户理解现代投资理论的基本概念，包括资产组合配置、风险种类（现实中风险识别等）、投资产品管理者的风格，比如不同管理者管理的固定收益证券、股票等产品，该如何理解其投资风格，这些都是服务于投资目标的。第三个层次是为客户提供基本概念体系，这些基本概念包括对波动性的理解、对投资风格的认同、对风险的认知等。第四个层次是让客户理解本公司或行业理财规划的偏好和方法倾向、选择依据等，比如让客户认可资产配置的重要性，并拒绝"择时"的思路。这四个层次各有特点，但也存在很多交叉和融合。从本质上讲，理财师与客户之间建立的关系应该是学习型关系，也就是一个相互学习的过程，客户提出需求，理财师就去改进理财方案，提供更优质的服务，这样周而复始的过程自然就提高了理财师的服务水平和技能。客户通过与理财师的交流不仅能够获得一份满意的理财规划方案，也可以获得更多其他方面的帮助和支持。

理财师和财富经理在与客户面谈提供服务之前需要准备好相关资料。一是关于理财规划流程的介绍和公司或机构的简介。二是准备理财规划流程图，也就是理财规划六个步骤的示意图，图表没有固定格式，理财师需要从客户角度出发来介绍每个环节的核心任务和需要配合的工作，在介绍的过程中有四个阶段对客户而言非常重要。

第一阶段：这一阶段主要介绍资料收集的过程，理解资料收集是结构性很强的过程，可以使理财师或理财经理获得足够的信息从而确定目标和约束条件。首先，需要客户理解什么是约束条件，也就是所有客户希望在资产配置中加上的条件，比如继承的股票不能动、需要额外部分的流动性、对于股权的配置不能超过

15%等。客户在这些问题上越主动越好，没有被问到的也可以提出，最好由客户主导。理财师或财富经理的工作是帮助客户实现目标而不是告诉客户目标是什么。因此，对投资者的教育不是告诉客户哪个好哪个不好，不是说应该是什么，而是告诉客户这样选择的后果是什么，存在怎样的风险，说明任何选择的实际结果是什么。其次，需要帮助客户理清时间金额的优先级别并具体化，这样我们才能应用现金流贴现模型。

第二阶段：反复向客户解释客户理财规划中的一些基本概念，进一步解释理财规划中会应用的数学模型及精密计算，用通俗易懂的形式解释资产配置，但需要一些假设条件，比如对市场预期和客户情况的量化等。

要先确定客户需要哪些资产，这里仅仅是口头交流，在收集资料的环节也会有问卷调查，在这个过程中向客户解释最终目标是让客户不要简单拒绝任何一种资产类别，因为可用资产类别越多，资产配置的效果越好，越容易实现客户的理财目标，但客户可以在一些资产类别上加限制条件，也就是第一阶段的约束条件。确定具体资产类别后，会做出三个假设条件，这些假设前提是有依据的假设，是符合经济发展形势和规律的。①在目前经济周期内，未来5年资产的预期收益率的大体情况。②客户偏好的资产类别的预期收益率确定性程度。例如：如果预期股票市场的平均年化收益率为9%，但不代表每一种类型的股票的年化收益都是9%，而且也不是均匀的，所以需要预计波动的概率，假设存在20%的波动性，一个标准差的情况代表的是大多数情况，两个标准差的情况则是最差情况，也就是说股票的收益率会在 −11% ~29%。③不是所有类别的资产都会同涨同跌，而是错落的，理财规划中追求的是总体回报，考虑不同资产类别的差异性来保证平均收益和降低风险。在投资者教育过程中要清楚地把技术过程告诉客户，有了这几个估计值就可以把估计值优化处理后代入模型，得到最终确定的投资组合预计的收益和风险。

第三阶段：这一阶段需要理财师和财富经理对现代投资组合理论的核心思想、产生背景和产生过程进行详细介绍。这一过程会使客户有踏实的感觉，并且对有理论支撑的结论感到安心。一般在给客户讲理论和逻辑问题时会很枯燥，可以使用吸引人的故事来讲理论。比如在提到纳什时，可以讲讲《美丽心灵》的故事。总的来说人们还是欣赏理论的精妙，财经类的话题也都非常吸引人。我们在对客户进行投资者教育过程中，不管用什么题材只要能切入到客户教育中，对客户有效果就很好。通过这些介绍和讲解，当客户逐渐明白理财规划的制订依据和基础理论时，就会极大地增加客户的信任感。

第四阶段：这一阶段需要客户了解理财规划方案执行的重要性，可以列举按照理财规划方案执行成功的案例，用数据来说明坚持执行的重要性。此外，还要让客户了解在执行中可能会出现的一些问题，比如"跟风"的误区、"择时"的观念、短期损失和长期获益的关系等。

理财规划是一项具有长期性、复杂性和综合性的金融服务，客户也要经历这样一个长期复杂的过程，在这一过程中客户难免出现疑虑、反复，如何留住客户，如何真正坚持执行理财规划，最终实现客户家庭的理财目标，这就需要理财师和财富经理与客户建立充分信任的关系，赢得终生客户。与客户建立良好关系的途径很简单，就是以诚待人、情感沟通和制造双赢。因此，在与客户建立联系的过程中理财师和财富经理要秉持坦率公正的态度，尊重客户的观念，特别是在进行投资者教育的过程中要充分理解客户。此外，作为一名能够胜任理财师和财富经理职位的人而言还需要具备令人信服的能力和令人尊敬的人格，不论是专业能力还是行为能力都要能够赢得客户的信任。

在取得了客户的基本信任后，还需要以合同合约的方式确定与客户的服务关系，也就是签订理财服务合同。理财服务合同的形式均为书面形式，通常包含理财规划服务合同和保密合同。保密合同的主要条款包括当事人条款、鉴于文件、保密信息定义条款、双方权利与义务条款、违约责任、解决争议条款。签署的主要目的是保证提供理财服务的人员未经客户书面许可，不得向第三方透露任何有关客户的个人信息。

理财规划合同的签订程序包括以下几点：

（1）理财师和财富经理应准备好理财机构的合同文本。

（2）将合同交给客户，提醒客户认真阅读合同中的所有条款，并对客户理解有误或不理解的条款向客户做出详细说明，尽量避免因对合同条款理解上的分歧而产生法律纠纷。

（3）审查客户的身份证件，确认客户具有签订合同的行为能力。

（4）如客户对合同内容无异议，同意签署合同，则要求客户当面在相应的位置签字。如合同为多页，则要求客户在每一页上都要签字。签字完毕后，将合同收回加盖理财机构专用章。理财服务合同通常为多份，由客户、理财师、财富经理、提供理财服务的理财机构各执一份。

在签订理财规划服务合同时还应注意签订的理财服务合同应以所在机构的名义签署，而不能以个人的名义；理财师和财富经理在向客户解释合同条款时，如果发现某一条款确定存在理解上的歧义，则应请所在机构的相关部门进行修改；不得向客户做出收益保证或承诺，也不得向客户提供任何虚假或误导性信息。

**二、客户沟通技巧**

以客户为中心是对理财师和财富经理最基本的要求，以此为基础需要做到认真倾听客户心声，了解客户真正的理财需求；回答客户的问题，使客户了解理财服务；向客户提供持续性全方位服务，坚定客户的信心；提供的理财规划能够达成客户的理财目标。要做到以上这些需要理财师和财富经理具备一定的沟通技巧，掌握沟通的方式方法。

与人沟通交流的方式主要包括语言和行为两种，常用的语言交流形式有解释、安慰、建议、提问和总结。简单来说，语言交流中须注意所用词语的语言环境，在正式场合和非正式场合所使用的词语应有区别，特别是在理财服务中有较多的专业术语，在解释时要注意所用词语的准确性和可理解性。另外，还要注意语速和长度，做到语言亲切，避免使用命令语气。此外，要避免主观臆断，不要保证承诺，特别是对于投资收益情况不能有任何保证收益的词语出现。在沟通行为方面，坐姿、面部表情、眼神、嗓音等都对沟通效果有很大影响。在坐姿方面：首先，要与客户保持适当距离，采用开放的姿势，身体稍向客户倾斜；其次，面部表情要放松，并与客户保持眼神的交流。此外要认真倾听，不时给予客户适当的回应，比如微笑和点头，在转述或表明自己看法时要注意语气、语调和音量。

有效的沟通方法大致可以归纳为以下几个步骤（见图 2 - 1）：首先，是视觉接触，客户对理财师和财富经理的第一印象来自于视觉接触，也就是我们通常所说的"眼缘"。其次，想要获得良好的"眼缘"，微笑是非常关键的一步。在沟通的开始寒暄和问候时使用客户的名字可以使客户产生熟悉的感觉，拉近彼此距离。在沟通过程中，虽然理财规划中有很多专业术语，但理财同日常生活密不可分，同样可以用更通俗易懂的话语来解释，遇到客户提问时要积极回答，给予客户正面的印象。在沟通过程结束时，要对客户的配合表示感谢。

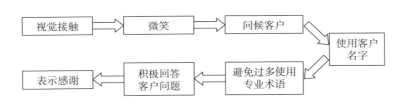

**图 2 - 1 有效的沟通步骤**

当客户对理财师和财富经理表现出好感，并对理财服务产生兴趣时，就要明白他真正的需求。这就需要具备倾听能力，要去了解客户，了解他的想法，这样才有可能做到真正的沟通。有效的倾听也是有效沟通的关键之一，这需要集中精力，本着客户主导的思想，站在客户的立场，仔细地倾听他所说的每一句话，不要用自己的价值观去指责或评价对方，要保持一种理解的态度，通过观察提出问题，态度诚恳，不要随便打断客户的谈话，正确、客观地分析客户的感受，从中找到最有价值的信息，重复客户的主要思想，积极反馈并证实客户的想法，从而掌握客户真正的想法。

根据心理学分析，可以把人们的性格归结为四种基本类型，瑞士心理学家和精神分析医师卡尔·荣格（Carl Gustav Jung，1875～1961 年）是分析心理学的创立者，他把人的个性分为理性型、主观型、情感型和感性型四种。这里我们就以这个分类为依据，对理财客户的性格进行分析。其中，理性型客户更喜欢技术分析方面的问题，也就是更喜欢与专业人士打交道，因此与这一类型的客户沟通应该保持非常专业的形象，穿着和言谈举止都应职业化，在沟通中应尽可能提供更多的事实性信息，让客户有更多分析依据可以参考；主观型客户更关注结果，在理财规划中他们会关注投资收益能否达到其要求，并且非常喜欢冒险，不会有意回避高风险的投资，因此与这一类型的客户沟通应该开门见山，言词肯定，不要模棱两可，同时要注意对风险的把控；情感型客户通常比较擅长与人交往，行为举止不拘小节，沟通起来比较容易，会直截了当地说出自己的想法，因此与这一类型的客户沟通应该表现出足够的热情，并使用更直观的方式，比如图表、案例等。理财师和财富经理在回答问题时要尽可能地站在客户角度，答复要符合客户的观点和个人利益；感性型客户相对比较随和，不会马上做出决定，因此需要理财师和财富经理与其有更多的接触，建立起较稳定的关系后才能逐渐进入状态，因此与这一类型的客户沟通需要有足够的耐心，并充分理解他们对风险和产品可靠度的担忧，提供更为全面周到的服务。

在实际理财规划服务中，每一个客户都会有各自不同的性格特征，理财师和财富经理需要掌握各种性格类型客户的特点，灵活调整自己与客户的沟通策略，不管哪一种类型的客户，都可以成为优质的理财客户。

当然，在与客户沟通过程中，也会出现一些沟通不畅的情况，比如拒绝和抱怨。处理这些情况也是沟通技巧的一部分。在处理沟通问题时，必须达到的两个目标：一是找出症结所在，尽可能满足客户需求；二是必须努力恢复客户的信任，达到圆满处理的目的。

不管理财师和财富经理怎样精心准备，还是会遇到拒绝或不认可的情况。反对或拒绝表达了客户对所要接受的产品和服务表示担心和忧虑。大多数客户会先拒绝、后接受，不会立刻接受理财的理念，因此需要更加坦然地面对客户的拒绝。一些顾客会用拒绝的方式来进行试探，或是一种礼节性的谢绝。拒绝的意思是，我还没有足够的信心来决定是否接受理财服务。在面对客户的拒绝时，首先要分析客户没有说出口的拒绝原因，可以进行询问，比如"是什么原因让您犹豫呢？"应抱着专业诚恳的态度去协助客户解决他的疑问，这将会增加客户对理财师和财富经理的信任，同时还可以借着帮助客户澄清疑问的过程加深与客户的沟通，从而进一步了解客户的潜在理财需求，大大提高成功概率。此外，在面对拒绝时，还要特别注意说话技巧。避免"是的，但是……"这样的说法，因为这是具有争辩性的话语，不要与顾客争论，即使他们拒绝是不理智的。有时客户对理财师所讲的内容立刻就持否定态度，其实主要原因是客户并没有百分之百地听明白，作为理财师和财富经理心平气和地变换方式再次陈述就可以了。

客户的抱怨比客户的拒绝情况发生的更多，客户已经接受了理财服务，但对制定和执行过程中的各种问题不理解，认为是错误的，就会产生诸多抱怨。在面对客户抱怨时，要秉持几个基本原则：

（1）快速反应，表示认同。认同客户的想法，就表明是从客户的角度出发认识问题的。可以默许也可以直接说明，这样有助于建立融洽的关系，它是重建双方信任关系的第一步。

（2）避免与客户争论。不论是遇到客户拒绝的情况还是抱怨的情况，争论都是要避免的，理财师和客户之间是合作的关系，不是一争高下的关系。

（3）承认问题和错误。不要过多辩解，辩解并不利于问题的解决，反而破坏了诚信的形象。这时需要做的是向客户说明解决问题的具体措施，同时让客户了解进度。

（4）有效补偿。在理财规划执行过程中难免会出现不可预料的问题，可能会造成客户损失，补偿的做法有助于降低客户可能采取法律行动的风险，但补偿方式应该在理财服务合同中明确。更多情况下，客户最想得到的补偿是道歉和承诺避免类似问题的再次发生。

（5）提供持续优质的服务。当客户感到不满时，更多要做的是恢复客户的信任。这需要毅力和持续的优质服务，要让客户相信理财师及理财服务机构正在采取行动避免问题的再次发生。

下面我们就来具体学习一下如何处理客户抱怨。首先，要虚心接受抱怨。充分发挥倾听的效用，接受抱怨，这是处理抱怨的第一步。在倾听的时候，要找到客户抱怨的关键点，同时要弄清楚客户的真正要求是什么。其次，要找到抱怨的原因。分析是主观原因还是客观原因造成的，是客户的原因还是理财师的原因，只有分清原因，才能对症下药，解决实际问题。再次，要诚恳地向客户道歉，提供客户满意的解决方法，采取适当的措施，恢复客户的信任。最后，要善于总结，以客户的抱怨为突破口，找出核心问题，做好事前预防工作。

### 三、客户信息的获取

在向客户介绍了理财规划服务的基本流程和具体内容后，客户已经能够理解理财的基本理念，并愿意配合理财规划活动的开展，有了较为明确的理财意愿。此时，就需要理财师和财富经理进一步获取客户更多的信息。其实客户信息的获取在确定潜在客户群时就已经存在，所以从广义的金融行业来看，客户信息获取和分析是最基本的工作，而且客户信息获取伴随在整个理财工作流程中。客户信息获取的过程本身就是与客户沟通和投资者教育的过程。要把理财师和财富经理理性的、稳定的方法理念传递给客户，改变客户原有的、错误的或效率低的、不稳定的想法和做法。

客户的基本信息通常会记录在客户信息卡中，客户信息卡应包括客户个人、家庭或其他重要信息。除了个人生活背景信息外，也包括客户的资产情况、投资风格、对风险的态度等。当然，也需要把客户的基本信息以电子档案的形式存储，这样可以更便捷地依托计算机来实现客户数据的深度挖掘。但这些信息的获取需要与客户的反复沟通才能获得，一般会通过电话沟通和面谈的方式。电话沟通主要是对基本信息的确认，可以在打电话时看着信息卡上记录的信息与客户交流。同时记录与客户的谈话内容，在电话结束后，要马上在信息卡上记录要点，同时更新电子档案。想要获得客户更多信息，最主要也最有效的方式就是邀约面谈。

在与客户的面谈前需要明确面谈中信息的相互共享，也就是哪些信息是理财师需要向客户了解的信息，哪些信息是理财师需要向客户披露的信息，并做好信息收集的准备。

理财师需要向客户了解的信息主要有两个方面：事实性信息和判断性信息。对于事实性信息而言，包括客户的工资收入、年龄、家庭成员信息等，具有理财意愿的客户，是可以主动提供这些信息的，并配合提供相关证明材料。这些信息往往非常细致，内容也较多，需要理财师和财富经理进行记录和整理。具体信息如表 2-2 所示，其中，个人和职业记录、纳税记录、住房记录和个人消费记录，客户一般都可以提供确切凭证；但资金管理记录、理财服务记录和信用记录就需要理财师协助获取；保险和健康记录、投资记录和遗产和退休记录可能需要第三方机构提供，此时需要客户自行联系或提供授权证明由理财师和财富经理联系获取。

然而对于判断性信息，比如客户对风险的态度、客户的性格特征、客户未来的工作前景等，就需要理财师和财富经理采用专业的方法和手段进行引导。

比如对于风险的态度，这一概念在理财师和客户意识中的认识就有很大差异，在获取这一信息和沟通过程中就要消除这种差异，界定为同一个可以用显性信息来表现的内容。因为不能用方差、标准差这些专业术语来描述风险，理财师和财富经理就需要把专业用语转化为客户能理解的内容，包括应用前文所提到的

表 2-2 客户信息记录表

| 记录类别 | 相关文件 |
| --- | --- |
| 个人和职业记录 | 最新简历、学历和学位证书、身份证、工作证、奖状、成果、劳动合同、社会保险文件、推荐信、实习证明、出生证明、户口本、结婚证等 |
| 资金管理记录 | 最新预算、最近个人财务报表（资产负债表、收支储蓄表、现金流量表等）、理财目标列表、保险箱内容清单等 |
| 纳税记录 | 工资单及流水、既往个人所得税完税证明、应税收入证明、抵扣税文件等 |
| 理财服务记录 | 存折、银行卡，支票、银行结算单、开户资料、保险箱信息等 |
| 信用记录 | 信用卡、收据、金融机构对账单等 |
| 个人消费记录 | 购物发票、保修卡、使用手册、说明书、保证书等 |
| 住房记录 | 购房合同、房产证、契税完税证明、土地使用权证、按揭文件、房屋维修文件、租约（如果租房）等 |
| 保险和健康记录 | 保险单证、保险费收据和到期日列表、医疗信息（健康记录、处方药信息）、索赔记录等 |
| 投资记录 | 证券（股票、债券、基金）购买和卖出记录、开户的证券公司联系方式、股东卡、红利记录、公司年报等 |
| 遗产和退休记录 | 遗嘱、养老金计划信息、退休养老金账户记录、财产公证书等 |

沟通技巧，设计说话的结构和次序也是很讲究的。对风险的态度是非常重要的概念，需要明确的是对风险的态度是情绪和心理痛苦的门槛，也就是即使在理财规划中所做的投资快速流失并且市场环境也非常不好时，也能继续坚持这个门槛。这个门槛就是一个临界点，就是说客户看到这样的损失时很痛苦，但也不会被迫变现，因为如果被动卖出，几乎可以断定长期来看一定会出现亏损和失败，理财目标将无法达成。客户此时需要认识到市场波动是已经预计到的，所有都在掌控中。关于对风险的态度问题是复杂的和多层次的范畴，整个沟通过程会一直反复，会有阶段性结论并以书面形式确定下来，但也在一直反复，从不明确到明确到混淆再到明确。整个过程会促使理财师和财富经理采用一系列技巧和方法，如充分应用金融学理论等。

风险容忍度调查问卷是我们获得客户风险容忍度信息的有力工具，而做调查问卷的过程本身就是理财师与客户沟通交流和引导的过程。特别是要客户明确区分风险与不确定性。最初这一概念是在 Frank H. Knight 于 1921 年所著的《风险、不确定性和利润》这本书中出现的。现在已经可以确定，风险是可以量化的概念，尽管风险结果不确定但每种结果出现的概率确定。如果不知道结果也不知道有几种情况和对应的概率，则是不确定性。人们通常所说的预期值就是几种结果与其发生概率计算出的，但不确定性根本没有预期值。在实际中，我们会高估事件的可预测性，人们认为绝大部分事件都可以被了解，但现实中不能被了解的事情更多。理财规划要做的和能做的事情就是做一张防护网，一方面把不确定性隔离开，另一方面在防护网内管理好风险，防范不确定性。

对于客户性格特征的理解则要求理财师和财富经理了解和掌握一些行为金融学和心理学方面的知识。比如看这个人是否喜欢赌博、发现新鲜事物、从事危险活动等，都可以推测其在金融领域的表现，但不要对这样的表现赋予较大权重，毕竟喜欢玩赛车和愿意承担金融风险是不同的。也可以通过提出一些间接问题来分析客户的性格特征，这些问题属于准心理层面问题。

比如：以下哪种情况是你理想的报酬方式？

A. 全部固定工资　　B. 固定工资＋绩效工资各占一半　　C. 全部绩效工资

通过这些问题就可以从整体上判断这个客户是一个什么样的人，如果存在相互矛盾的结果就要分析矛盾的来源。此外也可以做数量化测试，比如：询问客户在做了一项投资后，典型的心理状态是什么？是恐慌还是满意？是纠结还是后悔？假如投资了 10000 元，第二天就亏损了 10%，这时会选择接着投资 10000 元吗？是紧张地坐等或者卖掉，还是等涨回来再卖呢？不同状态的选择反映了客户不同的性格特征。这些问题的用途从技术上来看是对不同答案打分，总分在不同档次则给出不同比例的投资建议。在这些问题中要尝试发现客户回答中有没有潜在或明显的矛盾，有时客户会在一个问题上自信满满，在另一个问题中就会崩溃，此时需要进一步沟通，了解客户真实想法，也让客户对自己有正确认识。

下面来学习一下理财师在与客户面谈时需要向客户披露的信息。一方面，理财师和财富经理应该向客户解释自己在整个理财规划中的角色和作用，包括能够在理财规划服务中为客户提供的帮助有哪些，理财师与客户各自的角色是什么等；另一方面，向客户解释理财规划的整个流程，这部分内容我们已经在与客户建立联系的部分讲过了。此外，还有一些其他信息：首先是理财师的行业经验和资格，这些内容需要提供专业胜任的执业证书等书面文件；其次是理财规划服务的费用和计算标准，这些信息并不是理财师和财富经理自己决定的，而是理财机构的既定标准和具体实施方案；再次是理财规划过程和实施所涉及的其他人员，也就是理财师的工作团队，任何一名理财师或财富经理都不可能面面俱到或者门门精通，因此支持理财师为客户提供周到服务的应该是理财师的工作团队，在这个团队中的成员应该具备不同的服务职能，并且能够满足客户多层次的理财需求；最后就是理财规划的后续服务及评估，理财规划服务是一项长期的服务，对于后续服务的开展也是客户十分关心的问题。

### 四、客户风险特征分析

在客户信息的获取中，我们已经了解如何获取客户对于风险的态度信息，在本部分中我们将针对客户的风险特征进行全面分析。客户的风险特征也是理财师和财富经理在与客户建立联系时特别需要了解的内容，也就是要帮助客户明确个人和家庭的风险目标。

如果没有概率论的出现，那么风险就只有两种状态：有和没有。比如今晚会不会下雨就只有两种选择：下雨或不下雨。当有了概率论就不同了，它使风险问题成为一系列需要研究的问题。1952 年，马科维茨在《金融杂志》上发表了《资产组合选择——投资的有效分散化》一文，最早采用风险资产的期望收益率（均值）和方差（或标准差）代表的风险来研究资产组合和选择问题，提出关注风险和关注收益具有同等重要性，并扩展和具体化，该文堪称现代金融理论史上的里程碑，标志着现代组合投资理论的开端。我们都知道不要把鸡蛋放在同一个篮子里，那不同的篮子有没有组合的办法呢？这个问题就是推衍。理财规划中的核心理论——生命周期理论其实也很简单，就是以丰补歉，莫迪利安尼就是利用这一基本理论把现金流贴现提出了生命周期理论。

保险学中的风险其实更多指的是损失，而金融领域中的风险指的是收益的波动性，不严格地说"收益就是风险"，风险就是蕴藏在收益之中的，我们可以把一般意义上的正收益和损失都认为是收益，只不过有正负而已，因为衡量风险我们一般都要考虑方差和标准差，这也是构成理论的专业标准方法，而方差和标准差都是用收益的预期值来计算的。一般来说，我们想要追求的投资应该是在收益相同的条件下，风险最小的那一个；在风险相同的条件下，则追求收益最高的那一个。然而在理财规划中的风险是指客户生活目标没有实现的可能性，尤其是优先目标没有实现的可能性。在与客户沟通时首先了解客户最关心的目标是什么，关注金额能不能到位。正如前文所述，理财师和客户对风险的认知是不同的。客户在理财规划过程中对损失的理解不是损失比率而是损失的绝对额，所以客户是以金额框架而非百分比框架来考虑风险的。从专业角度而言，风险是用标准差、方差、β 值等来表示的，而客户不懂这些专业术语，也很难在短期内让客户理解这些专业术语，因此客户只关注金额。作为理财师或财富经理就是要把书本上的专业术语转化为客户可以理解的内容，或者是说要理解客户对风险的认识与书本上对风险的解释不同，找到其中的差距，并想办法去解释。

在本部分的学习中我们就从客户的角度出发来全面地揭示风险，学习如何理解客户并被客户理解。客户对风险主观的认识与每一个人的经历背景有关，经常在投资中赔钱的人，肯定要害怕风险一些；然而经常在投资中赚钱的人，就有些无所畏惧了，这些差异是行为习惯和思维方式在起作用，但谁也不可能是"常胜将军"，那既然都赔过，为什么还有人不害怕呢，其实原因很简单，说得专业一点就是"代际遗忘"，也就是人会在经济繁荣时期忘记了过去的金融灾难，说得通俗一点就是"好了伤疤忘了疼"，这样我们就更容易理解客户的行为和认知了。然而客户的这种心理恰恰与金融市场中的不确定性之间存在互动，导致对"风险"的认知变得复杂，面对复杂的"风险"就更加无法做出理智的决策。

1. 客户的风险特征

在了解客户对风险的认知后，理财师就要对客户的风险特征进行专业的分析，客户的风险特征包括两个维度：风险承受能力和风险容忍态度。其中，风险承受能力主要受外部因素影响，相对客观，很多指标都是固定的或较容易量化，获取起来也容易。然而风险容忍态度主要受内部因素影响，也就是相对主观，会随着客户情况的变化而变化，也会随着时间的推移而变化，甚至会因为发生一件小事而变化，因此较难把握。

首先，我们来学习风险承受能力。客户的风险承受能力主要取决于客户的经济财务环境，需要因人而异，主要包括就业情况、收入情况、家庭负担、置产情况、投资经验、投资知识等。这些内容可以从与客户的沟通中直接获得，有些资料甚至在与客户面谈前就可以了解到，对于理财师和财富经理而言这些资料的获取和整理都不难，但有了这些资料如何评价客户的风险承受能力就需要更多的技巧和思考了。以下面的案例为例，我们来分析一下如下两个客户的风险承受能力：

案例一：老王，创业成功的私企老板，公司已经初具规模。

案例二：小李，公务员，业务稳定，收入稳定，福利全面。

试分析两者的风险承受能力。

解答：

案例一中，从收入看，老王作为私企老板，收入高自然风险承受能力就强。但我们还要考虑其收入的不确定性也很高，且收入来源与市场高度相关，如果老王拿出他的全部家当500万元去投资，一旦市场情况不佳出现大额损失，很有可能使其经营的公司也会受到影响，进而影响到老王的收入，导致老王的家庭生活难以为继。所以在为老王做理财规划时，我们就不能选择高风险产品，而应选择流动性高、风险低的产品。

案例二中，小李作为一名公务员，收入虽然比不上老王，但收入较稳定，流动性需求相对较弱，也就是说如果小李也拿出他的全部家当5万元去投资，即使出现了损失，也并不会马上影响小李全家的生活，因为其稳定的收入提供了充足的流动性。因此小李的理财规划主要考虑收益性，提高收益才能够充分利用小李有限的资源获得更大收益，帮助小李实现理财目标。

其次，我们来学习风险容忍态度。在前文讨论客户信息获取的内容中，我们已经学习过客户理解的风险与理财师和财富经理等专业人士理解的风险不同，客户不理解方差和标准差，他只知道他对于风险的承受极限在哪里，也就是风险门槛或风险临界值。当客户在遇到风险时，给理财师或财富经理打电话说他已经受不了，这就是他的风险门槛，在到达这个程度之前，客户不会要求改变已确定的理财规划方案。人们一般都是有限理性不是纯粹理性的，所以就要设置这样一个门槛，在到达之前不会影响计划执行，这就是风险容忍态度。如果说市场一波动就不能正常生活，不能再继续坚持执行理财规划，那么这个客户的风险容忍态度就低。

对于风险容忍态度存在两个维度：一是理性和感性，二是厌恶风险程度高和厌恶风险程度低。基于这样两个维度，我们可以将客户分为四种类型：理性＋高厌恶、理性＋低厌恶、感性＋高厌恶、感性＋低厌恶（见图2－2）。从理论上讲，每一个客户都可以归入这四种类型之中，但也存在分错的风险，因为客户情况也是在不断变化的，而且客户的偏好不稳定，容易受到很多因素的影响，因此在实际中要灵活对待，不应受到理论框架约束。但为了更好地学习客户的风险特征，我们还是要在理论上类型化。

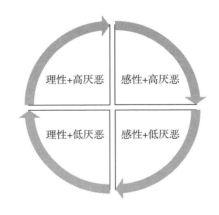

图2－2 根据风险容忍态度对客户的分类

对于理性＋高厌恶类型的客户而言，这类客户对于经典理论的接受度较高，可以使用主流方法，向其介绍和解释理财规划中应用的基本理论和方法，客户更容易接受理财规划，认为是有理论依据的。但对于高厌恶风险的客户，在理财规划中可以先引导客户使用风险较低的投资工具，逐步提高客户的风险耐受度，进而提高客户的风险容忍态度。

对于理性＋低厌恶类型的客户而言，这类客户同样对于经典理论的接受度较高，可以使用主流方法，向其介绍和解释理财规划中应用的基本理论和方法。但这类客户喜欢冒险，更有自己的想法，而且可能会与众不同，在理财规划中需要理财师进行引导，避免冒险和投机行为，帮助客户控制风险。

对于感性＋高厌恶类型的客户而言，这类客户对于经典理论的接受度较低，不想听那些基本理论和方法，更愿意相信自己看到的和感受到的，同时具有高厌恶风险特征的客户属于十分谨慎的类型，对于这样的客户，往往在理财规划中提供现实的案例和数据更能打动他。

对于感性＋低厌恶类型的客户而言，这类客户同样不太接受经典理论，他们更为自我，很有想法，喜欢与众不同，不愿意受到约束，属于自发型客户。这类客户更喜欢定制化的产品，因此在这类客户的理财规划中，需要更有技巧性的资产组合计划。

在学习了风险特征的两个方面（风险承受能力和风险容忍态度）后，我们要注意以下几个问题：

（1）避免把风险承受能力和风险容忍态度混为一谈。比如上述案例私企老板老王如果偏好风险，具有较高的风险容忍态度，我们在理财规划中就可以冒险吗？当然不能，因为老王的实际情况不允许，这时需要向客户解释风险承受能力和风险容忍态度的区别。

（2）在其他条件相同时，拥有较多资产或收入较高的风险承受能力强，但也不能一概而论，还需要与日常生活目标和生活方式结合起来看。同样的财富，普通生活则风险承受能力就强，奢侈生活则风险承受能力就弱了。比如，60％的NBA前球星退役5年内就出现了财务危机，而这些财富换作普通人可能可以富足地过一辈子。

（3）风险容忍态度和风险承受能力，可以作图用坐标轴来表示。因此在风险承受能力和风险容忍态度匹配的条件下我们好处理，比如高风险承受能力、高风险容忍态度的客户，需要一份与其特征相适应的理财规划方案，此时的理财规划就具有较高的风险属性。然而对于低风险承受能力低、风险容忍态度的客户，可以针对其突出特点，提供低风险属性的理财规划。但在风险承受能力和风险容忍态度不匹配的条件下我们一般选择"就低不就高"，要采取保守的方法。需要理财师和财富经理做一些工作，比如，对于低风险承受能力、高风险容忍态度的客户会在理财规划中设置门槛限制，避免出现风险无法承受的问题。对高风险承受能力、低风险容忍态度的客户，理财规划中的资产配置如果太保守会有效率损失，这时需要理财师或理财经理反复与客户沟通，进行投资者教育，提高其风险容忍态度。

虽然从理论上我们已经能够区分风险承受能力和风险容忍态度，但在现实中很容易混淆。比如，有些金融机构就会混淆，在销售金融产品和提供理财服务前，一般金融机构都会对客户做风险测评，这时我们会发现测试中更倾向于风险能力特征。这样一来，客户的风险承受能力达标了，但实际上金融机构应该担心的是客户赔钱时会承受不了。可是风险承受能力不能说明这方面的问题，所以不能简单判断风险承受能力，还要看风险容忍态度，并且区分两者。其实风险承受能力和风险容忍态度之间是相互影响的，如"家中有粮，心中不慌"，"家中有粮"意味着风险承受能力强，就不恐慌。但有时候风险承受能力强不强并不是恐慌的重要原因，所以要同时考虑。

　　除此之外，我们还要区分两个概念：风险容忍态度和风险行为。人们在经历过损失后，会感到害怕风险，也就是风险容忍态度降低了；在赚到钱后也会胆大起来，喜欢冒险，想要再挣一笔，也就是风险容忍态度提高了。因此，可以发现风险容忍态度是记忆的函数。可以用下面的公式来表示：

　　风险容忍态度 = f（记忆）

　　这里我们用量化的方式来说明，假定正常状态下的风险容忍态度是 50，当然也可以是 40 或 60，这个主要看客户的风险门槛。50 的意思是客户在正常状态下可以接受 50% 投资股票（高风险资产），50% 投资债券（低风险资产）。股票市场向好，则记忆 = 2，股票市场不好则记忆 = 0，也就是股票市场向好，风险容忍态度较高，倾向于买更多股票。

　　2. 风险行为

　　下面我们来介绍一下风险行为。杰夫·戴维认为风险容忍态度更多是从行为特征上来认识的，所以更像风险行为。他提出风险行为包括四个方面：一是风险容忍态度；二是风险承受能力；三是目标的相对重要性，也就是理财目标弹性大则对风险的容忍度就高，这里所说的弹性包括时间弹性和金额弹性；四是能感知的风险，也就是所谓的"无知者无畏"，影响人们投资行为变化的最主要因素就是对风险的感知和感受，而感知到的风险（看到的）和实际风险（看不到）往往是不一致的。

　　确定客户的风险特征时最大的问题就是确定客户意愿，所以我们在对客户风险特征进行分析时，需要一个能够充分体现出客户的意愿和想法的评价体系。有关客户风险特征的分析是有测评问卷的，并且可以量化打分，同时包含了风险承受能力和风险容忍态度的评价。这看上去很简单，但通过本部分的学习，我们要掌握客户风险特征评价框架的思路和意图，并能够在实际工作中，利用这些内容，充分地了解客户，准确地分析客户的风险特征。

　　我们在设计风险特征测评问卷问题时一般会考虑两个方面：一方面是客户的

心理敏感程度；另一方面是科学的资产配置原理和方法。这样设计出的问题从上到下更注重于客户特点，从下到上更倾向于科学思路和方法，包括现代投资组合基本框架、数量化测试、直接问题、间接问题、个性测试等。

这里我们介绍的是风险特征测评问卷中问题的设计原因及如何用问题来推进问题，是极具实践意义的，最终实现帮助客户制定适合的理财规划，确定具体投资组合，既满足客户的收益目标又符合客户风险特征，同时又是一个投资者风险教育的过程，纠正客户对风险认识的混淆。对于与客户的沟通我们在本章的前几个部分已经学习过，这里需要理财师和财富经理与客户专门做风险方面的沟通，这个过程是一个循序渐进的过程。

从较客观的问题入手，有多少资产可以拿出来做理财规划，有哪些是不能用的？这些资产是否要求有短期回报？在这两个问题中，客户首先需要理解什么是理财规划，理财规划是一个长期的过程，所以拿出做理财规划的资产应该是可以长期使用的，而不是追求短期回报的。

在客户理解了理财规划的含义后，我们要再次确定客户可以用来做理财规划的资产数量，可以提出类似"5年内是否要用这部分资产？""5年内是否要收回理财投资的本金？"等问题，最终确定客户可以用来做理财规划的资产数量。如果客户在这个过程中出现和前面的回答相矛盾的答案，则说明客户还没有真正理解理财规划的含义，还仅仅把它当作投资。这时需要从前面的问题重新开始，直到客户确认为止。

在确定了客户可以理财的资产数量后，就需要向客户解释"时间期限"的概念。可以询问客户资金使用的期限有多长。此时，理财师和财富经理要向客户解释时间期限意味着在多大程度上可以不动原有资产配置的比例和思路，或者是在多长时间范围内原本确定的投资目标不做根本性改变。在理财规划的执行过程中，适当地调整不可避免，但资产大类的配置越稳定，达成目标收益的可能性就越大，还能够降低调整的成本。如果客户给出的答案少于10年，需要客户解释具体什么时间需要资金。如果客户又提出了短缺需求，此时还要重复前面的问题，直到客户能够确定可以用于理财规划的具体金额和期限为止。不难发现，实际上风险测评问卷中所有的问题都不是孤立的，首先确定可用资产数量，其次确定期限。在这些问题中也会发现矛盾的地方，每次出现矛盾都要重复前面的问题，这样做是为了让客户充分理解理财规划，充分认识到长期和短期的关系。解释理财规划中长期投资的问题，这里看似反复，其实不仅是为了警示教育投资者，也是为理财规划的执行做好准备，更是为了在未来非常时期，当市场状况不佳时作为对客户具有抚慰作用的提醒。我们其实早就可以发觉，其实所谓的专家永远都选择中庸，市场高涨时提示风险，在市场低迷时又提示会涨，其实他们始终坚持的是长期的视角。

了解客户可进行理财的资源后，还要了解客户对收益率的期望，这时可给客户一些参考，比如，通货膨胀率的预期数、各类资产的历史收益率数据等。有了这些参考，客户就有了大概的标准，可以给出较为合理的预期。我们常见的有关投资收益率的问题形式主要是选择题的形式，比如：

您对投资收益预期是什么？

A. 获取相当于银行定期存款利率的回报

B. 保障资本增值及抵御通货膨胀

C. 获取每年 5%~10% 的回报率

D. 获取每年 10% 以上的回报率

但如果客户预期收益率很高，就需要一些处理和引导。这个问题的设计目的是为了发现客户不切实际的超高收益需求，并引导客户回到具有可操作性的预期收益轨道上。比如理财师向客户推荐了一个非常好的投资组合产品，在扣除通货膨胀率后还能有 8% 的收益，但客户不接受，因为客户觉得既然来理财就一定要有远远高于其他投资的收益才行，否则就没有价值。这就是客户有不切实际的收益要求，理财师和财富经理就需要把客户不切实际的收益幻想引导到正确的方向上来。遇到这样的情况，理财师和客户之间就像是在谈判和博弈，需要设计一个思路来使客户回到实际。比如，在这个例子中，可以把通货膨胀率拿出来，以此来说明客户看到的普通产品的收益率和这里财富经理给出的收益率之间还有一个差异就是通货膨胀率。如果说客户要求 20% 的收益率，那么我们说好啊，在 13% 的通货膨胀率下没有任何问题。此外，还可以使用历史数据表使客户回归到可行性上来，防止大大超过历史数据的收益率要求。但是历史上配置是否存在这样高的收益？理论上讲，收益多高都有办法做到，比如博彩收益就很高，但风险也很大。对客户而言，他本身的风险容忍态度是追求高收益最重要的制约因素。这个问题也让我们看到，客户出现什么样的反应我们就要有相应的对策，总体目标是为了客户利益最大化。

接下来的问题是考查客户对投资的了解和认知，并进一步确定客户对风险的接纳程度。投资的特征包括保本性、成长性、平稳性、保值性、短期收益性和激进的成长率。客户可以按照不同特征对自己的重要程度进行排序或打分，自己越看重的就排序靠前，或越重要打分越高，觉得都重要可以都打满分。如果是选择题则排序较多见，但在实际操作中，打分更能够体现出客户的真实想法。这并没有好坏之分，只是投资的特征，只是想知道客户对每一个特征的认可度和重要性。以此为依据，理财师和财富经理会在理财规划中帮助每一个客户实现它要求的特征。这个问题既是收集信息又是教育引导，非常讲究沟通的技巧。

一般来讲，大多数客户都会把"保本"看得较为重要，不论是排序还是打分都比较靠前。但如果客户同时把成长性和激进的成长率也排在前面，就出现了矛盾，这时客户自己也知道安全的投资不具有成长性的特点，使客户自己意识到自己的矛盾。在这个过程中，客户也会自我反省，有时候不需要理财师和财富经理的解释和引导也可以看到自己的一些认知误区。

　　在金融市场中，风险更多表现为相对波动而不是绝对损失。如果投资期限长，则波动周期也长。对于平稳性的认知也就是对于波动性的认知，我们常常会在风险特征测评问卷中看到这样的题目：

　　您做了 10 万元的投资，5 年后预计收回 15 万元。但在投资开始 10 个月后，初始投资账面损失了 30%，此时你会怎样做？

　　A. 为避免更大的损失，把它卖掉

　　B. 什么也不做，静等收回投资

　　C. 再买入。这正是投资的好机会，同时也是便宜的投资

　　我们都知道如果此时卖出，则 15 万元就成了不可能完成的任务，这就要看扛住扛不住了。如果说受损 1 年就受不了，则应把平稳性排在前面，打分较高，如果可以忍耐 5 年以上就意味着客户可以接受波动性，对平稳性的要求较低。

　　保值性也是一个诱导性问题，大多数客户都看重这点，可是与保本性在一起时，客户就不知该如何处理了，客户会发现其中的矛盾，就会调整保值和保本的顺序或得分，实际中，大部分客户会把保值性排在保本前面或给予更高的得分，此时，保本就显得不那么重要了。对于理财师和财富经理来说，这是好事，如果客户一定要保本的话，就必须选择固定收益投资，这样选择的范围很窄，而如果客户选择保值，可选范围就很广了。比如把钱存到银行可以保本，但不能够确定一定会保值。

　　短期收益性是指短期内的资金流入，也就是有现金流需求。在理财规划中的投资一般会在 5 年以上，此时就不要考虑短期资金流入。尽管客户在之前的问题中已经明确表示没有短期需求，但此时还会出现短期收益需求。如果客户还是觉得需要短期收益，此时可能又会出现反复，需要重新回答前面的问题。风险特征测评问卷中的问题本身就是要把客户的潜在需求全部弄清楚。作为一名负责任的理财师或财富经理，发现问题就要马上沟通，"对症下药"，而不是前一天晚上就把"药方"写好，第二天以不变应万变。

　　激进的成长率目的性很强，一开始客户已经建立了保守的形象，有关激进的成长率的问题使客户有机会再次表达自己不要激进。和前面的成长性相比，我们可以有高成长率，但不要激进，比如，卖空、短期投资或者波动性过大的大众商品投资等。客户不要激进是理财师想看到的，理财规划也要杜绝激进的投资，这

就使客户的需求和理财师的认识一致了。

下一个问题是要确定客户喜欢的资产类别，也就是资产选择的约束条件。理财规划最终都会落在投资上，理财师和财富经理对于资产的配置有很多选择，可是具体到某一个客户身上就要有一些限制了，这个问题就是要了解客户对资产类别的喜好，也可以借此了解客户对于不同资产类别的了解程度。在风险测评问卷中针对此类问题，会有不同的形式，有的是直接对资产大类的选择，有的是对不同资产类别单独设置问题，客户来确定投资比例，有的是以表格的方式列出资产类别，再确定每种资产的最低、最高投资比例。这个问题中一方面是投资工具的展示，另一方面是投资者教育，为下一步多元化资产配置需要提供更多选择余地。在向客户提问时需要掌握一些技巧，比如，只是问客户愿不愿意考虑这些资产，而不是必须接受，以此来引导客户不要完全拒绝这些资产类别。但实际中仍然会有一些客户就是不愿意使用某些资产类别，客户可能之前在这项资产大类的投资中有过失败的教训，也可能是客户认为产品太过激进，在这种情况下，可以给客户一个投资比例的限制，比如说最高10%，客户会觉得这么小的比例投资即使出现损失也不会太大，就更容易接受了，不会完全拒绝。这样做的目的是给理财规划更大的操作空间，实际上，并不是所有的投资产品都适合于所有的客户，有些虽然不适用，但作为一种备用，在特殊条件下会有帮助。设计投资上限的约束条件对有效配置的影响其实很小，但有这样的约束条件时客户更容易接受和达成一致。

我们在资产配置时最终是要做到随着时间的推移，接近我们的终值目标，但随着时间推移、外界条件和客户自身风险容忍度的变化，我们还需要动态调整资产配置。

在风险测评问卷中还是要有一些直接涉及风险的问题，不同人对风险的认知是不同的，自然就会看重风险的不同方面。这里主要考虑风险的四种表现方式：不能达到期望收益、不能抵制通胀、短期波动、长期波动。其实这四个方面会直接影响到客户的实际生活和理财目标的实现，如果不能达到期望收益和不能抵制通胀，则无法保证生活质量；如果不能达到期望收益，就不能达到预期目标。此外，面对短期波动和长期波动，客户会睡不好，而实际上这种波动对客户生活并没有影响，在理财规划中我们会充分考虑流动性和安全性，就算投资亏损，客户也不会真的过不下去。在理财规划中，理财师和财富经理会把管理长期波动作为一个目标，应用现代管理方法是可以做到的，但短期波动是必然存在的，客户必须习惯短期波动的存在，就像是一幢房子在那摆着，但它背后的资产证券化已经波动或转手很多次了。

在客户已经理解了风险带来的波动后，就需要让客户知道该如何准备和面对波动。基于以往投资的历史数据和历史收益率的波动来对客户的预期收益做约束，应用一些案例来说明波动的特征，偶然的损失不可避免。客户先知道了这些案例和特征规律，就可以回答一些问题了。比如，如果理财规划中可实现目标的投资组合存在波动，你可以接受或忍受多长时间？

客户回答这个问题之前需要充分的沟通，这里可以使用历史数据来告诉客户，熊市不可避免，在这种条件下你应该保持理智多长时间。使客户认识到短期目标可以得到满足，但长期目标也要通过长期收益来满足，不能接受和忍受短期波动，就无法实现长期目标。

在风险特征测评问卷中还会设计一些问题告诉客户，从长期来看，任何人都只能获得平均收益，主动管理也只能保证这个收益率，如果客户在问卷中反映出要获得高于平均收益率的收益，就需要增加沟通，这一点可以通过一些历史数据来说明，一定要准备充分的历史数据和真实案例，才能有足够的说服力。

在做完风险特征测评问卷后，需要客户签字确认，签字确认有三个方面的用意：一是做完测评问卷并签字表示客户的答案是其最真实的表达，在客户可理解的范围内。二是这个测评问卷本身不是明示关于投资收益等的承诺性保证。三是这里所做的方案是基于客户现有的信息，未来当情况发生变化时，客户需要及时通知。这三层意思首先要明确表达，同时还需要沟通和解释，不能让客户觉得不舒服。签字确认后的风险测评问卷对于理财服务的提供者来说是一种保护，避免将来产生不必要的纠纷。但这并不是唯一目的，整个风险测评的过程是一个投资者教育的过程，对于客户而言是心理安慰剂，目的是要告诉客户风险无处不在，下跌和上涨都是常态。

# 第二节　实训任务及具体步骤

## 一、实训任务

在本项目的实训过程中，首先根据目标市场定位确定目标客户，通过沟通与客户建立起信任关系；其次做好初步的投资者教育工作，使客户正确理解和认知理财规划的流程；最后设计沟通问题、表格和问卷，获取客户基本资料，主要完成以下几个实训任务。

任务一　市场细分与目标市场定位训练

【训练目的】确定目标市场和目标客户是理财规划服务得以开展的前提，本训练项目需要学生掌握理财服务潜在客户具备的一些基本特征，并以此为依据深度挖掘客户资源，理解寻找目标客户的途径，精准定位，灵活运用自身和机构优势占据理财市场资源。

【训练学时】2 学时

【训练形式】分组训练

【训练内容】训练内容可依据教学对象和教学活动组织选择方案，以下训练方案仅供参考。

方案一：指定某一理财服务机构，如银行、保险及证券机构等，分析该机构理财目标市场定位，与同行业进行比较分析，确定优势资源，并针对具体市场细分确定挖掘目标客户的具体途径和措施，做可行性分析。学生可单独开展此项训练也可以分组开展。

方案二：学生进行理财市场情况调研，可针对不同市场细分，分组开展调研活动，通过问卷调查、实地访谈等方式了解不同类型客户对理财服务的需求，以此为依据匹配理财服务提供机构的定位，为所调研的细分市场客户提供精准的理财服务。

方案三：以理财机构为调研对象，了解理财机构获取客户资源的主要渠道和方式，调研理财服务推广途径，目标客户发展流程和方式，并提交调研分析报告。本方案需要理财服务机构提供支持，可结合学生实习或产教融合的教学方式开展此项训练。

【注意事项】

（1）学生分组开展此项训练，可先进行分工，明确任务目标，确保训练按时完成。

（2）注意对调研对象信息的保密或有明确的合作合同。

（3）本训练的开展需要学生前期具备营销学和管理学方面的基础，如果学生没有相关课程的学习，也可暂时不做此项训练。

任务二 与目标客户建立关系训练

【训练目的】与目标客户建立关系的过程是理财规划开始的第一步，也是非常关键的一步。本训练项目要求学生掌握与客户面谈的沟通技巧，了解客户在面谈中的心理需求和存在的疑虑，了解客户的性格特征，并充分利用这些特征与客户建立起信任关系。

【训练学时】2 学时

【训练形式】分组训练或个人提交方案

【训练内容】训练内容可依据教学对象和教学活动组织选择方案

方案一：沟通技巧练习。

（1）从哪些方面可以看出你的目标客户属于理性型客户？现在你应该采取什么样的行动与理性型客户进行更有效的沟通？

（2）从哪些方面可以看出你的目标客户属于主观型客户？现在你应该采取什么样的行动与主观型客户进行更有效的沟通？

（3）从哪些方面可以看出你的目标客户属于情感型客户？现在你应该采取什么样的行动与他们进行更有效的沟通？

（4）从哪些方面可以看出你的目标客户属于感性型客户？现在你应该采取什么样的行动与他们进行更有效的沟通？

方案二：遇到客户拒绝和抱怨时该如何处理？如何沟通？请写出具体解决方案。

（1）客户："理财都是骗人的噱头，我是不会相信你们的！"

（2）客户："我还要再考虑一下，我认为我现在还不需要理财。"

（3）客户："你这里又不是银行，还要给我理财，我是不会接受的！"

（4）客户："你这个机构的规模这么小，不会是骗人的吧？"

（5）客户："我又不是有钱人，我没有财可理啊！"

方案三：给定目标客户部分资料，设计邀约客户方案、面谈方案，并做好面谈前的准备工作，包括理财师个人、团队和机构的信息，设计客户信息记录表、客户信息卡等。本训练项目可以情景模拟的方式开展，由学生分角色扮演客户和理财经理，通过良好的沟通，树立理财师的职业形象。训练项目完成后可做自我评价，找出漏洞和不足，进一步完善方案。

【注意事项】

（1）注意沟通技巧的使用。

（2）语言使用要规范，特别是专业术语。

（3）明确客户类型，采用有效沟通方案。

任务三　收集目标客户信息训练

【训练目的】客户信息的收集和整理是理财规划后续工作开展的基础，对客户的全面了解要建立在掌握足够的信息基础之上。本训练任务要求学生掌握客户风险特征的具体内容和测评的依据，理解事实性信息和判断性信息的主要内容和获得渠道，并具体运用风险测评问题的设计对客户进行有效的投资者教育，获得客户真实的风险特征信息。

【训练学时】4 学时

【训练形式】分组训练

【训练内容】训练内容可依据教学对象和教学活动组织选择方案

方案一：国内金融机构（包括银行、基金公司子公司、券商资产管理公司、保险资产管理公司等）的理财服务如何做客户调查，不同机构做客户调查会有不同方法。学生课下分组收集资料和调研，课堂进行展示，找到客户调查的具体内容，并用案例说明其中不规范和做得好的地方。

方案二：通过学习客户风险容忍态度的分类，如果你是财富管理者会喜欢什么样的客户呢？请阐述原因。开展形式可以是课堂自由发言和选择或以实训报告的形式提交。学生做出的任何选择都是可以的，但与自身的能力有关，通过本训练任务可以了解学生对于风险特征学习的掌握程度和对自身特点的认识。

方案三：设计客户风险特征测评问卷（问题），分为风险容忍态度问卷（问题）和风险承受能力问卷（问题）。模拟现场与客户的交流，客户角色需提出质疑和问题，理财师角色需合理解释，充分运用问题引导客户。

【注意事项】

（1）尽量采用表格等方式记录客户信息。

（2）在收集客户信息时可不拘泥于形式或已有问题。

（3）对客户风险特征的认识要严格区分风险承受能力和风险容忍态度。

**二、实训具体步骤**

第一步：通过调研和实地访谈的方式了解理财目标客户基本情况，分析整理客户理财需求，同时了解理财服务机构的基本运营情况、服务开展情况等，针对目标客户市场制作有针对性的客户开发方案。

第二步：在前期对理财基本知识充分学习的基础上，灵活应用客户沟通技巧，与客户建立联系，并对客户进行初步的投资者教育，帮助客户认知和理解理财规划，避免误区。

第三步：掌握客户信息收集的关键内容，通过问题设计、问卷设计和相关表格的应用，分类整理客户信息，全面了解客户的风险特征。

# 第三节 案例演示

客户家庭基本资料如下：

【家庭成员背景资料】

吴先生40岁，是一家科技公司的部门经理；吴太太32岁，银行职员，有一个5岁的儿子。

【家庭收入（收入均为税前）支出资料】

吴先生月收入 1.5 万元，年终奖金 3 万元。吴太太月收入 5000 元。家庭月生活支出 3500 元，赡养吴先生父母每月 1000 元，儿子幼儿园学费每月 2000 元，其他支出每月约 500 元。

**【家庭资产负债资料】**

家庭现有住房 90 平方米，市值 160 万元，无贷款。另有定期存款 20 万元，股票型基金 10 万元，股票市值 8 万元。吴先生夫妇除社会保险外，没有任何商业保险。夫妻合计住房公积金账户余额 8 万元，养老金账户余额 12 万元。吴先生的公司另提供企业年金计划与团体保险计划，团体寿险保额为月薪的 20 倍。

要求：①假设上述信息需要与吴先生本人面谈获取，请设计面谈相关问题并准备相关图表。②你认为除上述信息外，还缺少哪些信息？如何获取？

解答：

问题 1：假设上述信息需要与吴先生本人面谈获取，请设计面谈相关问题并准备相关图表。

本题主要考虑案例中的已有信息基本属于事实性信息，因此在提问设计中主要是事实性信息获取的问题。这类问题可以直接面谈也可以采用调查表的形式。

1. 采用直接面谈的形式，问题设计如下：

您家庭中有几口人？

家庭中需要您抚养或赡养的家庭成员情况如何？

您和您妻子从事哪方面的工作，具体的职业是什么？

您及您妻子工作是否稳定，且是否存在安全隐患？

您和您妻子收入状况如何？是否有额外收入？

您家庭的基本生活支出主要集中在哪些方面呢？

您和您妻子所在的单位是否为你们购买了社会保险、医疗保险等？

您是否为自己及孩子购买过商业保险？请告知所购买保险的具体类型。

您目前资金的储蓄状况如何？

您对购买股票、基金等理财投资产品是否感兴趣？之前是否有过相关投资？

您目前的居住情况是什么样的？是否有贷款呢？

请留下您的联系方式。

2. 采用调查表的形式，可以设计如下调查表样：

家庭基本情况调查问卷

1. 家庭人口数量

A. 3    B. 4    C. 5    D. 6 人及以上（请说明情况）_____

2. 家庭中需抚养或赡养的人口数量

A. 1    B. 2    C. 3    D. 4 人及以上（请说明情况）_____

3. 您的婚姻状况是

A. 已婚 B. 未婚 C. 离异 D. 丧偶

4. 您家庭中有工作收入或其他收入的人口数量

A. 1 B. 2 C. 3 D. 4 人及以上（请说明情况）＿＿＿＿＿＿＿＿

5. 您家庭中收入的主要来源是

A. 工资薪金收入 B. 经营性收入 C. 财产性收入

D. 其他收入（请说明情况）＿＿＿＿＿＿＿＿

6. 请写出您家庭中有工作收入人口的具体就业情况

＿＿＿＿＿＿＿＿＿＿＿＿＿＿＿＿＿＿＿＿＿＿＿＿＿＿＿＿

7. 请留下您的联系方式，包括但不限于联系电话、邮箱等

＿＿＿＿＿＿＿＿＿＿＿＿＿＿＿＿＿＿＿＿＿＿＿＿＿＿＿＿

### 客户现有资产信息调查表

| 资产类别 | 是否持有 | 持有数量或金额 |
|---|---|---|
| 股票 | | |
| 证券投资基金 | | |
| 债券 | | |
| 理财产品 | | |
| 银行储蓄 | | |
| 房产 | | |
| 企业年金 | | |
| 退休金账户余额 | | |
| 公积金账户余额 | | |
| 保险投资账户价值 | | |
| 其他投资性资产（列明种类） | | |
| 合计 | | |

### 家庭收支信息调查表

| 收入情况（税前） | | 支出情况 | |
|---|---|---|---|
| 工资薪金收入合计 | | 家庭基本生活支出 | |
| 本人年收入 | | 子女抚养及教育支出 | |

续表

| 收入情况（税前） | | 支出情况 | |
|---|---|---|---|
| 配偶年收入 | | 赡养父母支出 | |
| 其他家庭成员年收入 | | 旅游娱乐支出 | |
| 财产性收入合计 | | 其他支出 | |
| 经营性收入合计 | | | |
| 其他收入合计 | | | |
| 合计 | | 合计 | |

注：如支出中还涉及其他类目可以写在下面的空格处。

此外，对于这些事实性信息有些还需要客户提供证明文件。具体文件要求如表2-2所示。

问题2：你认为除上述信息外，还缺少哪些信息？如何获取？

案例中提供的信息缺少判断性信息，比如客户的性格特征、职业发展前景等，特别是没有客户的风险特征信息。获取这些信息可以采用问卷或测评表的形式，也可以进行提问。

问卷形式是较为常见的形式，特别是有关客户风险特征的测评，以下问卷仅供参考。

## 风险特征测评问卷

姓名：　　　　　　　　　　　　　身份证号：

本问卷旨在了解您对理财规划中投资风险的承受意愿能力，借此评估您在面对风险时所持有的一般态度。问卷结果可能不能完全呈现您面对风险的真正态度，您可进一步与您的财富经理沟通，更加全面地评估您在面对风险时所持有的态度。

### 【风险承受能力问卷】

1. 您目前所处的年龄阶段为（　　）。

A. 55 岁以上 　　　　　　　　　　B. 40~55 岁（含）

C. 30~40 岁（含） 　　　　　　　D. 30 岁（含）以下

2. 您可以在理财规划中投资的资金量大概为（　　）。

A. 10 万元（含）以下 　　　　　　B. 10 万~100 万元（含）

C. 100 万~500 万元（含） 　　　　D. 500 万~2000 万元（含）

E. 2000 万元以上

3. 您家庭的年收入是（　　）

A. 10 万元（含）以下　　　　　　B. 10 万 ~ 20 万元（含）

C. 20 万 ~ 50 万元（含）　　　　　D. 50 万元以上

4. 您家庭的月生活消费支出约占月总收入的（　　）。

A. 71% ~ 100% 以上　　　　　　B. 51% ~ 70%

C. 21% ~ 50%　　　　　　　　　D. 0 ~ 20%

5. 您的投资目的是什么（　　）。

A. 超过通货膨胀就好（每年 5% 左右）

B. 获取较稳定收益（每年 10% 左右）

C. 获取较高收益（每年 20% 左右）

D. 博取高收益（每年 30% 以上）

6. 您一般投资的期限为（　　）。

A. 1 年以内　　　　　　　　　　B. 1 ~ 3 年（包括 3 年）

C. 3 ~ 5 年（包括 5 年）　　　　D. 5 年以上

7. 您是否有过以下投资经验（　　）。

A. 有投资贵金属、外汇、期货、期权等高风险衍生品经验

B. 有投资股票、股票型基金的经验

C. 有购买过银行的理财产品、P2P 理财产品

D. 有购买过保本基金、货币基金（如余额宝）

E. 从未有过投资经历，只存银行的定期或活期

8. 您投资时，能接受一年内的最大损失是多少（　　）。

A. 跌幅 10% 以内　　　　　　　B. 跌幅 10% ~ 20%

C. 跌幅 20% ~ 30%　　　　　　D. 跌幅 30% 以上

9. 您预计家庭的年收入在未来 5 年中将（　　）。

A. 有所下降　　　　　　　　　　B. 维持稳定

C. 小幅成长，在 10% 左右　　　D. 大幅成长，在 20% 以上

10. 目前您的投资主要是哪一品种（　　）。

A. 外汇、期货、现货贵金属等超高风险资产

B. 股票、股票基金、私募股权基金等高风险资产

C. 固定收益类债权基金、P2P

D. 银行理财产品、信托、货币基金（如余额宝）

E. 活期、定期存款、国债、保险

计分标准：

A = 1 分；B = 2 分；C = 3 分；D = 4 分

参考计分标准：

| 分值区间 | 投资者风险类型 |
|---|---|
| 0~8 分 | 保守型 |
| 9~16 分 | 谨慎型 |
| 17~24 分 | 稳健型 |
| 25~32 分 | 进取型 |

## 【风险容忍态度问卷】

1. 某组合基金未来 3 年里平均收益、最好和最坏的收益情况如下，您会选择哪种（　　）。

A. 平均年收益率为 2%，最好情况 3%，最坏情况 1%

B. 平均年收益率为 6%，最好情况 13%，最坏情况 -2%

C. 平均年收益率为 8%，最好情况 53%，最坏情况 -35%

D. 平均年收益率为 10%，最好情况 65%，最坏情况 -45%

2. 进行一项重大投资后，您通常会觉得（　　）。

A. 很高兴，相信自己的选择

B. 基本没什么影响

C. 担心投资结果

3. 现有以下几种获奖可能你会选择一下哪种（　　）。

A. 5% 的机会赢取 100 万元现金

B. 10% 的机会赢取 50 万元现金

C. 50% 的机会赢取 5 万元现金

D. 100% 的机会赢取 1 万元现金

4. 如果您把大量现金随身携带时，您会感到（　　）。

A. 完全不焦虑　　B. 有点焦虑　　C. 十分焦虑

5. 如果您有一项投资，一个月内下降了 30%，您会如何对待（　　）。

A. 持仓，等待反弹

B. 有些焦虑，但还能接受

C. 十分焦虑，想马上出售

6. 如果您有一项投资，一个月内上涨了 25%，您会如何对待（　　）。

A. 继续买入，可能还会上涨

B. 持有看跌期权并获取一定收益

C. 卖掉锁定交易

7. 有一个很好的投资机会出现，但你得贷款，你会接受吗（　　）。

A. 会　　　　B. 也许　　　　C. 坚决不会

8. 当您进行投资时，您的首要目标是（　　）。

A. 获得高回报，承受高风险

B. 获取一定收益，承受适当的风险

C. 保值，尽可能降低风险

计分标准：

A=4分；B=3分；C=2分；D=1分

参考计分标准：

| 分值区间 | 投资者风险特征类型 |
| --- | --- |
| 0~8分 | 保守型 |
| 9~16分 | 谨慎型 |
| 17~24分 | 稳健型 |
| 25~32分 | 进取型 |

以上评分标准仅为参考，在实践中需要综合分析客户的实际情况，并给予适当引导，从而使客户真正理解理财规划，真正接纳风险。

当然也可以通过提问的形式来与客户交流，从而更直观地发现客户对风险的认知问题，及时给予引导。需要以提问的形式依次提出如下问题：

（1）您可以用来做理财规划的资产有多少？

（2）有哪些资产是不能用的？

（3）这些用来做理财规划的资产是否要求有短期回报？

（4）5年内您是否要收回理财投资的本金？

（5）这些可用于理财规划的资金可以投入多久呢？

（6）您对投资收益率的期望是什么？最低要达到什么水平呢？

（7）投资的特征包括保本性、成长性、平稳性、保值性、短期收益性和激进的成长率。请您按照这些特征对您的重要程度进行打分，您觉得越重要的打分越高，觉得都重要可以都打满分。

（8）请您写出或选择出您投资过的资产类别。

（9）请您写出或选择出您期望在理财规划中使用的资产类别。

（10）如果在理财规划中可实现目标的投资组合存在波动，你可以接受或忍受多长时间？

（11）您认为通过制订理财规划方案，您可以获得高于市场平均收益率的收益吗？

（12）您认为有一些人可以通过理财规划获得比其他人都高的收益吗？

这些问题的提出和对客户回答的解释引导，可以参考本章中客户风险特征分析部分的内容。

# 第三章　项目二　客户家庭财务分析

家庭财务分析是理财规划得以开展的基础，其主要是了解客户家庭拥有哪些理财资源，存在哪些财务问题，并贯穿在整个理财规划过程中。

从图3-1中可以看到在理财规划过程中处处都有财务分析的影子。在与客户建立信任关系的环节，理财师与客户建立信任关系就是想要获得真实全面的信息，特别是财务信息，对于这一点客户在没有完全信任理财师或财富经理的条件下是绝对不会轻易给出这些信息的。通过编制财务报表和分析财务报表，可以发现客户家庭的财务问题、主要需求，从而使我们更深一步地了解客户的理财目标，并以现有财务状况为基础分析理财目标的可行性，最终帮助我们明确理财目标。在制定规划理财方案的环节，需要利用客户现有财务资源去实现理财目标，通过编制预算和与客户的沟通确定理财规划方案具体内容。在执行理财规划阶段，通过客户记账来检查理财规划执行的情况，便于发现问题及时改正；通过定期编制财务报表来进行对比和分析，发现差异，检讨修正。

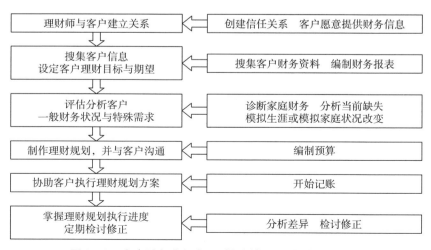

图3-1　家庭财务分析在理财规划各流程中的具体体现

家庭财务分析的主要目的是了解家庭当前的财务状况（见图3-2），家庭财务状况会影响到理财规划的各个方面，财务结构会影响到资产配置方案的制订、负债或减债计划的实施，支出结构会影响到家庭财务预算的制订，收入情况也会影响到理财资源的获得，这些最终会影响到理财目标的实现，因此家庭财务分析是理财规划开展的基础也是重要环节。

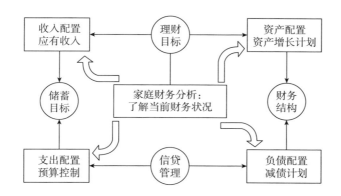

**图3-2  家庭财务分析的目的**

# 第一节  基础知识

## 一、会计基础知识

让我们从一个有趣的小案例来检查一下自己对财务知识的了解程度。

案例：今天你向父亲借款300元，向母亲借款300元，去商场买了一双鞋，共花费570元，剩余30元。于是，你归还给父亲10元，归还给母亲10元，自己还剩下了10元。这时发生了一件有趣的事情，你发现自己还欠父亲290元，欠母亲290元，自己手里有10元，粗略一算发现290+290+10=590元，很是纳闷，明明是600元，怎么变成590元了呢？那10元去哪儿了？

你是不是一眼就看穿了其中的问题呢？

这个小案例中的问题在于资产和负债的区分。在企业会计中，企业的资产指的是能够给企业带来经济利益流入的项目，比如固定资产、原材料、应有账款等；企业的负债指的是给企业带来经济利益流出的项目，比如应付账款、银行贷款等。与企业一样，家庭的资产和负债也代表了不同的经济利益流向，资产和负债是不能够随便相加的。下面我们做一个简单的资产负债表（见表 3-1）。

表 3-1 案例资产负债表

| 我拥有的资产 | 金额（元） | 我的负债 | 金额（元） |
|---|---|---|---|
| 鞋 | 570 | 欠父亲借款 | 290 |
| 现金 | 10 | 欠母亲借款 | 290 |
| 资产合计 | 580 | 负债合计 | 580 |

通过上面的表格，可以发现案例中"我"所有的资产（鞋+现金）合计是580元，而这所有的资产均来自于"我"向父母的借款，也就是负债。在这个案例中，资产等于负债，净资产为零。

下面我们就来回顾和学习一下家庭财务分析的基础知识。

（一）基本会计等式

企业会计中最为重要的两个财务报表——资产负债表和利润表的编制主要遵循以下两个会计等式：

a）资产 = 负债 + 所有者权益

b）收入 - 成本 = 利润

对于等式 a）来说，所有者权益主要指的是资产扣除负债之后所有者（即股东）享有的剩余权益，因此也称之为股东权益。在企业资产负债表的编制中，企业拥有的资产必然等于负债加所有者权益，资产等于债权人和股东的权益。

对于等式 b）来说，企业一段时间内（通常为一年、一个季度或者一个月）的所有收入（包括营业收入和营业外收入）减去其成本，即为企业的利润，企业的经营目标通常为利润最大化。

对于个人/家庭的财务报表，同样可以运用上述会计等式进行分析，但是对于家庭来说，不存在所有者权益或者股东权益，因此可以称之为家庭净值；对于家庭来说，不存在利润，可称之为储蓄或者结余，因此企业的利润表可以称之为家庭的收入支出表或者收支储蓄表。因此得到以下的会计等式：

a）资产 = 负债 + 净值

b）收入 - 支出 = 储蓄（结余）

会计等式体现的就是收入与支出、资产与负债的关系，也就是家庭财务分析中资产负债表和收支储蓄表中的关系，在编制资产负债表和收支储蓄表的时候也主要遵循上述两个会计等式。

（二）现金流动与收入支出的关系

除了分析资产负债和收入支出的关系外，现金流动也是家庭财务分析中非常重要的方面。现金流动和收入支出并不完全等同，现金的流动不一定会引起收入支出的变化，但收入支出的变化一定会有现金的流动。

现金流入。对于家庭来说，现金流入一般会用"＋"来表示，主要有三种原因：非现金资产减少、负债增加、收入，三种原因需要仔细区分。比如卖出股票10万元会有10万元的现金流入，但不是收入，而是资产减少10万元。再比如增加银行贷款50万元，会有50万元的现金流入，但也不属于收入，而是负债增加了50万元。那什么样的现金流入才是收入呢？比如买入股票10万元，一年后以15万元卖出，则10万元为资产减少，即资产调整，5万元为资本利得计为收入。

同样，现金流出一般会用"－"来表示。现金流出一般也有三种情况：非现金资产增加、负债减少、支出。比如买入基金10万元，会有10万元的现金流出，但不是支出，而是资产增加了10万元。再比如归还住房贷款5000元，引起了5000元的现金流出，其中归还房贷本金3000元，归还贷款利息2000元，则归还的3000元本金为负债减少，不算支出，而是资产负债调整，归还的2000元利息不影响资产负债计为支出。

这里要明确几个问题，凡是影响资产负债表项目的不能算作收入和支出。收入和支出的范围较狭窄，既不增加或减少资产，又不增加或减少负债才算收入支出。同理，支出范围狭窄，储蓄范围就更广泛，资产增加和负债减少都是增加储蓄。

（三）流量和存量

流量指一定时期测算的量，即一定时期内生产产品和劳务而取得的收入或支出的总量，是时期指标、动态指标。经济学中最为常见的经济指标——国内生产总值（GDP）统计的通常是一个月、一个季度或者一年内整个经济社会生产的产品和劳务的总和，是一个典型的流量指标。

存量指一定时点上测算的量，即某一时点上过去生产与积累起来的产品、货物、存储、资产负债的结存数，是时点指标、静态指标。比如银行每天既有吸收存款又有提取存款，存款余额每时每刻都在发生变化，在统计的时候需要明确是哪个时点的存款余额。因此，银行存款余额是一个典型的存量指标。

在编制资产负债表和收支储蓄表的时候，需要明确资产、负债、收入、支出是流量指标还是存量指标。对于家庭的资产负债来说，由于资产负债的市场价值每个时点都在发生变化，今天拥有的房地产的价值是100万元，明天房地产的价值可能是 101 万元，因此资产和负债是存量指标，在编制资产负债表的时候需要明确统计的时点，一般是月末或年末，反映的是某一个时点家庭拥有的资产和负债的数量，是一个静态的报表。

收入和支出统计的是家庭在某一段时间收入和支出的总和，是一个累加的过程。比如在统计该家庭 2018 年全年的收入时，把 12 个月的工资收入和其他收入加起来。因此，在编制收入支出表的时候需要明确统计的范围是某一个月还是某一年，反映的是这一段时间内这个家庭的收入支出情况，是一个动态的报表。

（四）成本价值与市场价值

非现金资产的成本价值为其购买时的历史成本。如以成本价值计价，则：

期末净值 − 期初净值 = 当期储蓄

可用此等式勾稽记账的准确性。

资产的市场价值为其在记账时点的最新市场变现价值，如股票、债券或基金按收盘价计算市场价值。如以市场价值计价，则期末净值可以反映家庭最新净财富。

不论是采用成本价值来计入，还是采用市场价值来计入，目的都是为了反映账面损益。在编制资产负债表时，首次编制要同时列明成本价和市场价，成本价可以像我们前文所述那样与收入支出表储蓄情况勾对记账的准确性，净值变动等于储蓄，市场价值则可以反映最新净财富。如果记账频繁，每月编制报表则只用成本计价，主要原因是一方面市场价了解起来相对复杂；另一方面自用型资产无须计算市场价，反正也不会出售；此外，长期投资无须每月计价，每年做一次市场价的资产负债表即可。

（五）权责发生制和收付实现制

权责发生制以权利或义务的发生作为记账标准。凡是应属于本期的收入和费用，无论有无收到和支付现金，都应计入本期的收入和费用；凡是不属于本期的收入和费用，即使现金在本期收付，也不应计入本期的收入和费用。企业会计多采用应计基础，也就是权责发生制。在个人/家庭理财规划中，如果使用权责发生制作为记账基础，则信用卡在刷卡时就应计支出。

收付实现制以收到或支付现金作为记账标准。凡是本期收到的现金收入和支付的现金费用，都应计入本期的收入和费用。记账结果可与期初、期末的现金余额比较，以检查记账的准确性。家庭会计多采用现金基础，因此在个人/家庭理财规划中一般均使用收付实现制。如果使用收付实现制作为记账基础，信用卡在刷卡时不计支出，在缴款时才计支出。

下面我们通过一个例题来深入了解权责发生制和收付实现制的区别。

2019 年 1 月你的收入支出情况如下：

1. 收到 2019 年上半年房租 12000 元

2. 生活费支出 1000 元

3. 刷信用卡消费 2000 元

4. 归还上月信用卡欠款 1000 元

请分别按权责发生制和收付实现制计算本月储蓄。

解答：

按权责发生制来计算如下：

本月储蓄 = 本月房租 – 生活费支出 – 刷信用卡消费 = 2000 – 1000 – 2000 = – 1000 元。

按收付实现制来计算如下：

本月储蓄 = 上半年房租 – 生活费支出 – 归还上月信用卡欠款

  = 12000 – 1000 – 1000 = 10000 元。

通过计算可以发现，在权责发生制下，本月储蓄为 – 1000 元，在收付实现制下，本月储蓄为 10000 元。那实际情况是什么样的呢？实际情况是你真的有10000 元，所以此时我们就可以使用这 10000 元开展理财活动，获得更多收益，也就是说以收付实现制为基础更贴近个人/家庭实际，能够更充分有效地利用资金。

（六）借方和贷方

借方和贷方是会计学中的重要概念，也是会计分录中使用的专业术语，在个人/家庭理财中也有使用，但使用较少。表 3 – 2 为资产、负债、收入、支出在编写会计分录时的使用。

表 3 – 2 借方和贷方的使用

| 会计科目 | 左 – 借方 | 右 – 贷方 |
| --- | --- | --- |
| 资产 | 增加 | 减少 |
| 负债 | 减少 | 增加 |
| 收入 | 减少 | 增加 |
| 支出 | 增加 | 减少 |

下面我们来看一个借贷分录案例：

如表 3 – 3 所示，在这个案例中，首先依据不同的财务活动来确定属于哪些会计科目，区分资产负债的变动和收入支出的变动，其次依据表 3 – 2 来计入借方和贷方。

表 3 - 3　借贷分录案例分析

| | 借方 | 贷方 |
|---|---|---|
| 股票成本 10 万元，以市价 12 万元出售，用来支付保障型保费 3 万元，提前还清信用借款本金 8 万元，利息 1 万元 | 现金 10 万元 | |
| 卖股票：资产减少，记贷方 | | 股票 10 万元 |
| 资本利得：收入增加，记贷方 | | 资本利得 2 万元 |
| 保障型保费：支出增加，记借方 | 保障型保费 3 万元 | |
| 利息：支出增加，记借方 | 利息费用 1 万元 | |
| 偿还借款本金：负债减少，记借方 | 偿还信用借款 8 万元 | |
| | | 现金 12 万元 |

（七）记账原则和方法

1. 记账的一般原则

（1）能够刷卡或使用其他支付方式时就不用现金方式进行结算，让刷卡银行和各种支付 APP 帮你记账。

（2）保留所有发票收据，月底一次分类整理。

（3）小额固定支出可用估计数，如通勤费、早餐等。

（4）若有大额现金且无发票或收据的支出，应于发生当时记于备忘录中，月底整理。

（5）收入、支出、储蓄应分别记账，并与现金流量进行勾稽，确保记账无误。

（6）根据储蓄 = 现金余额增减 - 资产负债调整现金净流量这个等式检查账目，等式两边应相等，如存在差异，检查是否漏记收入或支出，较小的差额可列入其他收入或其他支出处理。

2. 记账的一般方法

在个人/家庭理财中主要使用的记账方法是分类记账。具体有以下几种方式：

（1）分类记账——保费的分类与记账方式。

根据保险项目的不同可分为保障型保险保费与储蓄型保险保费：①保障型保险主要包括定期寿险、意外险、医疗险、失能险，保障型保险保费当作费用归类为理财支出中，保障型保险如发生赔款，作为转移收入处理。②储蓄型保险包括养老险、还本险、退休年金、投资型保单，储蓄型保险保费当作储蓄，所累积的现金价值当作生息资产。

终身寿险兼有保障性和储蓄性，每年保费超过自然保费的部分为储蓄，储蓄的目的是以最能节税的方式累积遗产，实现财富的传承。

（2）分类记账——所得税与三险一金的记账方式。

个人所得税可列为收入的减项，用于计算可支配收入。一般我们会直接计算税后收入计入收支储蓄表。

个人失业保险费为保障型保险保费，归类为理财支出中。个人与单位所缴的医疗保险费拨入社会统筹医疗基金部分为保障型保费，归类为理财支出中；拨入个人账户部分为限制支配收入与储蓄，个人医疗保险账户余额计入资产。个人与单位所缴的基本养老保险费拨入养老保险社会统筹基金部分相当于保障型保费，归类为理财支出中；拨入个人账户部分为限制支配收入与储蓄，个人养老保险账户余额计入资产。三险一金中属于或相当于保障型保险保费部分同样可列为收入的减项。

个人与单位住房公积金缴存全部为限制支配收入与储蓄，住房公积金账户余额计入资产。

（3）分类记账——支付方式的分类与记账方式。

所有的支付方式可分为三类：现金支付、刷卡（含虚拟卡）支付与转账支付。

现金支付：每日记账，月底统计，基本为消费性支付。

刷卡支付：以现金基础记账，在缴款当月才依照消费明细归类记账。刷卡支出多数为消费性支付，但也可能用于缴保费或定期定额基金投资等非消费性支付，每月集中记账一次。这里需要注意的是虚拟卡或信用支付的情况，虽然没有实体刷卡，但也要及时记录，防止错记或漏记。

转账支付：包括水电、燃气、电话费、通信费、保险费、房贷、投资等，按月记账。分别归类于以居住为主的消费性支出，缴保费、所得税或定期定额基金投资等非消费性支付，每月转账缴款时记账一次。对于大多数转账支付都可以应用银行流水，支付工具流水等方式每月集中记账，相较于现金支付有较大的便利性。

## 二、个人所得税基础知识

家庭收支储蓄表的编制涉及的是家庭的税后收入，对于个人来说，是扣除掉个人所得税之后的实际可支配收入，因此个人所得税如何计算、如何缴纳对于家庭财务分析非常重要。

自 1980 年我国正式建立个人所得税制度以来，我国个人所得税制度经历了数次调整，调整原则和调整方向是"多收入者多纳税、少收入者少纳税"以及更好发挥税收的二次分配作用。1980 年 9 月 1 日第五届全国人民代表大会第三次会议通过了《中华人民共和国个人所得税法》（以下简称《个人所得税法》），在立法时暂定了 5 个征税项目。1994 年进行第一次修订时将税目增加为 11 个。1999 年进行第二次修订时增加了储蓄存款利息所得征税规定。2006 年第三次修订时提高费用减除标准至 1600 元，增加自行申报和扣缴申报规定。2007 年调整储蓄存款利息税率，由 20% 降低为 5%。2008 年第五次修订提高减除费用标准至 2000 元。2010 年又进一步提高减除费用标准至 3500 元，同时调整了税率和纳税期限。2018 年为《个人所得税法》的第七次修正，此次修订内容较多，涉及提高减除费用标准、税目综合和分类征收，调整了税率级距、增加专项附加扣除项目、调整居民纳税人和非居民纳税人标准等多个方面，是我国个人所得税改革力度较大的一次。

在本部分的学习中，将依据《个人所得税法》的最新修订版本及 2010 年修正的版本进行个人所得税计算方法和计算流程的学习。在目前的理财实践中，对于客户财务资料的收集主要是 2018 年及以前的财务数据，因此主要使用的个人所得税计算方法和计算依据是《个人所得税法》2010 年第六次修正版。学习 2018 年及以前的个人所得税计算方法也有助于理解和掌握最新《中华人民共和国个人所得税法实施条例》和《个人所得税专项附加扣除暂行办法》，并找到其中的差异，帮助我们更好地学习税收筹划的相关内容。

（一）第六次修正版《个人所得税法》

《个人所得税法》2010 年第六次修正版首先规定了纳税义务人的范围。居民纳税人指在中国境内有住所或者无住所但在境内居住满一年的个人，需要将其在境内和境外取得的收入缴纳个人所得税。非居民纳税人无住所不居住或者无住所且居住不满一年的个人，需要将其在中国境内取得收入缴纳个人所得税。其次规定了个人所得税的 10 个应税所得项目，包括工资、薪金所得，个体工商户的生产、经营所得，承包经营所得、承租经营所得，劳务报酬所得，稿酬所得，特许权使用费所得，财产转让所得，利息、股息和红利所得，财产租赁所得，偶然所得，适用的税率和计算方法不同（见表 3-4）。

表 3-4　各类应税所得项目的范围及计税方法

| 项目 | 范围 | 计税方法 |
|---|---|---|
| 工资、薪金所得 | 因任职或者受雇而取得的工资、薪金、奖金、年终加薪、劳动分红、津贴、补贴以及任职或者受雇有关的其他所得 | 3500 元，七级累进税率制度 |

续表

| 项目 | 范围 | 计税方法 |
|---|---|---|
| 个体工商户的生产、经营所得 | 个体工商户和从事生产、经营的个人，取得与生产、经营有关的收入 | 3500 元，五级累进税率制度 |
| 承包经营所得、承租经营所得 | 个人承包经营、承租经营以及转包、转租经营取得的所得 | 3500 元，五级累进税率制度 |
| 劳务报酬所得 | 个人从事非雇用的各种劳务所取得的所得 | ≤4000 元，800 元，>4000 元，20%；三级累进税率制度 |
| 稿酬所得 | 因其作品以图书、报刊形式出版、发表而取得的所得 | ≤4000 元，800 元，>4000 元，20%；14% |
| 特许权使用费所得 | 指个人提供专利权、商标权、著作权、非专利技术以及其他特许权的使用权取得的所得 | ≤4000 元，800 元，>4000 元，20%；20% |
| 利息、股息和红利所得 | 个人拥有债权、股权而取得的股息、利息、红利所得 | 20% |
| 财产租赁所得 | 个人出租建筑物、土地使用权、机器设备、车船以及其他财产而取得的所得 | ≤4000 元，800 元，>4000 元，20%；20% |
| 财产转让所得 | 个人转让有价证券、股权、建筑物、土地使用权、机器设备、车船等其他财产取得的所得 | 20% |
| 偶然所得 | 个人得奖、中奖、中彩以及其他偶然性质的所得 | 20% |

表 3 - 4 中，在 10 类应税所得项目中，与家庭财务最为密切也最为常见的主要是工资、薪金所得，个体工商户的生产、经营所得，劳务报酬所得，稿酬所得和偶然所得，本部分将着重加以解释。

1. 工资、薪金所得

工资、薪金所得，是指个人因任职或者受雇而取得的工资、薪金、奖金、年终加薪、劳动分红、津贴、补贴以及任职或者受雇有关的其他所得。

工资、薪金所得具有两个特点：一是通过从事非独立劳动、与某劳动单位签订劳动合同取得的各项收入，除了基本工资之外，年终奖、津贴、补贴等收入也归为此类；二是由劳动单位实行代扣代缴，个人得到的是已经扣除社会保险和个人所得税的税后实际可支配收入。

对于一般纳税人，应纳税所得额 = 工资、薪金收入 - 社会保险个人缴纳额 - 费用扣除标准，费用扣除标准为 3500 元。税率适用于七级超额累进税率，税率表如表 3 - 5 所示。在计算应纳个人所得税税额时，有两种方法：

一是采用超额累进的方法不同的金额适用不同的税率。如表 3 - 5 所示，七级超额累进税率充分体现了"多收入者多纳税"的原则，在不同的范围内采用不同的税率。

表 3 - 5　工资、薪金所得七级超额累进税率

| 级数 | 含税级距 | 不含税级距 | 税率（％） | 速算扣除数（元） |
|---|---|---|---|---|
| 1 | 不超过 1500 元的 | 不超过 1455 元的 | 3 | 0 |
| 2 | 超 1500 元至 4500 元的部分 | 超过 1455 元至 4155 元的部分 | 10 | 105 |
| 3 | 超过 4500 元至 9000 元的部分 | 超过 4155 元至 7755 元的部分 | 20 | 555 |
| 4 | 超过 9000 元至 35000 元的部分 | 超过 7755 元至 27255 元的部分 | 25 | 1005 |
| 5 | 超过 35000 元至 55000 元的部分 | 超过 27255 元至 41255 元的部分 | 30 | 2755 |
| 6 | 超过 55000 元至 80000 元的部分 | 超过 41255 元至 57505 元的部分 | 35 | 5505 |
| 7 | 超过 80000 元的部分 | 超过 57505 元的部分 | 45 | 13505 |

二是直接利用速算扣除数，应纳个人所得税税额 = 应纳税所得额 × 适用税率 - 速算扣除数。

**课堂练习 1：** 王某 2017 年 9 月取得工资收入 8000 元，当月个人承担住房公积金、基本养老保险金、医疗保险金、失业保险金共计 1500 元，费用扣除标准为 3500 元。求王某 9 月应缴纳的个人所得税是多少。

解答：

王某当月应纳税所得额 = 8000 - 1500 - 3500 = 3000 元。

方法一：3000 元属于"超 1500 元至 4500 元的部分"，适用的税率是 10％，速算扣除数为 105，因此应纳个人所得税税额 = 3000 × 10％ - 105 = 195 元。

方法二：1500 × 3％ + 1500 × 10％ = 195 元。

在工资、薪金所得个人所得税的计算中，主要注意以下三个问题：

一是注意七级累进税率含税级距的交叉点。在第一级中，不超过 1500 元指小于等于 1500 元。若税前工资为 5000 元，减去费用扣除标准 3500 元，则应纳税所得额为 1500 元，则属于第一级，适用的税率为 3％，速算扣除数为 0。因此需要缴纳的个人所得税为 1500 × 3％ = 45 元。

二是注意含税级距和不含税级距的差别。含税级距包括了个人所得税，适用于从税前收入到税后收入的计算。不含税级距已经扣除了个人所得税，适用于从税后收入到税前收入的计算。

税后收入 = 税前收入 - 个人所得税

= 税前收入 − ( 税前收入 − 3500 ) × 税率 + 速算扣除数

= 税前收入 × ( 1 − 税率 ) + 3500 × 税率 + 速算扣除数

因此，税前收入 = ( 税后收入 − 3500 × 税率 − 速算扣除数 ) / ( 1 − 税率 )

**课堂练习2：**若已知高某税后月收入为10000元，若不考虑社会保险，求其月税前收入为多少？

解答：

通过表3 − 5可知，月收入为10000元适用的税率是25%，速算扣除数是1005元。

故：税前收入 = ( 10000 − 3500 × 25% − 1005 ) / ( 1 − 25% ) = 10826. 67元。

三是明确速算扣除数的由来。在计算个人所得税的时候方法一采用的是对属于不同级距内的收入适用不同的税率，而方法二采用的是对所有收入采用最高级距的税率，多计算了一部分税，因此需要将较低收入中多缴纳的税扣除。以月税前收入13500元为例，应纳税所得额为10000元。若10000元全部采用最高税率25%计算，则需缴纳2545元，多缴纳了1050元，故速算扣除数为1050元。

两种方法缴税对比如表3 − 6所示。

表3 − 6　两种方法缴税对比

| | 金额<br>（元） | 适用税率<br>（%） | 缴纳税额<br>（元） | 按照最高税率<br>缴纳税额（元） | 多扣除的<br>税额（元） |
|---|---|---|---|---|---|
| 不超过1500元的 | 1500 | 3 | 1500 × 3% = 45 | 1500 × 25% = 375 | 330 |
| 超过1500元至4500元的部分 | 3000 | 10 | 3000 × 10% = 300 | 3000 × 25% = 750 | 450 |
| 超过4500元至9000元的部分 | 4500 | 20 | 4500 × 20% = 900 | 4500 × 25% = 1125 | 225 |
| 超过9000元至35000元的部分 | 1000 | 25 | 1000 × 25% = 250 | 1000 × 25% = 250 | 0 |
| | | | 1495 | 2545 | 1050 |

2. 个体工商户的生产、经营所得

个体工商户指有经营能力的公民依法从事工商业经营活动，既可以是个人，又可以是家庭。个体工商户广泛存在于我国工业、手工业、饮食业、服务业等各个产业，是家庭生产和创造收入的重要形式。个体工商户从事与生产、经营有关的活动获得的收入依法缴纳个人所得税。

个体工商户的生产、经营所得具有两个特点：一是按年度征收，按月预缴。二是与企业类似，应纳税所得额是收入减去成本费用剩余的利润。个体工商户的生产规模较小、财务制度不健全，部分个体工商户不能准确核算成本费用，因此税法规定了费用统一扣除标准为42000元，即每月3500元。

应纳税所得额 = 每一年度的收入总额 – 成本、费用以及损失

应纳个人所得税税额的计算与工资、薪金所得一样，税率按照五级超额累进税率计算，税率如表 3 – 7 所示：

应纳个人所得税税额 = 应纳税所得额 × 税率 – 速算扣除数

表 3 – 7 个体工商户生产、经营所得适用的五级超额累进税率

| 级数 | 全年应纳税所得额 | | 税率（%） | 速算扣除数（元） |
|---|---|---|---|---|
| | 含税级距 | 不含税级距 | | |
| 1 | 不超过 15000 元的 | 不超过 14250 元的 | 5 | 0 |
| 2 | 超过 15000 元至 30000 元的部分 | 超过 14250 元至 27750 元的部分 | 10 | 750 |
| 3 | 超过 30000 元至 60000 元的部分 | 超过 27750 元至 51750 元的部分 | 20 | 3750 |
| 4 | 超过 60000 元至 100000 元的部分 | 超过 51750 元至 79750 元的部分 | 30 | 9750 |
| 5 | 超过 100000 元的部分 | 超过 79750 元的部分 | 35 | 14750 |

**课堂练习 3**：张先生是从事餐饮业的个体工商户，2017 年实现收入 70 万元，发生成本费用 60 万元，请计算其应缴纳的个人所得税。

解答：

本练习中应纳税所得额为 70 – 60 = 10 万元。

10 万元位于第四级距内，适用的税率为 30%，速算扣除数为 9750 元，因此，应缴纳的个人所得税为 100000 × 30% – 9750 = 20250 元。

3. 劳务报酬所得

劳务报酬所得指的是个人独立从事各种非雇用的劳务所取得的所得，具有以下两个特点：一是没有签订劳务合同，不是正式的雇佣劳动关系；二是一般以一次劳动为单位，按照一次劳动获得的报酬缴纳个人所得税。

劳务报酬所得的应纳税所得额为：每次劳务报酬收入不超过 4000 元的，减除费用为 800 元；4000 元以上的，减除 20% 的费用，其余额为应纳税所得额。劳务报酬所得适用三级超额累进税率，如表 3 – 8 所示，故应纳税额 = 应纳税所得额 × 适用税率 – 速算扣除数。

表 3 – 8 劳务报酬所得适用的三级超额累进税率

| 级数 | 每次应纳税额 | 税率（%） | 速算扣除数（元） |
|---|---|---|---|
| 1 | 不超过 20000 元的部分 | 20 | 0 |
| 2 | 超过 20000 元至 50000 元的部分 | 30 | 2000 |
| 3 | 超过 50000 元的部分 | 40 | 7000 |

**课堂练习 4**：钱先生一次取得劳务报酬收入 30000 元，计算其个人所得税。

解答：

本练习中应纳税所得额：30000 – 30000 × 20% = 24000 元。

24000 元适用的税率是 30%，速算扣除数是 2000 元。

应纳税额为：24000 × 30% – 2000 = 5200 元。

4. 稿酬所得

稿酬所得指的是个人因图书出版或者报刊发表而取得的收入。稿酬所得以个人每次取得的收入，定额或定率减除规定费用后的余额为应纳税所得额，每次收入不超过 4000 元，定额减除费用 800 元；每次收入在 4000 元以上的，定率减除 20% 的费用，适用 20% 的比例税率，并按规定对应纳税额减征 30%，故其实际税率为 14%，计算公式为：

每次收入不超过 4000 元的：

应纳税额 = ( 每次收入额 – 800 ) × 20% × ( 1 – 30% )

每次收入在 4000 元以上的：

应纳税额 = 每次收入额 × ( 1 – 20% ) × 20% × ( 1 – 30% )

**课堂练习 5**：某人将获得稿酬 15000 元，请计算其应缴纳的个人所得税。

解答：

应纳税额 = 15000 × ( 1 – 20% ) × 20% × ( 1 – 30% ) = 1680 元。

5. 偶然所得

偶然所得是指个人得奖、中奖、中彩以及其他偶然性质的所得。得奖是指参加各种有奖竞赛活动，取得名次得到的奖金；中奖、中彩指参加各种有奖活动，如有奖销售、有奖储蓄或者购买彩票，抽中、摇号码而取得的奖金，偶然所得应缴纳的个人所得税，一律由发奖单位或机构代扣代缴。以每次收入额为应纳税所得额，使用比例税率 20%。

**课堂练习 6**：程某在参加商场的有奖销售活动中，中奖所得共计价值 20000 元，陈某领奖时告知商场，从中奖收入中拿出 4000 元通过教育部门向某希望小学捐赠。请按纳税规定计算商场代扣代缴个人所得税后，程某实际可得中奖金额。

解答：

（1）按照税法规定，程某的捐赠额度可以全部从应纳税额中扣除，4000/20000 = 20% < 30%。

（2）应纳税所得额 = 20000 – 4000 = 16000 元。

（3）应纳税额 = 16000 × 20% = 3200 元。

（4）实际得到中奖金额 = 20000 – 4000 – 3200 = 12800 元。

（二）第七次修正版《个人所得税法》

2018 年 8 月 31 日，中华人民共和国主席令第九号《全国人民代表大会常务委员会关于修改〈中华人民共和国个人所得税法〉的决定》已由中华人民共和国第十三届全国人民代表大会常务委员会第五次会议于 2018 年 8 月 31 日通过，自 2019 年 1 月 1 日起施行。

2018 年 10 月 20 日，财政部、国家税务总局为落实 2018 年 8 月 31 日全国人大常委会审议通过的新个人所得税法，起草了《中华人民共和国个人所得税法实施条例（修订草案征求意见稿)》《个人所得税专项附加扣除暂行办法（征求意见稿)》，向社会公开征求意见。此次个人所得税改革最大的变化是将工资薪金、劳务报酬、稿酬等四类进行综合征收和年度征收，并规定了专项扣除费用。具体来说主要有以下几个方面的内容：

1. 完善有关居民、非居民纳税人的规定

第七次修正版《个人所得税法》（以下简称新税法）中规定居民纳税人指的是"在中国境内有住所，或者无住所而在一个纳税年度内在中国境内居住累计一百八十三天的个人"，上述个人从中国境内和境外取得的所得，缴纳个人所得税；非居民纳税人指的是"在中国境内无住所又不居住，或者无住所而一个纳税年度内在中国境内居住累计不满一百八十三天的个人"，上述个人从中国境内取得的所得，缴纳个人所得税。

与第六次修正版《个人所得税法》相比较，对纳税人定义的最大差异是将原无住所居住满 1 年，修改为无住所居住累计满 183 天（半年）。半年也是国际通行对居民非居民的居住时常定义，也是为了避免某些个人为了避税，每居住不满一年即离境，以逃避其境外收入在中国缴纳个税的义务问题。

**课堂练习 7**：一位美国人受雇于美国花旗银行总部，2017 年初被派到中国分支机构工作。在此期间，2017 年共离开过中国两次，一次 30 天休假回家，一次 20 天回总部述职，美国总部支付给他 30 万元人民币工资。2018 年因工作需要在中国工作满半年后调回美国工作，美国总部支付给他 30 万元人民币工资。请问他在中国应该缴纳多少个人所得税？

分析：根据我国《个人所得税法》的规定，2017 年这位美国人离境累计没有超过 90 天，是暂时离境。因此，其在中国虽无住所但居住满一年，属于居民纳税义务人，因此美国总部支付的 30 万元工资也需要缴纳个人所得税。

2018 年因工作调动这位美国人在中国工作不满一年，因此属于非居民纳税义务人，因此美国总部支付的 30 万元工资不需要缴纳个人所得税。但是按照新税法中"工作满半年"的规定，若 2019 年此人在中国工作满半年不满一年，则属于居民纳税人，需要在我国缴纳个人所得税。

2. 实行综合所得按年征收，并提高了基本费用扣除标准

如图 3-3 所示，新税法将工资、薪金所得，劳务报酬所得，稿酬所得，特

许权使用费所得四项劳动性所得纳入综合征税范围。个体工商户、个人独资企业、合伙企业；个人依法取得执照，从事办学、医疗、咨询以及其他有偿服务活动取得的所得；个人承包、承租、转包、转租取得的所得；个人从事其他生产、经营活动取得的所得纳入经营综合所得。并实现按年征收，每月预先扣除、年底多退少补的政策。

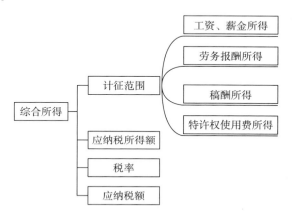

**图 3 - 3　个人所得税综合所得图解**

新税法将工资、薪金所得，劳务报酬所得，稿酬所得，特许权使用费所得将综合合并，采用统一的税率和基本减除费用（个税起征点），两个优惠叠加，既简化了综合所得个税计算过程，又将起到较好的减税效果，积极发挥个人所得税调节收入二次分配的作用。

个人所得税的起征点问题一直是各界讨论的焦点，直接影响到中低收入人群切身利益。随着我国经济的发展和物价水平的普遍提高，原有 3500 元月收入的人群属于较低收入水平，征收个人所得税会进一步降低其实际可支配收入，不符合税收的二次分配原则，因此调高个人所得税的费用扣除标准就成为必然。如表 3 - 9 所示，新税法在原有每月 3500 元的费用扣除标准的基础上提高到每月 5000元的费用扣除标准（每年 60000 元），并进一步调整了个人所得税的税率结构，使得收入 3500 ~ 5000 元的人群不缴税，5000 元以上的人群少缴税，具体的个人所得税税率如表 3 - 9 所示。

**表 3 - 9　最新调整的个人所得税税率**

| 级数 | 全年应纳税所得额 | 税率（%） | 速算扣除数（元） |
|---|---|---|---|
| 1 | 不超过 36000 元的 | 3 | 0 |
| 2 | 超过 36000 元至 144000 元的部分 | 10 | 2520 |

| 级数 | 全年应纳税所得额 | 税率（%） | 速算扣除数（元） |
|------|------------------|-----------|-------------------|
| 3 | 超过144000元至300000元的部分 | 20 | 16920 |
| 4 | 超过300000元至420000元的部分 | 25 | 31920 |
| 5 | 超过420000元至660000元的部分 | 30 | 52920 |
| 6 | 超过660000元至960000元的部分 | 35 | 85920 |
| 7 | 超过960000元的部分 | 45 | 181920 |

**课堂练习8：**王老师在某高校工作，每月税前工资6000元，7月因出版一本专著获得稿酬收入10000元，12月给某银行提供咨询服务获得劳务报酬3000元。请分别按照第六次修正版个人所得税法和第七次修正版个人所得税法相关规定，计算本年度王老师需缴纳的个人所得税？

解答：

若按照第六次修正版个人所得税制度，工资薪金、稿酬和劳务报酬应分开征税：

工资薪金所得：应纳税所得额 = 6000 - 3500 = 2500 元。

应纳税所得额2500元位于第二级距内，适用的税率是10%，速算扣除数是105。

应纳税额 = 2500 × 10% - 105 = 145 元。

稿酬所得：因为单次稿酬收入高于4000，费用扣除标准为20%。

应纳税所得额 = 10000 - 10000 × 20% = 8000 元。

应纳税额 = 8000 × 20% × （1 - 30%） = 1120 元。

劳务报酬所得：单次劳务报酬所得少于4000，费用扣除标准为800元。

应纳税所得额 = 3000 - 800 = 2200 元。

应纳税额 = 2200 × 20% = 440 元。

王老师全部收入应缴纳的个人所得税为：

145 × 12 + 1120 + 440 = 3300 元。

若按照第七次修正版个人所得税制度，工资薪金、稿酬和劳务报酬应综合征税：

全年的收入为 6000 × 12 + 10000 + 3000 = 85000 元。

应纳税所得额 = 85000 - 60000 = 25000 元。

25000元位于第一级，适用的税率是3%，速算扣除数是0。

应纳税额 = 25000 × 3% = 750 元。

3. 完善抵扣制度，新增专项附加扣除

在个人所得税的计算中，除了每年60000元的基本费用扣除标准之外，还在原有基本养老保险、基本医疗保险、失业保险、住房公积金个人部分的专项扣除项目之外增加了六类专项附加扣除项目。

（1）子女教育专项附加扣除。

1）主要内容。纳税人的子女接受学前教育和学历教育的相关支出，按照每个子女每月 1000 元的标准定额扣除。其中，学前教育为年满 3 岁至小学入学前。学历教育包括义务教育（小学、初中教育）、高中阶段教育（普通高中、中等职业、技工教育）、高等教育（大学专科、大学本科、硕士研究生、博士研究生教育）。具体的起止时间为：①学前教育：子女年满 3 周岁的当月至小学入学前一月。②全日制学历教育：子女接受义务教育、高中教育、高等教育的入学当月至教育结束当月。因病或其他非主观原因休学但学籍继续保留的期间，以及施教机构按规定组织实施的寒暑假等假期，可连续扣除。

2）具体扣除标准。受教育子女的父母分别按扣除标准的 50% 扣除；经父母约定，也可以选择由其中一方按扣除标准的 100% 扣除。具体扣除方式在一个纳税年度内不得变更。

纳税人需要留存备查资料。对于境内接受教育不需要特别留存资料；对于境外接受教育需要留存境外学校录取通知书、留学签证等相关教育资料。

3）案例示范。纳税人小张和小李是夫妻，有两个子女，大女儿小红目前就读某大学一年级，二女儿小兰刚 4 岁，就读某私立幼儿园。

享受政策情况：

纳税人符合子女教育专项附加扣除政策，1 个孩子 1000 元/月，2 个孩子每个月可扣 2000 元；可选择在夫妻一方扣 2000 元/月，也可以夫妻两人平摊，一人扣 1000 元/月，一经选择，一个纳税年度内，不能变更。

（2）继续教育专项附加扣除。

1）主要内容。纳税人在中国境内接受学历继续教育的支出，在学历（学位）教育期间按照每月 400 元定额扣除。纳税人接受技能人员职业资格继续教育、专业技术人员职业资格继续教育支出，在取得相关证书的年度，按照年 3600 元定额扣除。

个人接受同一学历（学位）继续教育，符合本办法规定扣除条件的，可以选择由其父母扣除，也可以选择由本人扣除，但不得同时扣除，且同一学历继续教育扣除期限不超过 48 个月。

纳税人接受技能人员职业资格继续教育、专业技术人员职业资格继续教育的，应当留存相关证书等资料备查。职业资格具体范围，以中华人民共和国人力资源和社会保障部公布的国家职业资格目录为准。

2）具体扣除标准。学历（学位）继续教育：每月 400 元；职业资格继续教育：3600 元/年。

例外情况：如果子女已就业，且正在接受本科以下学历继续教育，可以由父母选择按照子女教育扣除，也可以由子女本人选择按照继续教育扣除。

3）案例示范。纳税人小张和小李是夫妻，有两个子女：2019 年大儿子 A 是大学在职博士研究生，同时取得 CPA 证书；二女儿 B 就读某大学本科三年级。

享受政策情况：

大儿子 A 已参加工作，其读的在职博士属于继续教育中的学历教育，取得的 CPA 证书属于继续教育的职业资格教育，因此 2019 年度，大儿子 A 可以享受 4800 元（400×12 个月）的学历教育扣除和 3600 元的职业资格教育扣除。

二女儿 B 还没有参加工作，可以由小张和小李在子女教育专项附加项目中扣除，扣除方式可由一方按 1000 元/月扣除，也可以双方各按 500/月扣除。

（3）住房贷款利息专项附加扣除。

1）主要内容及扣除标准。纳税人本人或配偶使用商业银行或住房公积金个人住房贷款为本人或其配偶购买住房，发生的首套住房贷款利息支出，在实际发生贷款利息的年度，可以按照每月 1000 元标准定额扣除。其中，首套住房贷款是指购买住房享受首套住房贷款利率的住房贷款。纳税人只能享受一套首套住房贷款利息扣除，且扣除期限最长不超过 240 个月。

具体住房贷款利息专项附加扣除的起止时间为：贷款合同约定开始还款的当月至贷款全部归还或贷款合同终止的当月。但扣除期限最长不得超过 240 个月。

住房贷款利息支出是否符合政策，可查阅贷款合同（协议），或者向办理贷款的银行、住房公积金中心进行咨询。纳税人需要留存住房贷款合同、贷款还款支出凭证等文件。

2）其他规定。①首套住房贷款是指购买住房享受首套住房贷款利率的住房贷款。②经夫妻双方约定，可以选择由其中一方扣除，具体扣除方式在一个纳税年度内不得变更。③夫妻双方婚前分别购买的住房发生的首套住房贷款，其贷款利息支出，婚后可以选择其中一套购买的住房，有购买方按扣除标准的 100% 扣除，也可以夫妻双方对各自购买的住房分别按扣除标准的 50% 扣除，具体扣除方式在一个纳税年度内不得变更。④纳税人只能享受一套首套住房贷款利息扣除，且扣除期限最长不超过 240 个月。

3）案例示范。纳税人小张和小李是夫妻，小张在婚前购买商品房一套，贷款期限 10 年；小李在婚前购买商品房一套，贷款期限 25 年；两人婚前购买的住房均符合首套贷款利率要求，请问如何享受房贷利息专项扣除？

享受政策情况：

纳税人小张和小李婚后可以选择其中一套购买的住房，由购买方按扣除标准的 100% 扣除，也可以夫妻双方对各自购买的住房分别按扣除标准的 50% 扣除，具体扣除方式在一个纳税年度内不得变更。

（4）住房租金专项附加扣除。

1）主要内容及扣除标准。纳税人本人在主要工作城市没有自有住房而发生的住房租金支出，可以按照以下标准定额扣除：直辖市、省会城市、计划单列市以及国务院确定的其他城市，扣除标准为每月 1500 元；除第一项所列城市以外，市辖区户籍人口超过 100 万的城市，扣除标准为每月 1100 元；市辖区户籍人口不超过 100 万（含）的城市，扣除标准为每月 800 元。

主要工作城市是指纳税人任职受雇的直辖市、计划单列市、副省级城市、地级市（地区、州、盟）全部行政区域范围。无任职受雇单位的，为受理其综合所得汇算清缴的税务机关所在城市。

具体的起止时间为租赁合同（协议）约定的房屋租赁期开始的当月至租赁期结束的当月。提前终止合同（协议）的，以实际租赁行为终止的月份为准。

2）其他规定。①纳税人的配偶在纳税人的主要工作城市有自有住房的，视同纳税人在主要工作城市有自有住房。②市辖区户籍人口，以国家统计局公布的数据为准。③夫妻双方主要工作城市相同的，只能由一方扣除住房租金支出。④一个纳税年度内，纳税人及其配偶不得同时分别享受住房贷款利息专项附加扣除和住房租金专项附加扣除。⑤纳税人应当留存住房租赁合同、协议等有关资料备查。

3）案例示范。纳税人小张和小李是夫妻，共同在保定购买商品房一套，贷款期限 30 年，目前还在还款期。小张被单位派遣到北京办事处工作，且自行在单位附近租房，租金每月 6000 元。

享受政策情况：

小张在北京的租金可以扣除，小李在保定的住房贷款利息不可以再扣除。

（5）赡养老人专项附加扣除。

1）主要内容及扣除标准。纳税人赡养一位及以上被赡养人年满 60 周岁（含）的赡养支出，统一按照以下标准扣除：纳税人为独生子女，则扣除标准为每月 2000 元。纳税人为非独生子女，可以与兄弟姐妹分摊扣除每月 2000 元，但每人分摊额度不能超过每月 1000 元。有三种分摊方式可选：一是老人指定分摊；二是约定分摊；三是平均分摊。约定分摊和指定分摊需要签订书面协议，指定分摊效力优先于约定分摊。

2）其他规定。①被赡养人范围：一是年满 60 岁（含）的父母（生父母、继父母、养父母），二是子女均已经去世的祖父母、外祖父母。②纳税人赡养两个及以上老人的，不按老人人数加倍扣除。③纳税人为非独生子女的，兄弟姐妹选择的分摊方式和额度在一个纳税年度内，不能变更。④采取约定或指定分摊的，需留存分摊协议。

3）案例示范。纳税人小李有姊妹三人，父母均在老家，日常由两个妹妹负责照料，小李固定给老人每月1500元生活费。

享受政策情况：

选择一：小李的父母指定小李扣除1000元，两个妹妹分别扣500元。

选择二：小李可以跟其两个妹妹商议，每人每月均摊扣除667元。

选择三：小李想自己扣除1400元，两个妹妹每人扣除300元，不可以。

（6）大病医疗专项附加扣除。

1）主要内容及扣除标准。一个纳税年度内，减除社会医疗保险报销部分，对纳税人个人负担的医疗费用支出超过15000元的部分，由纳税人在办理年度汇算清缴时，在一定限额内据实扣除。大病医疗专项附加扣除由纳税人办理汇算清缴时扣除，每年80000元标准限额待定。

2）其他规定。①纳税人发生的大病医疗支出由纳税人本人或其配偶一方扣除。②未成年子女发生的医药费用支出可以选择由其父母一方扣除。③纳税人及其配偶、未成年子女发生的医药费用支出，分别计算扣除额。④纳税人应当留存医疗服务收费相关票据原件或复印件等。

3）案例示范。纳税人小张和小李是夫妻，有两个未成年子女。2019年小张发生了大病医疗自费部分10万元；其中一个未成年子女发生个人医疗支出自费部分1.6万元，限额为8万元，应该怎么享受此项政策？

享受政策情况：

2019年，小张个人医疗支出自费部分10万元，超过政策规定的个人负担起扣线8.5万元，即10-1.5=8.5万元，限额为8万元，小张或小李可以在税前按照限额最高额度扣除8万元。

其中一个未成年子女发生个人医疗支出自费部分1.6万元，超过政策规定的个人负担起扣线0.1万元，即1.6-1.5=0.1万元，限额为8万元，小张或小李可以在税前按照限额最高额度扣除0.1万元。

专项附加扣除项目由纳税人自行判断和申报扣除，由纳税人所在单位代为扣缴。扣缴单位一般是纳税人工作的单位。扣缴单位具有以下义务：员工向单位财务提交专项附加扣除信息的，扣缴义务人应当接收。在发放工资办理全员全额扣缴申报时，将员工相关专项附加扣除项目的可扣除金额填写至扣缴报告表。办理税前扣除，并计算应纳税款。具体的扣缴流程如图3-4所示：

首先，扣缴单位需要到国家税务部门登记确认。其次，扣缴单位对本单位的纳税人进行信息采集，一般采用以下两种方式：

第一种方式是采取专项附加扣除表格填报—导入—留存的方式。纳税人到单位负责办理专项附加扣除的部门去领取纸质表格，并把电子模板报送给单位，单位将电子模板信息导入扣缴端软件，在次月办理扣缴申报时通过扣缴端软件提交给税务机关。同时将电子模板内容打印，经纳税员工签字、单位盖章后留存备查。

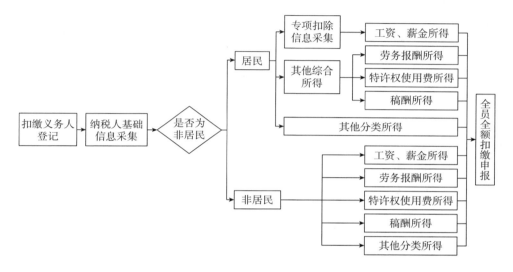

**图 3 - 4  个人所得税扣缴流程**

第二种方式是由纳税人直接填报国家税务总局发布的手机 APP "个人所得税"或者各省税务局电子网站。通过远程办税端直接向税务机关提交信息，如纳税人仍希望在扣缴单位办理专项附加扣除，税务机关将根据纳税人的选择，把专项附加扣除相关信息全量推送至单位，单位在使用扣缴端软件时，在"专项附加扣除信息采集"模块，选择需要同步的专项扣除项目，点击更新，即可获取员工已经报送的专项附加扣除信息。

纳税人也可以选择采取预扣预缴税款方式。扣缴义务人在一个纳税年度内，以截至当前月份累计支付的工资薪金所得收入额减除累计基本减除费用、累计专项扣除、累计专项附加扣除和依法确定的累计其他扣除后的余额为预缴应纳税所得额，对照综合所得税率表，计算出累计应预扣预缴税额，减除已预扣预缴税额后的余额，作为本期应预扣预缴税额。

计算公式：

本期应预扣预缴税额 =（累计预缴应纳税所得额 × 税率 - 速算扣除数）- 已累计预扣预缴税额

累计预缴应纳税所得额 = 累计收入 − 累计免税收入 − 累计基本减除费用 − 累计专项扣除 − 累计专项附加扣除 − 累计依法确定的其他扣除

预扣预缴税款方式的优点是采取累计预扣的方式是使预扣的税款最大趋同于年终的汇算清缴税款，最大限度减少补退税的情况发生，从而减轻征纳双方的纳税成本。

**课堂练习9**：假设王某每月税前工资15000元，2月发了一笔奖金60000元，其中专项附加扣除项目如表3−10所示，1～12月有子女教育支出和住房租金以及赡养老人的专项附加扣除，6月还发生了一笔3600元的继续教育支出的专项附加扣除。

解答：

1月：王某税前收入为15000元，基本费用扣除标准5000元，专项附加扣除项目2200元。故应纳税所得额为15000 − 5000 − 2200 = 7800元。7800元位于七级累进税率表的第一级，适用的税率是3%，速算扣除数是210元。故当月预缴的税款为7800 × 3% = 234元。实际到手工资为15000 − 234 = 14766元。

2月：税前收入15000元，一笔奖金60000元，故当月实际收入75000元[①]，累计工资为90000元。累计的基本费用扣除标准10000元，专项附加扣除项目4400元。故应纳税所得额为90000 − 10000 − 4400 = 75600元。75600元位于七级累进税率表的第二级，适用的税率是10%，速算扣除数是2520元，故当月预缴的税款为75600 × 10% − 2520 = 5040元。1月已经缴纳了234元的个人所得税，故2月实际缴纳个人所得税5040 − 234 = 4806元。实际到手工资为75000 − 4806 = 70194元。

3月：税前收入15000元，累计工资90000 + 15000 = 105000元。累计的基本费用扣除标准15000元，累计的专项附加扣除项目1000 + 1000 + 2000 + 1200 × 3 = 7600元。故应纳税所得额为105000 − 15000 − 7600 = 82400元。82400元位于七级累进税率表的第二级，适用的税率是10%，速算扣除数是2520元。故当月预缴的税款为82400 × 10% − 2520 = 5720元。1月和2月已经缴纳了个人所得税234 + 4806 = 5040元，故3月实际缴纳个人所得税5720 − 5040 = 680元。实际到手工资为15000 − 680 = 14320元。

4月：税前收入15000元，累计工资105000 + 15000 = 120000元。累计的基

---

① 符合《国家税务总局关于调整个人取得全年一次性奖金等计算征收个人所得税方法问题的通知》（国税发〔2005〕9号）规定的居民个人取得全年一次性奖金，在2021年12月31日前，可以全年一次性奖金收入除以12个月得到的数额，依据按月换算后的综合所得税率表，确定适用税率和速算扣除数，单独计算纳税，也可并入当年综合所得计算个人所得税。自2022年1月1日起，居民个人取得全年一次性奖金，应并入当年综合所得计算缴纳个人所得税。此处使用合并计税的方法。

本费用扣除标准 12000 元，累计的专项附加扣除项目 1000 + 1000 + 2000 + 2000 + 1200 × 4 + 1000 = 11800 元。故应纳税所得额为 120000 - 12000 - 11800 = 88200 元。88200 元位于七级累进税率表的第二级，适用的税率是 10%，速算扣除数是 2520 元。故当月预缴的税款为 88200 × 10% - 2520 = 6300 元。1 月、2 月和 3 月 已经缴纳了个人所得税 234 + 4806 + 680 = 5720 元，故 3 月份实际缴纳个人所得 税 6300 - 5720 = 580 元。实际到手工资为 15000 - 580 = 14420 元。

依次类推，可得到第 5 ~ 12 个月实际预缴的个人所得税以及到手工资，请自 行计算。具体的每个月的实际预缴个人所得税和到手工资如表 3 - 10 所示。

表 3 - 10 王某全年缴纳个人所得税明细

| 月份 | 收入 | | 基本扣除 | 专项附加扣除 | | | | | | | 预缴税款计算 | | | | | 到手工资 |
| | 工资 | 奖金 | | 子女教育 | 继续教育 | 住房租金 | 住房贷款 | 大病医疗 | 赡养老人 | 合计 | 累计工资 | 累计扣除 | 扣税基础 | 本期累计应预缴 | 实际预缴 | |
| --- | --- | --- | --- | --- | --- | --- | --- | --- | --- | --- | --- | --- | --- | --- | --- | --- |
| 1 | 15000 | | 5000 | 1000 | | 1200 | | | | 2200 | 15000 | 7200 | 7800 | 234 | 234 | 14766 |
| 2 | 15000 | 60000 | 5000 | 1000 | | 1200 | | | | 2200 | 90000 | 14400 | 75600 | 5040 | 4806 | 70194 |
| 3 | 15000 | | 5000 | 2000 | | 1200 | | | | 3200 | 105000 | 22600 | 82400 | 5720 | 680 | 14320 |
| 4 | 15000 | | 5000 | 2000 | | 1200 | | | 1000 | 4200 | 120000 | 31800 | 88200 | 6300 | 580 | 14420 |
| 5 | 15000 | | 5000 | 2000 | | 1200 | | | 1000 | 4200 | 135000 | 41000 | 94000 | 6880 | 580 | 14420 |
| 6 | 15000 | | 5000 | 2000 | 3600 | 1200 | | | 1000 | 7800 | 150000 | 53800 | 96200 | 7100 | 220 | 14780 |
| 7 | 15000 | | 5000 | 2000 | | 1200 | | | 1000 | 4200 | 165000 | 63000 | 102000 | 7680 | 580 | 14420 |
| 8 | 15000 | | 5000 | 2000 | | 1200 | | | 1000 | 4200 | 180000 | 72200 | 107800 | 8260 | 580 | 14420 |
| 9 | 15000 | | 5000 | 2000 | | 1200 | | | 1000 | 4200 | 195000 | 81400 | 113600 | 8840 | 580 | 14420 |
| 10 | 15000 | | 5000 | 2000 | | 1200 | | | 1000 | 4200 | 210000 | 90600 | 119400 | 9420 | 580 | 14420 |
| 11 | 15000 | | 5000 | 2000 | | 1200 | | | 1000 | 4200 | 225000 | 99800 | 125200 | 10000 | 580 | 14420 |
| 12 | 15000 | | 5000 | 2000 | | 1200 | | | 1000 | 4200 | 240000 | 109000 | 131000 | 10580 | 580 | 14420 |
| 合计 | 180000 | 60000 | 60000 | 22000 | 3600 | 14400 | | | 9000 | 49000 | 1830000 | 686800 | 1143200 | 86054 | 10580 | 229420 |

除了工资薪金之外，王某在该年度还获得劳务报酬所得 40000 元，稿酬所得 16800 元，也分别采取预扣所得税的方式。

对于劳务报酬所得，应预扣预缴税额 = 预扣预缴应纳税所得额 × 预扣率 - 速 算扣除数。

每次收入≤4000 元：（每次收入 - 800）× 20%。

每次收入 > 4000 元：每次收入 × (1 - 20%) × 20%。

每次劳务报酬所得（应纳税所得额）> 20000 元：每次收入 × (1 - 20%) × 预 扣率 - 速算扣除数（劳务报酬预扣率和速算扣除数如表 3 - 11 所示）。

表 3-11 劳务报酬所得预扣率

| 级数 | 预扣预缴应纳税所得额 | 预扣率（％） | 速算扣除数（元） |
|---|---|---|---|
| 1 | 不超过 2000 元的 | 20 | 0 |
| 2 | 超过 20000 元至 50000 元的部分 | 30 | 2000 |
| 3 | 超过 50000 元的部分 | 40 | 7000 |

劳务报酬所得应纳税所得额＝稿酬所得×（1－20%）＝40000×（1－20%）＝32000。

因此，王某劳务报酬所得应预扣预缴的个人所得税为：

32000×30%－2000＝7600 元。

对于稿酬所得，稿酬所得每次收入不超过 4000 元的，费用按 800 元计算；每次收入 4000 元以上的，费用按 20% 计算，在此基础上还有 30% 的税收优惠。

稿酬所得应纳税所得额＝稿酬所得×（1－20%）×（1－30%）＝16800×（1－20%）×（1－30%）＝9408 元。

因此，王某稿酬所得应预扣预缴的个人所得税为：

9408×20%＝1881.6 元。

综上所述，全年各项收入预缴的个人所得税为：

10580＋7600＋1881.6＝20061.6 元。

全年实际应该缴纳的个人所得税为：

应纳税所得额＝（180000＋60000＋32000＋9408）－（60000＋49000）＝172408 元。

172408 位于七级累进税率表的第三级，适用的税率是 20%，速算扣除数是 16920 元。因此：

应纳税额＝172408×20%－16920＝17561.6 元。

故当年多预缴了一些个人所得税，需要退税，退税的金额为：

20061.6－17561.6＝2500 元。


### 三、财务报表的编制

#### （一）资产负债表

资产负债表反映客户家庭在某一个时点上的资产和负债状况的财务报表。资产、负债是存量指标，只是反映目前的结果，并不揭示资产和负债是怎么形成的，所以显示的是静态的数据。

对于家庭来说，常见的资产项目有现金、活期存款、定期存款等流动性较强的资产，也有股票、基金、债券、保险产品等投资型的资产，也有房地产、汽车等固定资产，还包括应收款、预付款等债权资产。常见的负债项目有信用卡欠款、汽车贷款、房地产贷款、小额借款等。因此根据家庭常见的资产负债项目，将资产分为流动性资产、投资性资产、自用性资产三类，将负债分为消费性负债、投资性负债、自用性负债三类，整理的资产负债表的样式（见表3-12）基本涵盖了普通家庭涉及的大部分资产负债项目，学生可以根据实际需要适当增加或减少相应项目，资产负债表涵盖客户家庭的所有项目即可，将未涉及的项目删掉，力求资产负债表的简洁、清晰。

表3-12 资产负债表表样

| 资产 | 金额 | 负债及净值 | 金额 |
|---|---|---|---|
| 现金 | | 信用卡欠款 | |
| 活期存款 | | 小额消费信贷 | |
| 其他流动性资产 | | 其他消费性负债 | |
| 流动性资产合计 | | 消费性负债合计 | |
| 定期存款 | | 金融投资借款 | |
| 外币存款 | | 实业投资借款 | |
| 股票投资 | | 投资性房地产按揭贷款 | |
| 债券投资 | | 其他投资性负债 | |
| 基金投资 | | 投资性负债合计 | |
| 投资性房地产 | | 住房按揭贷款 | |
| 保单现金价值 | | 汽车按揭贷款 | |
| 其他投资性资产 | | 其他自用性负债 | |
| 投资性资产合计 | | 自用性负债合计 | |
| 自用房产 | | 负债总计 | |
| 自用汽车 | | | |
| 其他自用性资产 | | 净值 | |
| 自用性资产合计 | | | |
| 资产总计 | | 负债和净值总计 | |

从资产科目来看，首先是流动资产，包括现金和活期存款，活期利息很低，在国外活期存款也叫支票存款，是没有利息的。其次是自用资产包括自用房产、自用汽车等。这里会有一些疑问，就是每个家庭中的衣物用品是否属于自用型资产呢？举个例子来说，如果去市场买菜顺便买了把菜刀，共花费50元，那这把菜刀算不算自用型资产？一般我们不会把家里的衣物用品、家用电器算作资产，

而是计为支出，除非这把刀具有收藏价值，则可以当作投资性资产。

在投资性资产里，定期存款因具有比活期存款更高的收益，我们把它计入投资性资产，现阶段有许多创新型的储蓄产品，通常我们也会计入投资性资产，另外现在接触较多的"宝宝类"产品收益大都超过了一年定期存款收益，它的流动性虽然很高，但因收益高我们也把它们记为投资资产。外币存款在我国的存款利率较低，但因为存在汇率变动，所以也具有投资价值，也归为投资性资产。股票、债券、基金是我们常见的金融投资品。投资性房产是与自用性房产相对应的，也就是非自住性且能够带来现金流（租金）或者账面价值变动（升值）的家庭房产。保单的现金价值是指储蓄型保单的现金价值，保障型保单是没有现金价值的。

从负债科目来看，在家庭中金融投资借款和实业投资借款都较少，最常见的家庭负债就是房屋的按揭贷款，包括投资性房产的按揭贷款和自用性房产的按揭贷款，此外也包括汽车贷款和信用卡欠款。家庭中的负债科目相对于资产科目要少很多，但对于家庭财务状况的影响却很大。

下面来学习家庭资产负债表的编制基础，分别从资产和负债两个方面来学习。

1. 资产编制的资料基础

现金科目的编制基础是月底或年底的盘点余额。活期存款和定期存款的编制基础是月底或年底的存单余额。股票投资科目的编制基础是应用股票数量×月底或年底股价得出的时点金额。基金投资科目的编制基础是应用基金单位数×月底或年底净值得出的时点金额。债券投资科目的编制基础是债券的市价或面额。保单现金价值的编制基础是保单在年底的现金价值总额。投资性房地产和自用性房产的编制基础是房屋买价或年底市场价值。汽车的编制基础是二手车行情，也就是汽车在年底的市值。应收款和预付款的编制基础是债权凭证和订金支付收据。

其中重点掌握保单的现金价值。根据保险产品的性质，可以将保险产品分为储蓄型保险和保障型保险，所谓储蓄型保险，顾名思义就是以储蓄、投资为目的的一种保险产品，主要包括终身寿险、各种形式的两全保险、养老保险等。所谓保障型保险，是指不具现金返还功能，只具有保障功能的保险，如消费型重大疾病保险就是指不具现金返还功能，得了合约内容约定的重大疾病才给付的重大疾病保险责任的保险。只有投资型的保险才具有现金价值，保障型的保险不具有现金价值。

2. 负债编制的资料基础

信用卡欠款的编制基础是信用卡的对账单，汽车贷款和房屋贷款的编制基础是月底或年底的本金余额。私人借款的编制基础是借据。预收款的编制基础是订金收据。

其中重点掌握房地产贷款的本金余额的计算，关于本部分的详细介绍详见项目四，在此只列出贷款本金余额的计算公式。若采用等额本息还款法，每月还款额（本金＋利息）一样，但是每月包括的本金和利息的构成不同。

每月还款金额 $= \dfrac{M \times r \times (1+r)^N}{(1+r)^N - 1}$

还了 n 期后剩余的本金 $= \dfrac{M \times \left[ (1+r)^N - (1+r)^n \right]}{(1+r)^N - 1}$

第 n 期还款中包含的本金 $= \dfrac{M \times r \times (1+r)^{n-1}}{(1+r)^N - 1}$

若采用等额本金还款法，则每月还款的本金固定，贷款本金余额 = 贷款总额 – 每月偿还本金 × 已还期数。

在编制家庭资产负债表时有一些具体注意事项：首先，资产负债表是一个时点的存量记录，要确定是以月底、季底或年底资料编制，反映的是家庭在某一具体时点的财务资源状况。其次，在第一次编制资产负债表时，要清点家庭资产并评估市场价值，将成本价与市场价分别记录，并计算账面损益。再次，以市场价计量的资产及净值可反映个人真实财富。汽车等自用资产可提折旧以反映其市场价值随使用而降低的情况。最后，债权预计无法回收的部分应提呆账或计入损失，以反映其市场价值的减少。

接下来我们从资产负债表的结构来看其反映出的基本问题（见图 3 - 5）。

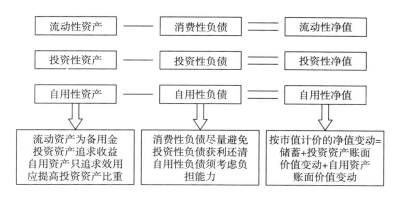

**图 3 - 5　资产负债表结构分析**

从图 3 - 5 可以看到，资产共有三种类型：流动性资产、投资性资产和自用性资产。流动性资产的主要作用是作为紧急备用金满足不时之需，但在实际生活中，有很多家庭的资产都是以大量流动性资产的形式存在，或者不全是活期存款但也绝大部分是定期存款，而定期存款在资产负债表中虽然是投资性资产，但其实际收益很低，许多家庭把绝大部分资产集中在那是很可惜的，非常需要改进。然而最简单的做法就是以货币市场基金或超短期理财产品的形式存在，既可以满足流动性需要，又可以获得较高收益，但最好的做法是在准备出合理的备付金的同时，将其他资产真正拿去投资，变为投资性资产，实现理财目标。自用性资产主要以效用来衡量，以够用为主要考虑因素。因此在资产管理中，我们要做的其实是要不断增加投资性资产的占比。

同样，与资产的类型对应，负债也主要包括三种类型：消费性负债、投资性负债和自用性负债。其中，消费性负债要尽量避免，防止还不上款，既影响个人信用，又影响家庭生活。投资性负债要尽快获利还清，一般投资性负债都是快进快出的，目前的投资性负债多数是创业投资，用于金融投资的投资性负债较难获得。自用性负债要考虑自身还款能力，从长期来看，不要只看眼前的情况，要对自己未来收入和还款能力做考量，要把眼光放长远，做好长期打算。

从图3-6来看，普通人一生的投资性资产会随时间推移而逐渐增加，直到退休时达到顶峰，因为在工作期间会不断增加投资性资产的投入，而在退休后没有了工作收入，要依靠投资性资产及其收益来维持正常生活，因此在退休后投资性资产会减少。自用性资产主要是指自用性房产，在购买时会同时产生自用性资产和自用性负债，同时会导致投资性资产的减少。自用性资产会随房产价值的变化而变动，自用性负债则会随时间推移不断减少，直至退休时点前全部还清。

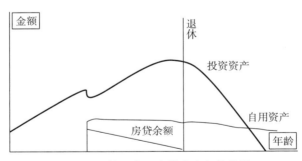

图3-6 普通人一生的资产负债曲线

**课堂练习10：资产负债表的编制案例**

现金：1万元
存折余额：2万元
外币存款：1万美元
成本汇率8.1，年底汇率7.8

自用房产：成本 50 万元，当前市价 70 万元，房贷余额 30 万元
投资用房产：成本 30 万元，当前市价 40 万元，房贷余额 20 万元
信用卡账单：1 万元
汽车：买价 15 万元已使用 3 年，折旧 50%
借给亲友（债权）3 万元

| 证券名称 | 数量 | 成本 | 市价 |
| --- | --- | --- | --- |
| 联通 | 10 手 | 4 | 4.8 |
| 武钢 | 20 手 | 5 | 7.0 |
| 招商银行 | 10 手 | 6 | 15.6 |
| 基金 | 10000 单位 | 1 | 1.9 |

| 种类 | 20 年缴费期 | 已缴 5 年 |
| --- | --- | --- |
| 定期寿险 | 保额 50 万元 | 现金价值 0 |
| 终身寿险 | 保额 10 万元 | 现金价值 1 万元 |
| 养老寿险 | 保额 20 万元 | 现金价值 5 万元 |
| 投资型保单 | 趸交保费 10 万元 | 账户价值 12 万元 |

解答：

如表 3-13 所示。

表 3-13　案例家庭资产负债表　　　　　　　　　　　　　　　单位：元

| 资产 | 成本 | 市价 | 负债及净值 | 成本 | 市价 |
| --- | --- | --- | --- | --- | --- |
| 现金 | 10000 | 10000 | 信用卡欠款 | 10000 | 10000 |
| 活期存款 | 20000 | 20000 | 小额消费信贷 | | |
| 其他流动性资产 | | | 其他消费性负债 | | |
| 流动性资产合计 | 30000 | 30000 | 消费性负债合计 | 10000 | 10000 |
| 定期存款 | | | 金融投资借款 | | |
| 外币存款 | 81000 | 78000 | 实业投资借款 | | |
| 股票投资 | 20000 | 34400 | 投资性房地产按揭贷款 | 200000 | 200000 |
| 债券投资 | | | 其他投资性负债 | | |
| 基金投资 | 10000 | 19000 | 投资性负债合计 | 200000 | 200000 |
| 投资性房地产 | 300000 | 400000 | 住房按揭贷款 | 300000 | 300000 |
| 保单现金价值 | 160000 | 180000 | 汽车按揭贷款 | | |
| 其他投资性资产 | 30000（债权） | 30000 | 其他自用性负债 | | |
| 投资性资产合计 | 601000 | 741400 | 自用性负债合计 | 300000 | 300000 |
| 自用房产 | 500000 | 700000 | 负债总计 | 510000 | 510000 |
| 自用汽车 | 150000 | 75000 | | | |

| 资产 | 成本 | 市价 | 负债及净值 | 成本 | 市价 |
|---|---|---|---|---|---|
| 其他自用性资产 | | | 净值 | 771000 | 1036400 |
| 自用性资产合计 | 650000 | 775000 | | | |
| 资产总计 | 1281000 | 1546400 | 负债和净值总计 | 1281000 | 1546400 |

在本案例中，债权3万元归入了其他投资性资产中。

（二）收支储蓄表

收支储蓄表反映客户家庭在某一段时期的收入和支出状况的财务报表。收入和支出是流量指标，通常是一个月、一个季度、一年的所有收入和所有支出的情况。收支储蓄表是过程，而资产负债表是结果。

对于家庭来说，常见的收入项目既有薪资收入、稿酬收入、劳务报酬所得等与工作有关的收入，又有房租收入、利息收入、变现资产资本利得等与投资理财有关的收入。常见的支出既有家庭生活支出、旅游支出、子女教育支出等与家庭生活密切相关的支出，又有贷款利息支出、保费支出等与理财活动有关的支出。因此，根据家庭常见的收入支出项目，将收入分成工作收入和理财收入，将支出分为生活支出和理财支出，整理了收支储蓄表的样式（见表3-14），基本涵盖了普通家庭涉及的大部分收入支出项目，学生可以根据实际需要适当增加或减少相应项目，收支储蓄表涵盖客户家庭的所有项目即可，将未涉及的项目删掉，力求收支储蓄表的简洁、清晰。

表 3-14  收支储蓄表的样式

| 项目 | 金额 |
|---|---|
| 工作收入 | |
| 　其中：薪资收入 | |
| 　　　　其他工作收入 | |
| 减：生活支出 | |
| 　其中：子女教育金支出 | |
| 　　　　家庭生活支出 | |
| 　　　　赡养父母支出 | |
| 　　　　其他生活支出 | |
| 工作储蓄 | |
| 理财收入 | |

续表

| 项目 | 金额 |
|------|------|
| 其中：利息收入 | |
| 资本利得 | |
| 房租 | |
| 减：理财支出 | |
| 其中：利息支出 | |
| 保障型保险保费支出 | |
| 其他理财支出 | |
| 理财储蓄 | |
| 储蓄 | |

通过表 3 – 14 我们来学习家庭收支储蓄表的内容。所有劳动所得都是工作收入，在家庭中可以区分薪资收入和其他工作收入，也可以合并，按家庭成员计收入，比如丈夫工作收入和妻子工作收入。这里需要注意的是计入家庭收支储蓄表的收入一般是税后收入。生活支出包含的范围比较广，家庭中的绝大部分日常支出都属于生活支出的范畴，比如子女教育金支出、家庭日常开支、赡养父母支出、通信费、外出就餐支出、交通费等。工作收入与生活支出的差就是工作储蓄，也就是由人力资本为家庭创造的储蓄。理财收入主要包括利息收入和资本利得和房租，利息收入在家庭中出现的主要形式是对他人借款所得的利息和股票等有价证券的派息、红利等。资本利得指的是证券的买卖差价，比如股票买入时是5 万元，在本年度卖出时是6 万元，则产生了1 万元的资本利得，计入理财收入。房租也是家庭中较常见的一种理财收入。理财支出主要包括利息支出和保障型保险保费支出，利息支出在家庭中存在的主要形式是住房（或汽车）按揭贷款在本月或本年度偿还的利息，当然也包括向他人借款偿付的利息。保障型保险保费支出是与储蓄型保险的保费支出对应的，储蓄型保险有现金价值，其现金价值会出现在资产负债表中，那其保费就不会再出现在收支储蓄表中，而保障型保险没有现金价值，其保费的缴纳产生了现金的流出，但不会产生现金价值也不会影响资产负债，因此属于支出范畴。区分保障型保险其实很简单，我们可以想象一下，如果我们买了保障型保险，缴纳了保费，我们是不希望钱再回来的，因为出现赔付就意味着出险了。定期寿险、车险、家庭财产保险、失业保险、大部分意外险都属于这类，相信所有人都不会希望这些保险发生赔付事件。然而储蓄型保险主要是分红险、终身寿险等会返还的有现金价值的保险。理财收入与理财支出的差就是理财储蓄，也就是家庭中非人力资本（金融资产、实物资产等）带来

的储蓄。不论是工作储蓄还是理财储蓄，只要储蓄足够多，我们所能够利用的理财资源就多，就有助于实现理财目标。但是，我们想要追求的目标是理财储蓄的不断增加，直至理财储蓄能够满足生活支出，也就是家庭的投资收益能够满足日常生活所需，实现家庭的财务自由。

家庭收支储蓄表的编制基础分为家庭收入的编制基础和家庭支出与预算的编制基础。从家庭收入的编制基础来看，我们可以比照税务分类规划节税。家庭支出与预算编制基础可依家庭特性分类。比如可按项目分，分为食、衣、住、行、育、乐；可按支付工具分为刷卡、转账、现金；可按主体分，也就是依家庭成员进行统计，也可以按对象分，依支付对象进行统计。这里需要注意的是记账与预算统计基础要一致，就是指我们要么都按家庭成员来记账和预算，要么都按衣食住行来记账和预算，这样在出现预算与账面不一致的情况时可以从收入支出表中看到是谁出现了问题或者是哪一方面出现了问题。同样我们看到资产增加了，但因为什么原因增加需要看收入支出表，因为收入多了支出少，收入大于支出，所以资产增加了。

在编制家庭收支储蓄表时我们还有一些注意事项。首先，家庭收支储蓄表是一段时期的流量记录，通常按月或按年结算。其次，家庭收支储蓄表以现金基础为原则记账，信用卡在还款时才记支出。最后，变现资产的现金流入包含本金与资本利得，只有资本利得记收入，收回投资本金为资产调整。房贷本息摊还只有利息部分记支出，本金还款部分为资产负债调整。

接下来我们看一下家庭收支储蓄表的结构，并对其进行分析。

从图3-7可以看到，家庭收支储蓄表主要包括收入、支出、储蓄三个部分。在我们工作期间主要是努力创造更多的工作收入，以工作储蓄来增加投资性资产的积累，产生更多理财收入，但退休后我们主要依靠理财收入来满足生活支出的需要。大家可能会有疑问"不是有退休金吗？"其实退休金（养老金）也是理财收入，因为我们都知道退休金是从工作期间的工作收入中拿出一部分进入退休金账户去投资，也就是在社保基金的养老金账户进行投资运作，所以退休金也是理财收入，是在工作时的工作收入的投入形成的。因此，我们要不断地提高理财收入的比重。在支出方面，生活支出的控制主要是依靠支出预算来完成，理财支出需要在退休前全部缴清，退休后因为没有了工作收入，生活支出和理财支出都需要以理财收入来偿付。一般而言，所有的贷款需要在退休前缴清，所有的保障型保险保费也会在退休前缴清。

图3-8是普通人一生的收支曲线图，从图3-8中可以看出工作收入从参加工作开始至退休是呈上升趋势的，这也是大多数的情况。生活支出呈现先上升后下降的趋势，主要原因是随着家庭的形成生活支出增加，但随着子女成年家庭生

活支出又会呈现下降趋势。理财支出同样是呈现先上升后下降的趋势，主要原因是在退休前理财支出会逐渐减少，贷款等偿付也会逐渐减少。理财收入在整个工作期间会呈现逐渐上升的趋势，如果最终在退休时点理财收入与生活支出出现交点，则意味着实现了财务自由，也就是财务自由度为1。

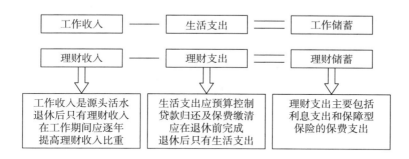

**图 3-7　家庭收支储蓄表的结构分析**

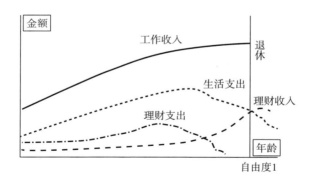

**图 3-8　普通人一生的收支曲线**

下面我们要重点对储蓄进行分析。如图 3-9 所示，储蓄有固定用途储蓄和自由储蓄，固定用途储蓄也就是早就定好的资产增加（如基金定投）和负债减少（如还房贷本金），自由储蓄则可以自由支配用来实现目标。想要增加家庭储蓄，从整体来看就是收入－支出＝储蓄，只要增加收入，减少支出就可以增加储蓄，也就是开源节流。分开来看，固定用途储蓄中如果能够增加长期目标储蓄，则有助于理财目标的实现，比如教育目标、养老目标等。自由储蓄部分如果能够有更多灵活使用资金，有助于家庭实现短期目标，提高生活品质。

在分析了储蓄的构成和用途后，图 3-10 所示的是增加家庭储蓄的着力点与方向。增加家庭储蓄也就是在增加理财资源，有助于理财目标的实现。正如前文

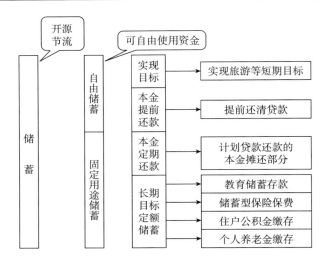

**图 3 - 9　储蓄分析**

所述，增加储蓄要开源节流，下面我们就从"开源"和"节流"两个方面来进行分析。增加收入主要是指增加收入来源和收入种类，当然在理财当中更多的是做节税规划，通过合理的税务筹划来实现税后收入的增加。在支出方面，对于支出的管控主要是两个方面：一方面是进行支出预算管理，合理有效地分配和控制家庭支出，最大限度地在不降低家庭生活水平甚至是提高生活品质的条件下控制好生活支出；另一方面是建立减债减息计划和保险组合计划，减少利息和保费支出，现阶段个人和家庭可以选择的保险产品日益丰富，很多是可以自由组合和定制的，这就为实现保险组合计划提供了可能。对于储蓄部分我们要追求的就是投资的不断增加，增加投资性资产的数量和质量，让财富不断增长。

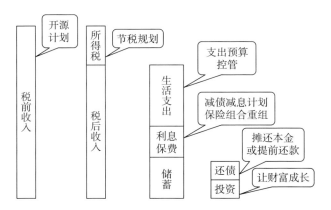

**图 3 - 10　增加家庭储蓄的着力点与方向**

图 3-11 是针对不同收入支出类型家庭增加储蓄、提高投资占比的具体建议方向。对于高收入高支出家庭而言，进行合理的支出预算，提高储蓄在收入中的占比是高收入高支出家庭增加储蓄的主要方向。对于高收入低支出家庭而言，其拥有较多的理财资源，主要方向就是有效运用储蓄，提高投资收益，促进财富更快增长。对于低收入高支出家庭而言，最主要的任务还是如何积累理财资源，增加储蓄，严格控制支出，避免消费借贷。对于低收入低支出家庭而言，理财还处于初级阶段，要注重"开源"，努力增加收入。

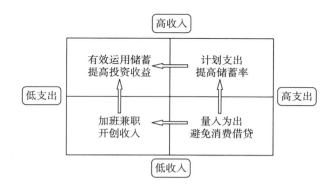

**图 3-11 收入支出象限与储蓄方向**

**课堂练习 11：家庭收支储蓄表编制案例**

夫妻税后年工资：16.5 万元

家计支出：6 万年

赡养父母支出：1.2 万元

子女大学学费支出：1.5 万元

利息收入：0.1 万元

实现资本利得：1 万元

实现资本损失：2 万元

保障型保费支出：1.3 万元

储蓄型保费支出：1 万元

房贷本金支出：2 万元

利息支出：2 万元

稿费税后收入：0.5 万元

定期定额投资基金：1.2 万元

解答：

如表 3 – 15 所示。

表 3 – 15　案例家庭收支储蓄表　　　　　　　　　　　单位：元

| 项目 | 金额 |
|---|---|
| 工作收入 | 170000 |
| 　　其中：薪资收入 | 165000 |
| 　　　　　其他工作收入 | 5000 |
| 减：生活支出 | 87000 |
| 　　其中：子女教育金支出 | 15000 |
| 　　　　　家庭生活支出 | 60000 |
| 　　　　　其他生活支出 | 12000 |
| 工作储蓄 | 83000 |
| 理财收入 | – 9000 |
| 　　其中：利息收入 | 1000 |
| 　　　　　资本利得 | – 10000 |
| 　　　　　其他理财收入 | 0 |
| 减：理财支出 | 33000 |
| 　　其中：利息支出 | 20000 |
| 　　　　　保障型保险保费支出 | 13000 |
| 　　　　　其他理财支出 | 0 |
| 理财储蓄 | – 42000 |
| 储蓄 | 41000 |

夫妻收入可以直接填写扣除个人所得税后的收入也可以是税前，把个人所得税计为支出。在列出家庭收支储蓄表后，我们还可以进一步做家庭储蓄运用表（见表 3 – 16）。

表 3 – 16　案例家庭储蓄运用表　　　　　　　　　　　单位：元

| 项目 | 实际金额 | 预算金额 | 差异 |
|---|---|---|---|
| 储蓄 | 41000 | 43000 | – 2000 |
| 定期定额基金 | 12000 | 12000 | 0 |
| 储蓄型保险保费 | 10000 | 10000 | 0 |
| 还房贷本金 | 20000 | 20000 | 0 |
| 自由储蓄 | – 1000 | 1000 | – 2000 |

家庭储蓄运用表中自由储蓄的实际金额为 –1000 元，表示本期储蓄不足以支付本期固定用途支出需要，这时需要用上期的余额支付，需要增加家庭储蓄，也就是需要"开源"。

（三）资产负债表与收支储蓄表的关系

在学习了家庭资产负债表和家庭收支储蓄表后，我们来看家庭资产负债表与收支储蓄表之间的关系。从图 3 – 12 中可以看到本期期末总资产与总负债的差即为本期期末净值，在期末净值中包含前一期净值（期初净值）和本期增加净值，而本期增加净值的来源就是储蓄，也就是本期收入与本期支出的差。这就是家庭资产负债表和家庭收支储蓄表之间的关系，也就是两期资产负债表期末净值的差等于本期收支储蓄表的储蓄。这一勾稽关系可以帮助我们来确定财务报表编制的正确性。

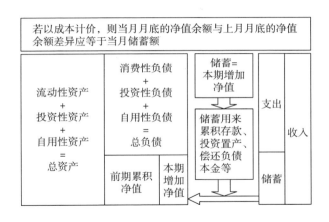

图 3 – 12　家庭资产负债表与收支储蓄表的关系

**课堂练习 12**：接课堂练习 10 和 11，资产负债表和收支储蓄表案例，我们可以找出两期的资产负债表和收支储蓄表相关项目发生的变化，如表 3 – 17、表 3 – 18 所示：

表 3 – 17　资产负债表项目相关资料（按成本计）　　　　单位：元

| 以成本计 | 本期期末 | 上期期末 |
| --- | --- | --- |
| 现金 | 9000 | 10000 |
| 活期存款 | 20000 | 20000 |
| 外币存款 | 81000 | 81000 |
| 股票投资 | 50000 | 20000 |

单位：元

| 以成本计 | 本期期末 | 上期期末 |
|---|---|---|
| 基金投资 | 22000 | 10000 |
| 保单现金价值 | 170000 | 160000 |
| 投资性房地产 | 300000 | 300000 |
| 其他投资性资产 | 30000 | 30000 |
| 自用房产 | 500000 | 500000 |
| 自用汽车 | 150000 | 150000 |
| 资产总计 | 1332000 | 1281000 |
| 消费性借款 | 10000 | 10000 |
| 住房按揭贷款 | 290000 | 300000 |
| 投资性房地产按揭贷款 | 190000 | 200000 |
| 金融投资借款 | 30000 | 0 |
| 负债总计 | 520000 | 510000 |
| 净值 | 812000 | 771000 |

### 表3–18 收支储蓄表项目相关资料

单位：元

| 项目 | 本期 |
|---|---|
| 工作收入 | 170000 |
| 利息收入 | 1000 |
| 资本利得 | 10000 |
| 资本损失 | −20000 |
| 收入合计 | 161000 |
| 生活支出 | 87000 |
| 利息支出 | 20000 |
| 保费支出 | 13000 |
| 支出合计 | 120000 |
| 储蓄 | 41000 |

通过表3–17和表3–18可以看出，两期资产负债表净值的差异（812000 – 771000）等于本期储蓄41000元。

（四）现金流量表的编制与分析

现金流量表的具体内容如表3–19所示。其中的科目都似曾相识，因为它们都是在资产负债表和收支储蓄表中出现过的，或者可以通过资产负债表和收支储蓄表获得的，也就是现金流量表中的数据可根据资产负债表和收支储蓄表整理得出。

**表 3 - 19 现金流量表**　　　　　　　　　　　　　　　单位：元

| 项目 | 金额 |
| --- | --- |
| 一、生活现金流量 | |
| 工作收入 | |
| 生活支出 | |
| 生活现金流量净额 | |
| 二、投资现金流量 | |
| 投资收益 | |
| 资本利得 | |
| 投资赎回（实际发生） | |
| 新增投资（实际发生） | |
| 投资现金流量净额 | |
| 三、借贷现金流量 | |
| 借入本金 | |
| 利息支出 | |
| 还款本金 | |
| 借贷现金流量净额 | |
| 四、保障现金流量 | |
| 保费支出 | |
| 保障现金流量净额 | |
| 五、本期现金及现金等价物净增加额 | |

编制现金流量表需要两张资产负债表（期初期末）和一张收入支出表，因为收支储蓄表是流量记录，与现金流量表相同，资产负债表是存量记录，需要两张表的对比。投资收益、资本利得是理财收入，利息支出和保障型保险支出为理财支出，此外工作收入和生活支出也可以从收支储蓄表获得。除了以上六项，剩下的四项需要从资产负债表获得。投资赎回（实际发生）、新增投资（实际发生）、借入本金、还款本金都需要从资产负债表获得，根据本部分会计基础知识中现金流入和现金流出内容，我们可以知道资产减少、负债增加、资产增加、负债减少就是资产负债调整的现金净流量。

举个例子来说：某人卖出股票 10 万元，借款 3 万元，产生现金流入 13 万元。同期还贷款 2 万元，买基金 8 万元，产生现金流出 10 万元。则净现金流入 3

万元。另外，期初现金 2 万元，期末现金 8 万元，现金增加 6 万元，其中资产负债净流入 3 万元，可以看到收入 - 支出 = 3 万元 = 储蓄。因此，印证了某一期现金余额的变化 = 储蓄 + 资产负债调整的现金净流量。

**课堂练习 13：** 接前面资产负债表和收支储蓄表案例，来编制一个现金流量表。

解答：

如表 3 - 20、表 3 - 21、表 3 - 22 所示。

表 3 - 20　资产负债表项目相关资料（按成本计）　　　　　　　单位：元

| 以成本计 | 本期期末 | 上期期末 |
|---|---|---|
| 现金 | 9000 | 10000 |
| 活期存款 | 20000 | 20000 |
| 外币存款 | 81000 | 81000 |
| 股票投资 | 50000 | 20000 |
| 基金投资 | 22000 | 10000 |
| 保单现金价值 | 170000 | 160000 |
| 投资性房地产 | 300000 | 300000 |
| 其他投资性资产 | 30000 | 30000 |
| 自用房产 | 500000 | 500000 |
| 自用汽车 | 150000 | 150000 |
| 资产总计 | 1332000 | 1281000 |
| 消费性借款 | 10000 | 10000 |
| 住房按揭贷款 | 290000 | 300000 |
| 投资性房地产按揭贷款 | 190000 | 200000 |
| 金融投资借款 | 30000 | 0 |
| 负债总计 | 520000 | 510000 |
| 净值 | 812000 | 771000 |

表 3 - 21　收支储蓄表项目相关资料　　　　　　　　单位：元

| 项目 | 本期 |
|---|---|
| 工作收入 | 170000 |
| 利息收入 | 1000 |
| 资本利得 | 10000 |
| 资本损失 | - 20000 |
| 收入合计 | 161000 |

续表

| 项目 | 本期 |
|------|------|
| 生活支出 | 87000 |
| 利息支出 | 20000 |
| 保费支出 | 13000 |
| 支出合计 | 120000 |
| 储蓄 | 41000 |

另：当期实际发生投资赎回2万元。

如表3－22所示，在前面我们已知计算储蓄的方法有两种：

1. 收入－支出＝储蓄

2. 现金余额－资产负债调整的现金净流量＝储蓄

再回到资产负债表，对比两期资产增减情况。这时我们不把现金看作资产。可以看到，资产负债表中资产增加了5.2万元，注解中投资赎回2万元。如果只有投资赎回我们知道资产会减少2万元，但此时资产增加了5.2万元，也就是说新增投资2＋5.2＝7.2万元，投资赎回2万元，总体资产增加5.2万元。

其中，期初投资余额＋新增投资－投资赎回＝期末投资余额所以现金流量表中新增投资＝期末投资余额（653000）－期初投资余额（601000）＋投资赎回（20000）＝72000

表3－22 家庭现金流量表 单位：元

| 项目 | 金额 |
|------|------|
| 一、生活现金流量 | |
| 　　工作收入 | 170000 |
| 　　生活支出 | （87000） |
| 　　生活现金流量净额 | 83000 |
| 二、投资现金流量 | |
| 　　投资收益 | 1000 |
| 　　资本利得 | （10000） |
| 　　投资赎回（实际发生） | 20000 |
| 　　新增投资（实际发生） | （72000） |
| 　　投资现金流量净额 | （61000） |
| 三、借贷现金流量 | |
| 　　借入本金 | 30000 |

续表

| 项目 | 金额 |
|---|---|
| 利息支出 | （20000） |
| 还款本金 | （20000） |
| 借贷现金流量净额 | （10000） |
| 四、保障现金流量 | |
| 保费支出 | （13000） |
| 保障现金流量净额 | （13000） |
| 五、本期现金及现金等价物净增加额 | （1000） |

下面我们来看家庭现金流量表的结构分析，如图3－13所示，可以发现现金流量勾稽方法：

期初现金余额＋本期现金收入＋本期投资本金收回＋本期新增借款－本期现金支出－本期投资本金投入－本期本金还款支出＝期末现金余额

储蓄＝现金余额增减－资产负债调整现金净流量

当收入减支出得出的储蓄额与由资产负债表算出的储蓄额不等时，须查是否漏记收支，差额在100元以内可列入其他收入或其他支出。

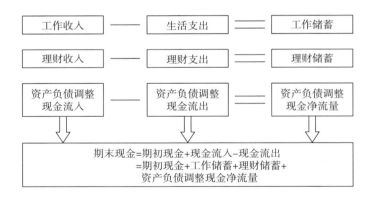

图3－13　家庭现金流量表的结构分析

## 四、财务比率分析

（一）家庭基本财务比率分析

1. 资产负债率（清偿比率）

资产负债率＝负债/总资产　清偿比例＝净资产/总资产

资产负债率 + 清偿比率 = 1

因此，资产负债率一般建议将该数值控制在 0.5（50%）以下，相应的清偿比例则建议控制在 0.5（50%）以上，但也不可一概而论。对于刚刚步入社会的年轻人而言，可能刚刚购买房产，其主要资产只有房产，而主要负债也是住房按揭贷款，因此资产负债率会超过 50%，此时如果我们认为其资产负债率过高，强制要求偿还贷款，一方面无可用资金，另一方面可能需要变卖房产，很不合理。因此对于资产负债率的数值限制不可过于拘谨，要视情况而定。

2. 储蓄比率

储蓄比率 = 当期储蓄/当期税后收入 ×100%

该指标代表家庭当期税后收入中有多少可以用来增加家庭投资或用于理财。其标准值为 30%，高于 30% 则表示家庭收入中结余较多，可以用于投资理财的资金充裕，理财空间较大。

3. 负债收入比率

负债收入比率 = 当期偿还负债/当期税后收入 ×100%

该指标说明当期收入中有多少是用于还债的，这里的当期偿还负债包含当期偿还的所有本金和利息。指标值过高则可能会影响家庭日常生活。比如家庭收入中绝大部分都用于偿还住房贷款，那么家庭日常生活支出很可能不足，导致家庭生活难以为继，这种情况在现实中也常常出现，有些家庭为了子女结婚购买房产导致家庭生活困难，从理财的角度来讲，这样的做法并不合理。

4. 流动性比率

流动性比率 = 流动性资产/每月支出

流动性比率的合理数值应在 3~6，也就是一个家庭流动性资产可以满足其 3~6 个月的开支即可。其中，流动性资产 = 现金 + 活期存款，就是资产负债表中流动性资产的合计数值。

对于拥有稳定工作和收入的个人和家庭，流动性比率为 3 即可，也就是保持 3 个月备用金即可；对于只拥有临时性工作的个人和家庭，流动性比率应保证在 6 甚至更高，就是准备应付 6 个月生活支出的备用金。

5. 投资与净资产比率

投资资产与净资产比 = 投资资产总额（也叫生息资产）/净资产 ×100%

投资与净资产比率反映了客户通过投资增加财富以实现其财务目标的能力。投资资产与净资产比的理想值为 50% 或更高的比值。投资资产占比增加意味着理财收入增加有更大的可能，也意味着能够尽早实现财务自由。

（二）家庭综合财务比率分析

1. 应有净值与净值成就率

应有净值 = 工作年数 × 目前年储蓄额

假如某人现在比一开始工作时挣钱多，则现在储蓄肯定比以前多，这时假设：储蓄增长率＝投资报酬率

净值成就率＝实际净值/应有净值

2. 收支平衡点收入

收支平衡点收入＝固定负担/工作收入净结余比例

工作收入－为了获得工作收入必须的支出＝工作收入净结余

工作收入净结余比例：（工作收入－税保费－交通费用－外食费－置装费）/工作收入

如果把应有储蓄列入收支平衡点，则：

收支平衡点收入＝（固定负担＋每月应有储蓄）/工作收入净结余比例

**课堂练习 14：** 小王每月的固定负担为 5000 元，每月工作收入为 8000 元，需要缴纳各项税保费共 1300 元，每月交通支出 500 元，外出用餐支出为 300 元，置装支出为 300 元，另外每月应有储蓄为 500 元。

解答：

不考虑应有储蓄的收支平衡点的收入：

收支平衡点收入＝5000/［（8000－1300－500－300－300）/8000］＝7143 元。

考虑应有储蓄的收支平衡点的收入：

收支平衡点收入＝（5000＋500）/［（8000－1300－500－300－300）/8000］＝7857 元。

如果直接计算为 7300 元，这时我们会发现税费保费可能就不是 1300 元了。所以如果是 7300 元就不平衡。

收支平衡点是一种量出为入的方法。按个人、家庭消费来计算应挣多少钱。以积极方式计算出要维持某一程度的现在及退休后生活水平需要多少收入，量出为入；不考虑应有储蓄的收支平衡点只能实现短期的收支平衡；考虑应有储蓄的收支平衡点能实现长期的收支平衡；若在短期内难以提高收入，则应降低支出，提高工作收入净结余比例；在工作收入净结余比例中，交通费、外出就餐费等比较有调整弹性，可以适当压缩。

小王每月工作收入为 8000 元，不考虑应有储蓄的收支平衡点的收入为 7143元，则安全边际率＝（8000－7143）/8000＝10.7%。也就是说小王固定负担增加 10.7% 或收入减少 10.7% 都可以承受。

3. 安全边际率

安全边际率测算的是当收入减少或者固定费用增加时有多大的缓冲空间。

安全边际率＝（当前收入－收支平衡点收入）/当前收入

4. 财务自由度

财务自由度＝（当前净值×投资报酬率）/当前的年支出

= （当前年储蓄×工作年数×投资报酬率）/当前的年支出

当前净值越多→财务自由度越大

投资报酬率越高→财务自由度越大

当前年支出越低→财务自由度越大

**课堂练习15：**

下面我们来看一个案例：

|  | N | S | R | C | SNR/C | SNR |
|---|---|---|---|---|---|---|
| 年龄 | 已工作年数 | 目前年储蓄<br>（万元） | 报酬率<br>（%） | 目前年支出<br>（万元） | 财务自由度<br>（%） | 可用生活费<br>（万元） |
| 40 | 20 | 3 | 5 | 7 | 42.86 | 3.0 |
| 50 | 30 | 3 | 5 | 7 | 64.29 | 4.5 |
| 60 | 40 | 3 | 5 | 7 | 85.71 | 6.0 |
| 66.7 | 46.7 | 3 | 5 | 7 | 100 | 7.0 |

解答：

当财务自由度 =1 时，意味着只靠理财收入就可维持基本生活，也就可以退休。这里投资回报率为平均投资回报率，$3×20×5\% =3$ 万元，$3/7 =42.86\%$。如果想提前退休可以减少生活支出。

5. 资产增长率（假设无负债）

计算方法如图 3 –14 所示。

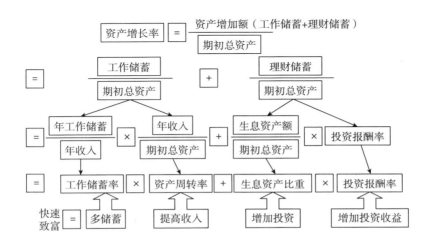

**图 3 –14　资产增长率计算方法**

假设无负债时，资产增加额 = 净值增加额 = 工作储蓄 + 理财储蓄（无负债只包括理财收入无支出）。下面通过一个案例来理解资产增长率的计算方法。

**课堂练习 16：**张先生期初资产 60 万元，其中 30 万元投资资产，30 万元自用资产，若本期工作储蓄 8 万元，投资报酬率 10%，求张先生的资产增长率。

解答：

资产增长率 = 资产增加额/期初总资产 = (8 + 30 × 10%)/60 = 18.3%。

若得知张先生本期收入 15 万元，则用第二式计算结果相同：

资产增长率 = 年工作储蓄/年收入 × 年收入/期初总资产 + 生息资产额/期初总资产 × 投资报酬率 = 8/15 × 15/60 + 30/60 × 10% = 18.3%。

6. 净值增长率

计算方法如图 3 - 15 所示。

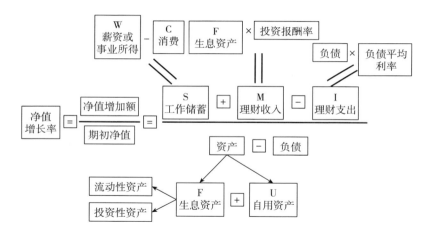

**图 3 - 15　净值增长率计算方法**

同样我们也通过一个案例来理解净值增长率的计算方法。

**课堂练习 17：**张先生年收入 10 万元，生活支出 7 万元，拥有期初生息资产 10 万元，自用房产 20 万元，房贷 10 万元，投资报酬率 8%，房贷利率 5%，只还利息，储蓄平均投入投资，求张先生的净值增长率。

解答：

期初净值 = 10 + 20 - 10 = 20 万元。

工作储蓄 = 年收入 10 万元 - 生活支出 7 万元 = 3 万元。

理财收入 = (期初生息资产 + 工作储蓄/2) × 投资报酬率

= (100000 + 30000/2) × 8% = 9200 元。

理财支出 = 期初房贷额 × 房贷利率 = 100000 × 5% = 5000 元。

本期净值增加额 = 工作储蓄 + 理财收入 − 理财支出

     = (30000 + 9200 − 5000) = 34200 元。

净值增长率 = 本期净值增加额/期初净值 = 34200/200000 = 17.1%。

储蓄平均投入投资 10 − 7 = 3 万元储蓄，不是一次投入 3 万元，而是每月平均投入，则平均投资余额为 1.5 万元（30000 元平均每月投入，第 1 月 30000/12 元，第 2 月 30000/12 元……第 12 月 30000/12 元，平均值 0 + 30000/2 = 15000 元）。

### 五、家庭财务预算与现金流量预估表的编制

**(一) 家庭财务预算的编制**

财务预算编制过程，首先进行收入预算，其次是储蓄预算，而支出预算则是由收入预算 − 储蓄预算 = 支出预算获得的。收入预算和支出预算既按月做又按年做。从家庭财务预算的分类来看，如图 3 − 16 所示，储蓄预算主要考虑偿还负债和增加投资，也就是要考虑理财目标的实现。支出预算则主要考虑可控支出和不可控支出，而预算的重点是在可控支出方面。收入预算往往在短期内较难发生大的变化，预算难度较小。

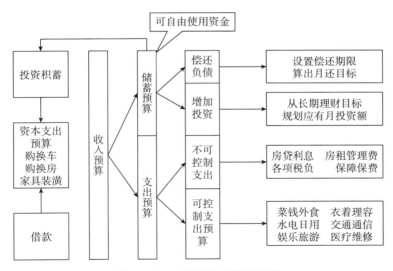

**图 3 − 16　家庭财务预算的分类**

家庭财务预算的具体内容包括（见表 3 − 23）：按照年度预算和月度预算来进行分类，月度预算相对细致，但年度预算更能体现规划性。在收入预算方面，月度预算主要考虑的是薪金收入、房租和利息收入；年度预算则主要考虑年终奖

金和年内投资分红收入。储蓄运用预算的月度预算主要包括三险一金的缴纳和固定投资的部分，年度预算则主要考虑保险、房贷等。资本支出预算主要包括对汽车等大件家用消费品的支出。可控制支出预算主要是日常生活消费支出，如食品、置装、医疗保健、交通通信、教育文化及娱乐服务、旅游等。不可控制支出预算则包括房贷利息偿还、房租支出、缴纳税款、保障型保险保费等。

表 3 – 23　家庭财务预算的具体内容

| 预算类型 | 年度预算 | 月度预算 |
| --- | --- | --- |
| 收入预算 | 年终奖金<br>红利、股利 | 薪资、佣金<br>房租、利息 |
| 可控制支出预算 | 国外旅游<br>购置衣物（季节性）<br>维修 | 食品、衣着（消耗性）<br>家庭设备用品及服务<br>医疗保健、交通通信<br>教育文化及娱乐服务 |
| 不可控制支出预算 | 各项税捐<br>子女注册费<br>保障型保费 | 房贷利息<br>房租支出<br>社保失业保险费 |
| 资本支出预算 | 购车、家具电器<br>购房订金、自备款 | 大额财产分期付款 |
| 储蓄运用预算 | 储蓄型保费<br>提前偿还房贷<br>整笔投资赠与（家族储蓄） | 社保医疗保险费<br>住房公积金缴存额<br>个人养老金缴存额<br>定期定额基金投资<br>归还房贷本金 |

在编制家庭财务预算时还要遵循以下基本原则：第一，按照自己最能掌控的分类来编制，记账分类要与预算分类相同，保证预算与记账基础一致，以进行比较做差异分析；如实际与预算差异超过 10%，应找出差异的原因；最好能依照家庭成员分类，看谁应该为差异负责任；预算不能改动太频繁，如果因为超支改动，不能一味修改，如果家庭中丈夫超支一次，由 2000 元改为 3000 元，又超支一次，再由 3000 元改为 4000 元，则预算就失去了价值，这种做法是不合理的。第二，预算应分为月预算与年预算，分别以当月差异及年度预算达成进度来做追踪比较。第三，预算应分为可控制预算与不可控制预算。已经安排好按固定金额支付的房贷还款、保费、定期定额投资、房租、管理费、所得税缴纳等通常不会发生差异的项目均属于不可控制预算项目；金额及用途不确定的项目均应属于可

控制预算项目，要做差异分析，每月检查改进。

现在我们来学习家庭财务预算编制的基本流程。如图 3 – 17 所示，家庭财务预算编制的基本流程要按照月预算和年预算来分别编制。月预算中主要是月收入、月支出和月储蓄的使用，所有收入均以现金和活期存款形式，而支出则除了现金和活期存款形式外，还有信用卡的使用。月储蓄预算要考虑周全，并严格执行。年度收入要尽量满足年度储蓄和支出的需要，因其金额通常较大，可以一次性完成某一目标的年度投资或家庭短期目标。

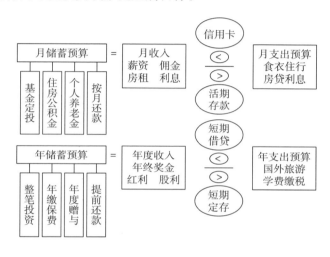

**图 3 – 17　家庭预算规划流程**

下面我们分别学习一下收入和支出的预算。在学习收入预算之前，先来了解一下收入来源的分类与特性。如表 3 – 24 所示，家庭收入可以分为四类：工资薪金收入、经营性收入、财产性收入和转移性收入。其中，工资薪金收入是大部分普通家庭的主要收入来源，其稳定性好，收入成长性较低。经营净收入也是部分家庭的主要收入来源之一，其稳定性不及工资薪金收入，但收入成长性较高，风险也较大。财产性收入种类较多，其中利息收入与租金收入的稳定性较高，股票资本利得成长性较高，但风险性也大。转移性收入往往在家庭收入中占比较低，在理财规划中不作为家庭主要收入来源。

**表 3 – 24　收入来源的分类与特性**

| 所得类型 | 收入稳定性 | 收入成长性 | 收入中断风险 |
|---|---|---|---|
| 工薪收入 | 收入来源稳定<br>有劳动法保障 | 依靠每年调薪<br>奖金比重不高 | 下岗失业 |

续表

| 所得类型 | 收入稳定性 | 收入成长性 | 收入中断风险 |
|---|---|---|---|
| 经营净收入 | 视景气而定<br>收入来源较不稳定 | 工商个体户有机会转型<br>为私营企业 | 经营不善<br>亏损甚至倒闭 |
| 财产性收入 | 利息收入与租金收入的<br>稳定性较高 | 股票资本利得成长性较高 | 房屋闲置<br>股票无股息发放 |
| 转移性收入 | 视政府财政情况与子女<br>负担能力而定 | 最多随着物价调整 | 政府缩减社会福利<br>子女无能力奉养 |

在对家庭收入进行预算时我们需要掌握一些计算方法：

应有家庭年收入 = 应有年消费支出 + 购房贷款本息摊还额 + 教育金储蓄 + 退休金储蓄

应有家庭消费支出 = 期待水准的每人消费性支出 × 家庭人口数

购房房贷本息负担计算：应用 Excel 财务函数或财务计算器可以得到年或月本息摊还额。其中，房价 = 期待水准的需求面积 × 家庭人口数 × 期待地区的单价

**课堂练习 18：**房贷利率 6%，贷款期限 20 年，房屋总价 100 万元，贷款比例为 60%，按月本息平均摊还（等额本息还款法），求月还款额和年还款额。

解答：

应用 Excel 计算如下：选取 PMT 函数，总贷款期数为 $20 \times 12 = 240$，月利率为 $6\%/12 = 0.5\%$。

PMT（240，0.5%，60，0，0）= -0.4299。

如图 3 - 18 所示。

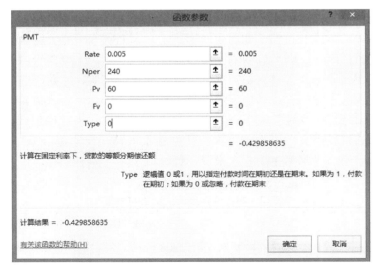

**图 3 - 18　应用 Excel 计算月还款额**

应用财务计算器计算如下：

240，n，0.5，i，60，PV，0，FV，PMT = − 0.4299。

依次键入 20，g，n，屏幕显示 240，6，g，i，屏幕显示 0.5，60，PV，0，FV，按 PMT 键，屏幕显示如图 3 − 19 所示。

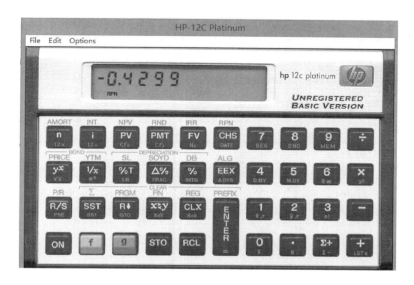

**图 3 − 19　应用财务计算器计算月还款额**

因此，每月还款额为 0.4299 万元，每年还款额为 5.1588 万元。

若假设投资报酬率等于学费成长率，教育金储蓄 = （未成年子女数 × 期待水准的教育费用）/距离子女上大学年数。若假设投资报酬率等于通货膨胀率，退休金储蓄 = （期待水准的每人退休生活费用需求 × 2 人 × 退休后生活年数 20 年）/距离退休年数。

表 3 − 25 是一个简单的收入预算表，按照新税制来进行个人所得税计算，假设该家庭收入中无任何专项附加扣除项目。

丈夫所得税扣缴额 = 薪资应纳税额 = （10000 − 5000）× 10% − 210 = 290 元。

妻子所得税扣缴额 = 薪资应纳税额 = （8000 − 5000）× 3% = 90 元。

预算和实际的差异来源于利息收入的差异，说明其中存在预算过高或实际投资的利息收益未达到预期的情况。

表 3 - 25　收入预算表　　　　　　　　单位：元

| 大类 | 科目 | 夫 | 妻 | 小计 | 预算 | 差异 |
|---|---|---|---|---|---|---|
| 工作收入 | 薪资 | 10000 | 8000 | 18000 | 18000 | 0 |
| | 加班费 | 0 | 0 | 0 | 0 | 0 |
| | 佣金 | 0 | 0 | 0 | 0 | 0 |
| | 奖金 | 0 | 0 | 0 | 0 | 0 |
| | 执行业务 | 0 | 0 | 0 | 0 | 0 |
| | 稿费 | 0 | 0 | 0 | 0 | 0 |
| | 小计 | 10000 | 8000 | 18000 | 18000 | 0 |
| 理财收入 | 利息收入 | 300 | 200 | 500 | 600 | − 100 |
| | 租金收入 | 0 | 0 | 0 | 0 | 0 |
| | 营业所得 | 0 | 0 | 0 | 0 | 0 |
| | 资本利得 | 0 | 0 | 0 | 0 | 0 |
| | 小计 | 300 | 200 | 500 | 600 | − 100 |
| 转移性收入 | | 0 | 0 | 0 | 0 | 0 |
| 税前收入合计 | | 10300 | 8200 | 18500 | 18600 | − 100 |
| 所得税扣缴额 | | 290 | 90 | 380 | 380 | 0 |
| 税后收入合计 | | 10010 | 8110 | 18120 | 18220 | − 100 |

　　下面来学习一下支出预算的步骤。如图 3 - 20 所示，在制定支出预算时我们要充分考虑个人/家庭的理财目标，中长期目标的实现所需资源要从每月储蓄中获得，因此每月收入 − 每月需储蓄额 = 每月支持预算，而短期目标的实现往往是直接从支出中获得。我们理想的支出预算应是既能满足日常生活所需，又能实现所有梦想。

　　表 3 - 26 是家庭支出预算表的示例，可以看到本月预算和本月实际发生额之间存在差异，本月实际发生额超过了本月预算 1600 元，分析其中原因，可以看到每一项支出都超支了，其中超出最多的是教育娱乐支出，占到本月超支额的50%。因此，需要分析教育娱乐支出是临时支出还是预算额过低，需要就预算进行调整，同时调整家庭支出。

　　从表 3 - 27 可以看到我国人均消费支出与支出比率的变动情况。从年度数据来看，人均消费性支出呈上升趋势，过去的 30 年发生了 11 倍之多的变化，食品、衣着、生活用品的支出占比呈下降趋势，医疗保健、交通通信、居住的支出占比则呈增长态势，且增长幅度在几倍至十几倍。教育文化娱乐服务的支出占比却没有发生大幅变动。

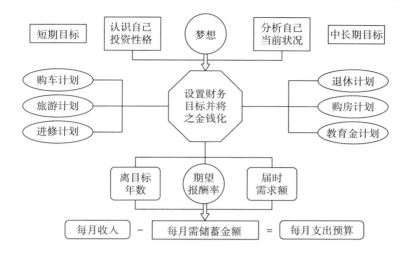

图 3 – 20 支出预算的步骤

表 3 – 26 家庭支出预算表 单位：元

| 月预算 | 菜钱外食 | 衣着美容 | 房租日用 | 交通通信 | 教育娱乐 | 合计 |
|---|---|---|---|---|---|---|
| 自己 | 500 | 200 | 3000 | 600 | 300 | 4600 |
| 配偶 | 500 | 200 | 500 | 200 | 300 | 1700 |
| 子女一 | 300 | 100 | 0 | 100 | 500 | 1000 |
| 子女二 | 300 | 100 | 0 | 100 | 500 | 1000 |
| 父亲 | 300 | 100 | 0 | 100 | 300 | 800 |
| 母亲 | 300 | 100 | 0 | 100 | 300 | 800 |
| 预算合计 | 2200 | 800 | 3500 | 1200 | 2200 | 9900 |
| 当月实际 | 2500 | 900 | 3800 | 1300 | 3000 | 11500 |
| 差异数 | – 300 | – 100 | – 300 | – 100 | – 800 | – 1600 |

注：补充资料阅读为各年度的人均消费支出与支出比率分析。

表 3 – 27 各年度的人均消费支出与支出比率 单位：元，%

| 项目 年份 | 1990 | 2000 | 2006 | 2013 | 2018 | 2019 |
|---|---|---|---|---|---|---|
| 人均消费性支出 | 1278.89 | 4998 | 8696.55 | 13220.42 | 19853 | 21559 |
| 食品 | 54.25 | 39.44 | 35.78 | 31.21 | 28.45 | 28.2 |
| 衣着 | 13.36 | 10.01 | 10.37 | 7.77 | 6.49 | 6.2 |

续表

| 年份<br>项目 | 1990 | 2000 | 2006 | 2013 | 2018 | 2019 |
|---|---|---|---|---|---|---|
| 生活用品及服务 | 10.14 | 7.49 | 5.73 | 6.1 | 6.29 | 5.9 |
| 医疗保健 | 2.01 | 6.36 | 7.14 | 6.9 | 8.93 | 8.8 |
| 交通通信 | 1.20 | 8.54 | 13.19 | 12.31 | 13.52 | 13.3 |
| 教育文化娱乐服务 | 11.12 | 13.40 | 13.83 | 10.57 | 10.9 | 11.7 |
| 居住 | 6.98 | 11.31 | 10.40 | 22.68 | 22.89 | 23.4 |
| 杂项商品与服务 | 0.94 | 3.44 | 3.56 | 2.46 | 2.53 | 2.4 |

**（二）家庭财务预算的控制**

家庭财务预算的主要控制方式是通过差异分析来发现家庭财务问题（见图3－21），其中关于实际支出的核算就显得十分重要，那么该如何获得和记录准确的实际支出数额呢？我们会通过不同账户的记录来获取数据，借助于银行或支付平台的记录功能来了解准确的家庭支出情况。在支付方式的选择上尽量选择非现金支付方式，以便于对照复核。

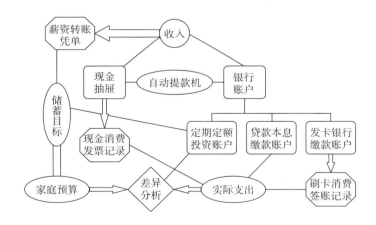

**图3－21 家庭财务预算的控制方式**

表3－28是家庭财务预算控制表，通过这个表我们可以更清晰地发现本月和本年预算与实际差异的来源，更好地执行预算和修正预算。在出现预算差异时要进行家庭财务预算差异分析。按照自己最能掌控的分类来编制，记账分类要与预算分类相同，预算与记账基础一致以进行比较做差异分析；如实际与预算差异超过10%，应找出差异的原因；如果差异的原因的确属于开始预算低估，此时应

重新检讨预算的合理性并修正，但改动太过频繁将使预算失去意义；要达成储蓄或减债计划，需严格执行预算；若某项支出远高于预算，可订达成时限，逐月降低差异；若同时有多项支出差异，可每个月找一项重点改进；出现有利差异时，也应分析原因，并可考虑提高储蓄目标。

表 3 - 28　家庭财务预算控制表

| 支出类型 | 月可控制支出项目 | 年可控制支出项目 | 月或年不可控制支出项目 |
| --- | --- | --- | --- |
| 包括细目 | 菜钱外食<br>洗衣理容<br>水电日用<br>油钱车资<br>娱乐医药 | 购置衣物<br>家具电器<br>保养维修<br>学费才艺<br>年度旅游 | 各项税捐<br>保险费<br>房贷本金利息<br>房租管理费<br>定期定额投资 |
| 实际支出 | 当月支出 | 当年累计 | 周期开始起累计 |
| 预算支出 | 当月预算 | 当年预算 | 全周期预算总额 |
| 差异 | 当月差异 | 当年差异 | 已有进度差异 |
| 达成率 | 当月达成率 | 当年达成率 | 周期预算达成率 |

**（三）家庭现金流量预估表的编制**

这里应用一个案例来具体编制一个家庭现金流量预估表，具体要求如下：模拟未来 3～5 年按月份的现金流量；除薪资外，估计可领奖金、红利的月份及金额；需掌握一年中保费与学费的支出月份；可就短期目标（如国外旅游、购车购房、结婚、子女出生等），估计达成月份和金额进行模拟；理财收入以当前实际收入为准，保守估计；若模拟的生息资产在某一段时期内为负数，表示需借钱周转才能完成原定短期目标。

**课堂练习 19：家庭现金流量预估表编制案例**

彭先生有一个刚上幼儿园的 3 岁小孩。在 2018 年 12 月底时做 3 年现金流量规划至 2021 年 12 月底，期初现金余额为 40000 元。每月彭先生扣缴个人所得税与三险一金后的收入为 5000 元，配偶为 4000 元。每年 1 月彭先生会领到公司加发的相当于其两个月工资的奖金，但配偶的 1 年奖金仅为其一个月的工资。未来 3 年内，彭先生预计在每年 7 月调薪，每月在上一年基础上增加 500 元，配偶预计在每年 1 月调薪，每月在上一年基础上增加 500 元。月支出方面，一家三口生活费 3000 元，房租 1700 元。每学期要缴幼儿园学费 4000 元，分别在 2 月与 8 月缴纳。同时，一家每年计划在"五一"假期出国旅游，预算 15000 元；"十一"假期国内旅游，预算 5000 元。除旅游预算外，其他支出都假设每年会增加 5%。

当前每月定期定额投资基金 1000 元。每年 4 月年缴保费 7000 元。期初现金余额 40000 元，彭先生打算在三年内花 100000 元购车，何时可在完成所有其他计划下以现金购车？现金余额至少要维持 3 个月含基金定投的月支出。

解答：

如表 3 – 29 所示。

表 3 – 29　未来 3 年的现金流量预估　　　　　单位：千元

| 日期 | 自己收入 | 配偶收入 | 生活费 | 学杂费 | 保险费 | 月房租 | 旅游支出 | 购车支出 | 基金定投 | 净收支额 | 现金余额 |
|---|---|---|---|---|---|---|---|---|---|---|---|
| 2018 年 12 月 | | | | | | | | | | | 40.0 |
| 2019 年 1 月 | 15.0 | 9.0 | 3.0 | 0.0 | 0.0 | 1.7 | 0.0 | 0.0 | 1.0 | 18.3 | 58.3 |
| 2019 年 2 月 | 5.0 | 4.5 | 3.0 | 4.0 | 0.0 | 1.7 | 0.0 | 0.0 | 1.0 | (0.2) | 58.1 |
| 2019 年 3 月 | 5.0 | 4.5 | 3.0 | 0.0 | 0.0 | 1.7 | 0.0 | 0.0 | 1.0 | 3.8 | 61.9 |
| 2019 年 4 月 | 5.0 | 4.5 | 3.0 | 0.0 | 7.0 | 1.7 | 0.0 | 0.0 | 1.0 | (3.2) | 58.7 |
| 2019 年 5 月 | 5.0 | 4.5 | 3.0 | 0.0 | 0.0 | 1.7 | 15.0 | 0.0 | 1.0 | (11.2) | 47.5 |
| 2019 年 6 月 | 5.0 | 4.5 | 3.0 | 0.0 | 0.0 | 1.7 | 0.0 | 0.0 | 1.0 | 3.8 | 51.3 |
| 2019 年 7 月 | 5.5 | 4.5 | 3.0 | 0.0 | 0.0 | 1.7 | 0.0 | 0.0 | 1.0 | 4.3 | 55.6 |
| 2019 年 8 月 | 5.5 | 4.5 | 3.0 | 4.0 | 0.0 | 1.7 | 0.0 | 0.0 | 1.0 | 0.3 | 55.9 |
| 2019 年 9 月 | 5.5 | 4.5 | 3.0 | 0.0 | 0.0 | 1.7 | 0.0 | 0.0 | 1.0 | 4.3 | 60.2 |
| 2019 年 10 月 | 5.5 | 4.5 | 3.0 | 0.0 | 0.0 | 1.7 | 5.0 | 0.0 | 1.0 | (0.7) | 59.5 |
| 2019 年 11 月 | 5.5 | 4.5 | 3.0 | 0.0 | 0.0 | 1.7 | 0.0 | 0.0 | 1.0 | 4.3 | 63.8 |
| 2019 年 12 月 | 5.5 | 4.5 | 3.0 | 0.0 | 0.0 | 1.7 | 0.0 | 0.0 | 1.0 | 4.3 | 68.1 |
| 2020 年 1 月 | 16.5 | 10.0 | 3.2 | 0.0 | 0.0 | 1.8 | 0.0 | 0.0 | 1.0 | 20.6 | 88.7 |
| 2020 年 2 月 | 5.5 | 5.0 | 3.2 | 4.2 | 0.0 | 1.8 | 0.0 | 0.0 | 1.0 | 0.3 | 89.0 |
| 2020 年 3 月 | 5.5 | 5.0 | 3.2 | 0.0 | 0.0 | 1.8 | 0.0 | 0.0 | 1.0 | 4.6 | 93.6 |
| 2020 年 4 月 | 5.5 | 5.0 | 3.2 | 0.0 | 7.0 | 1.8 | 0.0 | 0.0 | 1.0 | (2.5) | 91.1 |
| 2020 年 5 月 | 5.5 | 5.0 | 3.2 | 0.0 | 0.0 | 1.8 | 15.0 | 0.0 | 1.0 | (10.5) | 80.6 |
| 2020 年 6 月 | 5.5 | 5.0 | 3.2 | 0.0 | 0.0 | 1.8 | 0.0 | 0.0 | 1.0 | 4.6 | 85.2 |
| 2020 年 7 月 | 6.0 | 5.0 | 3.2 | 0.0 | 0.0 | 1.8 | 0.0 | 0.0 | 1.0 | 5.1 | 90.2 |
| 2020 年 8 月 | 6.0 | 5.0 | 3.2 | 4.2 | 0.0 | 1.8 | 0.0 | 0.0 | 1.0 | 0.8 | 91.1 |
| 2020 年 9 月 | 6.0 | 5.0 | 3.2 | 0.0 | 0.0 | 1.8 | 0.0 | 0.0 | 1.0 | 5.1 | 96.1 |
| 2020 年 10 月 | 6.0 | 5.0 | 3.2 | 0.0 | 0.0 | 1.8 | 5.0 | 0.0 | 1.0 | 0.0 | 96.2 |
| 2020 年 11 月 | 6.0 | 5.0 | 3.2 | 0.0 | 0.0 | 1.8 | 0.0 | 0.0 | 1.0 | 5.1 | 101.3 |
| 2010 年 12 月 | 6.0 | 5.0 | 3.2 | 0.0 | 0.0 | 1.8 | 0.0 | 0.0 | 1.0 | 5.1 | 106.3 |

续表

| 日期 | 自己收入 | 配偶收入 | 生活费 | 学杂费 | 保险费 | 月房租 | 旅游支出 | 购车支出 | 基金定投 | 净收支额 | 现金余额 |
|---|---|---|---|---|---|---|---|---|---|---|---|
| 2021 年 1 月 | 18.0 | 11.0 | 3.3 | 0.0 | 0.0 | 1.9 | 0.0 | 100.0 | 1.0 | (77.2) | 29.1 |
| 2021 年 2 月 | 6.0 | 5.5 | 3.3 | 4.4 | 0.0 | 1.9 | 0.0 | 0.0 | 1.0 | 0.9 | 30.0 |
| 2021 年 3 月 | 6.0 | 5.5 | 3.3 | 0.0 | 0.0 | 1.9 | 0.0 | 0.0 | 1.0 | 5.3 | 35.3 |
| 2021 年 4 月 | 6.0 | 5.5 | 3.3 | 0.0 | 7.0 | 1.9 | 0.0 | 0.0 | 1.0 | (1.7) | 33.5 |
| 2021 年 5 月 | 6.0 | 5.5 | 3.3 | 0.0 | 0.0 | 1.9 | 15.0 | 0.0 | 1.0 | (9.7) | 23.8 |
| 2021 年 6 月 | 6.0 | 5.5 | 3.3 | 0.0 | 0.0 | 1.9 | 0.0 | 0.0 | 1.0 | 5.3 | 29.1 |
| 2021 年 7 月 | 6.5 | 5.5 | 3.3 | 0.0 | 0.0 | 1.9 | 0.0 | 0.0 | 1.0 | 5.8 | 34.9 |
| 2021 年 8 月 | 6.5 | 5.5 | 3.3 | 4.4 | 0.0 | 1.9 | 0.0 | 0.0 | 1.0 | 1.4 | 36.3 |
| 2021 年 9 月 | 6.5 | 5.5 | 3.3 | 0.0 | 0.0 | 1.9 | 0.0 | 0.0 | 1.0 | 5.8 | 42.1 |
| 2021 年 10 月 | 6.5 | 5.5 | 3.3 | 0.0 | 0.0 | 1.9 | 5.0 | 0.0 | 1.0 | 0.8 | 42.9 |
| 2021 年 11 月 | 6.5 | 5.5 | 3.3 | 0.0 | 0.0 | 1.9 | 0.0 | 0.0 | 1.0 | 5.8 | 48.7 |
| 2021 年 12 月 | 6.5 | 5.5 | 3.3 | 0.0 | 0.0 | 1.9 | 0.0 | 0.0 | 1.0 | 5.8 | 54.5 |

# 第二节　实训任务及具体步骤

## 一、实训任务

在本项目的实训过程中，理财师和财富经理（学生分角色）需要根据项目一收集的客户各项信息进行整理加工，编制客户的年度资产负债表和收入支出表，并进行相关财务比率的计算，初步分析客户家庭的财务状况，为接下来的理财方案设计做准备。

任务一：资产负债表编制与分析训练

【训练目的】根据客户提供的资产负债信息，编制客户家庭最新年度的资产负债表，包括各类资产和各类负债项目的成本和市价，并算出家庭净资产。重点和难点在于家庭的房地产按揭贷款的市值的计算。

【训练学时】5 学时

【训练形式】分组训练

【训练内容】训练内容可依据教学对象和教学活动组织选择方案，以下训练方案仅供参考。

方案一：成本价格和市场价格是资产负债项目的不同价格，在家庭理财活动中，市场价格更能体现家庭财富数量和财务状况。请学生分组讨论家庭资产负债项目的成本和市场价格如何统计？需要哪些资料？

方案二：对于大多数家庭最主要的负债项目是房地产按揭贷款，随着互联网金融的发展，一些消费信贷产品也越来越多，如京东白条、蚂蚁花呗、蚂蚁借呗等产品的使用范围也越来越广。请讨论消费信贷产品是不是家庭的负债？若是的话，应如何填入资产负债表。若不是，请说明理由。

方案三：若资产负债表统计的是 2018 年 12 月 31 日的情况，则房地产按揭贷款的现值应为 2018 年 12 月 31 日还欠银行的本金金额。请讨论如何计算房地产按揭贷款的现值，给出至少两种方法。

【注意事项】

（1）资产负债表是静态报表，统计的是某一个时点的价值。

（2）家庭本年度的工资薪金等各项收入不属于家庭的资产，不计入资产负债表。

（3）家庭拥有的保险产品可以分为投资型保险和消费型保险，只有投资型保险是家庭的资产。

任务二：收支储蓄表编制与分析训练

【训练目的】根据客户提供的收入和支出信息，编制客户家庭最新年度的收支储蓄表，包括工作收入、理财收入、生活支出、理财支出等各项目，并算出家庭储蓄。重点和难点在于家庭的房地产按揭贷款的利息支出的计算。

【训练学时】5 学时

【训练形式】分组训练

【训练内容】训练内容可依据教学对象和教学活动组织选择方案，以下训练方案仅供参考。

方案一：根据我国个人所得税制度，计算客户家庭本年度的各项税后收入。试讨论我国个人所得税的最新修改对于家庭理财活动有什么影响？客户家庭本年度缴纳的个人所得税是否属于家庭的支出？是否需要填入收支储蓄表？

方案二：财务自由是家庭理财活动的最终目标。在财务自由的定量分析中，当理财收入能够满足家庭的各项生活支出时，可以初步认定该家庭实现了财务自由。请讨论如何实现财务自由？客户家庭是否可以实现财务自由？

方案三：收支储蓄表中最常见的理财支出是利息支出，即家庭房地产按揭贷款中的利息支出。由于年度收支储蓄表统计的是 12 个月的利息支出，而每个月的利息支出又不同。请讨论如何计算房地产按揭贷款的年度利息支出，给出至少两种方法。

【注意事项】

（1）资产负债表是动态报表，统计的是某一段时期的价值。

（2）变现资产的现金流入包含本金与资本利得，只有资本利得计入收入，收回投资本金为资产调整。房贷本息摊还只有利息部分计入支出，本金还款部分为资产负债调整。

（3）理财支出中的保费支出是家庭购买的消费型保险的保费支出，不包括购买投资型保险的保费支出。

任务三：财务比率计算与分析训练

【训练目的】根据编制的资产负债表和收入支出表，进行财务比率分析，包括资产负债率、净资产偿付率、负债收入比率、流动性比率、投资与净资产比率、储蓄比率等，并根据财务比率，分析家庭的财务状况。

【训练学时】2学时

【训练形式】分组训练

【训练内容】训练内容可依据教学对象和教学活动组织选择方案，以下训练方案仅供参考。

方案一：资产负债率和净资产偿付比率是两个财务分析指标，试讨论两者有什么关系？并从两个指标检验客户家庭的财务状况是否良好。

方案二：流动性比率是分析客户家庭流动性是否充足的重要指标，与企业会计中的流动性比率不同。请讨论一个家庭拥有的流动性资产多少较为合适？为什么满足其3~6个月的开支即可？在实际生活中，流动性资产主要包括哪些？

方案三：储蓄比率反映客户控制开支和增加净资产的能力，也是我国经济发展的重要动力之一。请讨论家庭的储蓄比率是否越高越好？若是，请说明如何提高家庭的储蓄比率。若不是，请给出理由。

【注意事项】

（1）投资理财中的流动性比率与企业会计中的流动性比率不同，需要重点加以记忆。

（2）负债收入比率中客户的债务偿还总额既包括本金又包括利息。

（3）财务比率的计算要给出计算过程，可适当运用财务计算器等工具。

## 二、实训具体步骤

第一步，根据案例提供的信息，利用财务计算器，计算房地产按揭贷款余额和本年度的利息支出。

$$房地产按揭贷款余额 = \frac{M \times \left[ (1+r)^N - (1+r)^n \right]}{(1+r)^N - 1}$$ 或房地产按揭贷款余额 = 贷款总额 - 每月偿还本金 × 已还期数。

第二步，编制客户家庭的资产负债表，并列出相关数据的计算过程。

第三步，根据我国个人所得税法律的相关规定，计算客户家庭本年度的税后收入。

第四步，编制客户家庭的收支储蓄表，并列出相关数据的计算过程。

第五步，计算相关财务比率并分析。

# 第三节　案例演示

## 一、案例家庭背景介绍

南京钱女士现年 30 岁，是一位单亲母亲，有一个 5 岁的儿子。目前，钱女士在一家地产公司任销售经理，月薪 12000 元（税前），年终奖金 10 万元（税前），无任何社保。母子二人住在 2013 年 1 月初购买的一套两居室的住房中，房款 70 万元中首付 20%，剩余采用等额本息贷款方式，贷款利率 5.508%，贷款期限 20 年，现已升值到 90 万元。钱女士家庭现有活期存款 10 万元，定期存款 30 万元，2007 年初听朋友介绍购买了某股票型基金，现在价值 10 万元。2009 年钱女士离婚后考虑到自己一旦发生意外，儿子的生活将发生困难，因此她购买了年缴保费 1800 元的 10 年定期寿险，保险条款规定在保障期限内钱女士因意外或疾病而去世，可以获得 60 万元的保险赔付。

在钱女士家庭支出中，儿子的教育费用占有很大比例，钱女士离婚后将所有希望都寄托在儿子身上，除了为儿子提供最好的学习教育外，还让儿子学习书法、绘画等特长班，每月各项学费支出就达 3000 元。此外母子二人的生活费每月 2000 元，钱女士每年会带儿子到国内著名景点进行旅游，平均每年花费 10000 元。钱女士每年美容休闲支出 8000 元。钱女士的前夫每月可以提供赡养费 1000 元。所有数据截至 2017 年 12 月 31 日。

## 二、案例家庭财务分析

如表 3 - 30、表 3 - 31 和表 3 - 32 所示。

表 3 - 30　客户资产负债表　　　　　　　　　　　　　单位：元

| 资产 | 市值 | 负债及净值 | 市值 |
|---|---|---|---|
| 现金 | 0 | 住房按揭贷款（本金） | 471518 |

续表

| 资产 | 市值 | 负债及净值 | 市值 |
|---|---|---|---|
| 活期存款 | 100000 | | |
| 流动性资产合计 | 100000 | | |
| 定期存款 | 300000 | | |
| 基金投资 | 100000 | | |
| 投资性资产合计 | 400000 | | |
| 自用房产 | 900000 | 负债合计 | 471518 |
| 自用性资产合计 | 900000 | 净值 | 928482 |
| 资产合计 | 1400000 | 负债和净值总和 | 1400000 |

表 3 – 31　客户收支储蓄表　　　　　单位：元

| 项目 | 金额 |
|---|---|
| 工作收入 | 223115 |
| 　其中：薪资收入 | 211115 |
| 　　　　其他收入 | 12000 |
| 减：生活支出 | 78000 |
| 　其中：子女教育支出 | 36000 |
| 　　　　家庭生活支出 | 24000 |
| 　　　　其他生活支出 | 18000 |
| 工作储蓄 | 145115 |
| 理财收入 | 0 |
| 减：理财支出 | 28364 |
| 　其中：利息支出 | 26564 |
| 　　　　保障型保险保费支出 | 1800 |
| 理财储蓄 | – 28364 |
| 储蓄 | 116751 |

表 3 – 32　客户财务状况分析（至少 4 个指标）

| 序号 | 指标 | 数值（％） |
|---|---|---|
| 1 | 资产负债率 | 34 |
| 2 | 净资产偿付比率 | 66 |
| 3 | 负债收入比率 | 21 |

| 序号 | 指标 | 数值（%） |
|---|---|---|
| 4 | 流动性比率 | 1100 |
| 5 | 投资与净资产比率 | 43 |
| 6 | 储蓄比率 | 52 |

财务状况分析：

（1）该客户资产负债率为34%，故其能较好地预防因流动资产不足而可能出现的财务危机。

（2）该客户净资产偿付比率较一般水平略低，说明其综合还债能力略有不足。

（3）从财务安全角度看，该客户的年度负债收入比率较低，财务状况良好。

（4）该客户的流动性比率非常充足，说明其流动性资产过多，流动性资产的使用效率不高。

（5）投资与净资产比率反映客户通过投资增加财富来实现财务目标的能力。该客户此比率为43%，说明其净资产的增长率尚可。

（6）储蓄比率反映客户控制开支和增加净资产的能力。该客户储蓄比率高达52%，说明其更多地将资产用于储蓄，而用于投资较少，可适当拿出一部分用于投资理财。

附：计算过程（单位：元）

住房按揭贷款（本金）=471518。

每月还款金额 $= \dfrac{M \times r \times (1+r)^N}{(1+r)^N - 1} = \dfrac{560000 \times 0.459\% \times (1+0.459)^{240}}{(1+0.459\%)^{240} - 1} = 3854.70$。

2013年1月初到2017年12月31日共还款231282元。

2013年1月初到2016年12月31日共还款185025.6元。

2017年还款金额46256.4元。

还了60期后剩余的本金 $= \dfrac{M \times \left[ (1+r)^N - (1+r)^n \right]}{(1+r)^N - 1} =$

$\dfrac{560000 \times \left[ (1+0.459\%)^{240} - (1+0.459\%)^{60} \right]}{(1+0.459\%)^{240} - 1} = 471518.26$。

资产合计 = 100000 + 400000 + 900000 = 1400000。

净值 = 1400000 - 471518 = 928482。

每月薪酬个税 = （12000 - 3500）× 0.25 - 1005 = 1120。

年终奖金个税 = 100000 × 0.2 - 555 = 19445。

薪资收入 = （12000 - 1120）× 12 + 100000 - 19445 = 211115。

其他收入 = 1000 × 12 = 12000。

子女教育支出 = 3000 × 12 = 36000。

家庭生活支出 = 2000 × 12 = 24000。

其他生活支出 = 10000 + 8000 = 18000。

工作收入 = 211115 + 12000 = 223115。

生活支出 = 36000 + 24000 + 18000 = 78000。

工作储蓄 = 223115 - 78000 = 145115。

利息支出 = 26564。

还了 48 期后剩余的本金 = $\dfrac{M \times \left[ (1+r)^N - (1+r)^n \right]}{(1+r)^N - 1}$ =

$\dfrac{560000 \times \left[ (1+0.459\%)^{240} - (1+0.459\%)^{48} \right]}{(1+0.459\%)^{240} - 1}$ = 491210.96。

2017 年还款本金 19692.7 元。

2017 年还款利息支出 26563.7 元。

工作储蓄 = 223115 - 78000 = 145115。

储蓄 = 145115 - 28364 = 116751。

资产负债率 = 负债总额/家庭总资产 × 100% = 471518/1400000 × 100% = 34%。

净资产偿付比率 = 净资产/总资产 × 100% = 928482/1400000 × 100% = 66%。

年度负债收入比率 = 每年债务偿还总额/每年扣税后的收入总额 × 100% = 46256.40/223115 × 100% = 21%。

流动性比率 = 流动性资产/每月支出 = 100000/[(78000 + 28364)/12] = 11。

投资与净资产比率 = 投资性资产/净资产 × 100% = 400000/928482 × 100% = 43%。

储蓄比率 = 当期储蓄（收入 - 支出）/当期税后收入 × 100% = 116751/223115 × 100% = 52%。

# 第四章 项目三 客户理财目标的制定

理财目标是指客户通过理财规划所要实现的目标或满足的期望。一个合理的理财目标，绝不是客户一厢情愿的结果，是理财师根据客户的财务状况，综合客户的投资偏好、风险偏好和其他信息形成的。因此理财师和财富经理帮助客户形成合理的理财目标是制订合适理财方案的关键步骤之一，也是理财师制定后续理财方案的基础。

在实际工作中，客户不能明确地说出未来各个方面的需求，需要财富经理通过适当的方式，循序渐进地加以引导，根据客户所提到的未来需求来帮助客户将模糊的、混合的目标逐渐分析、细化、具体化，确定出需要投资规划来实现的目标，从而提出明确的投资规划目标。

因此，本项目的主要任务是通过对客户资料的收集形成客户理财目标一览表（见表4-1），并在此基础上运用目标基准点及目标现值法分析理财目标的合理性及可行性。

表4-1 ××客户理财目标一览表

| 理财目标 | 优先次序 | 实现时间 | 目标总需求 |
|---|---|---|---|
|  |  |  |  |
|  |  |  |  |
|  |  |  |  |

## 第一节 基础知识

### 一、理财目标分类

理财目标具有多元性，是与客户人生联系在一起的。目标的划分也有一定的标准和纬度，不仅是按期限划分。从更全面的角度考虑，可以把理财目标分成五类：隐含目标、短期目标、中期目标、长期目标和财富传承目标。

（1）隐含目标。隐含目标也是客户一般不会直接想到的目标。如果理财师和财富经理询问客户"你觉得自己的理财目标是什么？"，客户的思维都是从"我想要得到什么"开始，而实际上应该是从"我不想要的东西是什么"出发，也就是从规避风险的角度出发，进行风险管理。这里的隐含目标指的是纯粹风险，也就是一般商业保险中的可保风险。因此，作为理财师或财富经理，需要知道满足隐含目标的一般对策和解决问题的方向，除了能够预计到的常见风险，比如火灾、意外事故伤害等，还需要考虑没有预计到的紧急情况。只要对生活有影响的风险事件都需要进行管理。

（2）短期目标，也就是非投资目标。主要是满足流动性需求，一般我们在理财规划里讲到的紧急备用金是 3～6 个月的支出数额，主要是用于保障家庭发生的预料外支出、应付失业或者失能导致的工作中断、应付紧急医疗或意外伤害导致的超支费用或者应付短期流动资金需要等，其实就是在进行流动性管理。不难发现，短期目标中所指的短期可以是 6 个月以内、1 年以内、5 年以内，超过 5 年的理财目标就不属于短期目标了。在实际理财规划中，短期目标是与消费和日常生活联系在一起的，主要围绕流动性来做规划，准备 3～6 个月的支出的紧急备用金其实在现实生活中往往难以应对紧急情况的发生，比如紧急医疗等。因此，针对短期目标的达成，往往需要准备 1～2 年的支出数额作为备用金，具体形式也不仅仅局限于现金和活期存款，还会有一些短期投资，如银行短期理财、货币市场基金等，需要客户接受和认可。

（3）中期目标。中期目标不仅是用期限来界定的，还需要满足三个条件：时间明确，也就是理财目标要在哪个时间点实现；金额明确，也就是实现目标需要的资金量必须是确定的；优先性明确，这里中期目标主要就是我们在理财规划中学到的教育规划、旅游规划、买车规划、结婚规划等。以教育规划为例：需要确定什么时候开始需要这笔钱，需要多少，有多少时间去积累。如果一个家庭中有一个 10 岁小孩，此时，这个家庭要为子女做高等教育规划，理财师和财富经理首先要确定这个小孩什么时间开始接受高等教育，在这个例子中就是小孩 18 岁的时候；接下来确定这个小孩接受高等教育需要多少钱，这要考虑高等教育所需学费及生活费水平，需要根据大学所在地域不同，大学的层次不同以及是否留学等方面进行综合评估，确定略宽松的目标需求数额；了解具体需求后就要确定这些需求的达成还有多长时间可以去准备，在这个例子中小孩已经 10 岁，就是还有 8 年的时间。时间已经明确，金额也明确了，现在需要明确的还有优先性，一般来说，教育规划目标的时间弹性和金额弹性都较低，也就是小孩 18 岁就一定要上大学，而不能因为没有钱选择等待或放弃，大学的费用也是基本固定的，而且对于一个家庭来说，教育规划也是家庭中非常重视的一项，因此教育规划的优先级别就较高。

（4）长期目标，长期目标中最主要也最常见的就是退休目标或养老目标。长期目标的最终目的其实就是财务自由，也就是以金融资产收益支撑全部生活需求。这里自由的含义不是想干什么就干什么，而是不想做什么就不做什么，不为谋生而工作。针对长期目标同样是要确定需求和期限。首先要确定开支，就是退休后需要多少钱。开支种类一般包括：①持续增长的开支，如基本生活开支、医疗费用和教育费用等。这些费用的增长有可能与 CPI 的增长同步，但也有可能高于 CPI 的增长。②确定性开支，如住房贷款的还款，一般为等额本息还款，且要求在退休前还清。③长期不受通胀影响的开支，如贷款在退休前未还清，在退休后还要支付此部分确定性开支。④有期限且价格上涨的开支，如教育费用、婚礼费用、旅游费用（非生活必需品）、长期看护费用（养老产业）等。

以上这些开支需要根据客户的具体情况确定，虽然开支种类相同，但不同客户因生活习惯不同，也会有较大差异。预测退休后的支出生活水平，一般会在退休前的支出水平上打一个折扣，这个固定比率一般是退休前支出水平的 70% ~ 75%，这是依据生命周期理论的内容确定的支出模型，也就是随着时间推移，个人消费会逐渐下降。但现实情况是，随着老龄化社会的到来和养老产业的发展，个人消费随时间推移下降的曲线变得更平缓，甚至随着年龄增加，消费没有发生变化或更高，比如现在老年人网上消费的热情更为高涨，老年人旅游业也非常红火。

其次就是确定期限，对于养老目标和退休目标来说期限就是预期寿命。退休规划中主要管理的风险就是活得太久的风险。一般来说，理财师和财富经理在帮助客户确定退休目标期限时会考虑死亡率和生存率，也就是在寿险计算中应用的，但在生存表中人平均生存概率是指某一个人活过某一个年龄的概率是 50%，而理财师要为客户规划的应尽可能达到 100% 的保障，因此不再单纯依靠生命表来确定生存年限，而是做了更个性化的调整，加入了家族遗传因素，客户生活条件因素等。一般会以 70% 为准，因为能够有能力来找理财师或者寻求资产管理帮助的客户，其生活条件一般会比较好，预期寿命自然会比平均标准高。但在实际中，客户总会说自己活不了理财师规划的那么长时间，但理财师要做的就是客户多活一天，就要为客户管理好资产一天，满足客户的退休目标，这一目标不仅是多活一天就多领一天退休金，多占一天便宜，而是要生活得更高质量和更高标准。长期目标一般以金融资产收益作为支撑，不仅依靠现有的工资收入，因此也可以称为财务自由。由于长期目标涉及的时间较长，对于目标需求需要详细估算，在测算为完成退休养老目标所需资金时，需要考虑包含通货膨胀因素的基本生活开支、医疗支出等。

（5）财富传承目标。同样要达成财富传承目标，就需要明确财富传承的时间和金额。比如赠与还是遗赠、收益受益还是剩余价值受益。收益受益就是只受益财产的收益部分。剩余价值受益就是在收益受益人之后剩余的部分。财富传承目标的达成就是要如何更有效更节省成本地转移财产。财富传承包含了增值投资、保全资产和传承财富三方面内容，是目前理财规划发展的主要方向。

前文已经提到了理财目标必须具有三个特点：时间明确、金额明确、优先性明确，即在什么时间、需要多少金额做什么事。家庭所面临的理财目标众多，既有客户明确提出的购房、购车、退休、教育等目标，又有客户没有明确提出、但是对家庭的资产配置非常重要的隐含目标，如现金管理目标、保险目标等。正常的理财目标从理性角度是有一定的优先次序的，但在现实中理财师和财富经理面对的是独特的客户，甚至是不理性的客户。所以每一个个体对目标的优先排序都有自身内在原因，有时候甚至是错误的，也有可能是不了解情况或受到了什么影响，这就更需要理财师和财富经理对客户进行投资者教育或者是充分的沟通。但是，要记住排序是客户的权利，管理者只是帮助客户理解这样选择的后果是什么，会带来什么样的现金流。比如，客户会认为教育金就必须在教育金账户中，养老金就必须在养老金账户中，二者不能通用。其实，有时候资金流动可以满足时间上的要求和紧急情况，其带来的便利超过了因动用其他账户资金带来的损失。

因此，根据时间的长短，理财目标可以分成短期目标、中期目标和长期目标三类（见表4-2）。

对理财目标进行分类的意义在于，理财目标实现时间的长短决定了我们可以采用什么样的方式去实现该目标。对于短期目标来说，由于该目标在短时间内需要完成，需要避免高风险，因此可以采用活期存储、货币市场基金等流动性强、安全性高的投资方式。对于长期目标来说，该项目标的支出跨越的时间较长，可以抵消掉一部分经济周期带来的风险，且可以充分利用复利在价值增值上的作用，因此可以采用股票、基金、信托产品等高收益的产品。

表4-2 处于不同年龄阶段的理财目标

| 人生阶段 | 短期目标 | 中期目标 | 长期目标 |
| --- | --- | --- | --- |
| 单身贵族 | 储蓄 | 结婚 | 购车 |
| | 教育投资 | 购房 | 投资组合 |
| 两人世界 | 储蓄 | 投资组合 | 子女教育 |
| | 孕育孩子 | 购车 | 退休计划 |
| | 购房 | 子女教育 | |

| 人生阶段 | 短期目标 | 中期目标 | 长期目标 |
|---|---|---|---|
| 三口之家 | 子女教育 | 子女教育 | 投资组合 |
| | 购房 | | 退休计划 |
| | 购车 | | |
| | 储蓄和国债 | | |
| 步入中年 | 储蓄和国债 | 调整养老计划 | 制订退休旅游计划 |
| | 换房、换车 | 安排退休计划 | 安排遗产 |
| | 子女教育 | | |
| | 修改投资组合 | | |

## 二、确定理财目标的原则和方法

在确定客户的理财目标时，并不是一味按照客户提出的目标及金额进行规划，需要首先判断该理财目标是否合理、是否可行。在实际工作中，一个合理的理财目标主要遵循以下原则：

1. 理财目标具有现实可行性

客户由于不了解自己的财务状况以及金融投资相关知识，可能会提出某些不合理、不可行的理财目标，理财师通过各种方式的筹划也不能完成。因此理财目标首先需要具有现实可行性，关于如何判断某个理财目标是否具有现实可行性，具体方法参照检验理财目标实现的可行性相关内容。

2. 理财目标的期限要具体明确

理财目标的一个重要的构成要素是时间，即何时需要完成理财目标，何时需要确切的金额。如现金规划所保障的是流动性风险，需要在执行理财规划的时候就准备出来；然而退休规划保障的是退休当年到死亡的所有费用，需要在退休当年准备出来。

3. 理财目标的实现要有一定的时间弹性和金额弹性

由于大多数理财目标是对将来需要的金额进行的估算，受将来物价水平、经济形势、家庭财务状况的影响非常大，因此在确定理财目标的时候，尽量有一定的时间弹性和金额弹性，留有一定的误差空间。如在制定退休目标的时候，若客户距离退休还有 20 年的时间，此时估计退休后需要的各项开支以此准备退休费用，则会受到通货膨胀、身体健康状况等不确定因素的影响，因此可以在征得客户同意的基础上，给出退休费用的最低值和预期值，通过稳健性的投资获得退休费用的最低值，通过高风险高收益的投资获得退休费用的预期值。

4. 与其他目标相协调

客户提出的多个理财目标并不是相互排斥和相互冲突的，而是作为客户整体理财方案的一部分相互协调的。在实际理财方案的制定中，可能存在单个目标金额过大、与其他目标不能同时实现的问题，需要理财师不断调整单个目标，优先完成客户最为迫切的理财目标，并尽量实现客户提出的所有目标。

5. 兼顾不同期限和先后顺序

实现理财目标主要有两种方式：一种是目标顺序法，按目标先后顺序依次完成，如按照时间远近依次完成购房、子女教育、退休等目标，其特点在于当期的全部财务资源都可以用来投入到单个理财目标的完成中，但是资源配置的效率不高，个别理财目标完成时间较长会严重影响到后续目标的实现；另一种是目标并进法，对所有目标同时进行资源配置，如同时进行购房、子女教育、退休养老、赡养父母等多个目标。该方法更符合当前大多数家庭的实际情况，更能充分利用时间的复利投资价值。因此，在合理安排理财目标的时候，主要采用目标并进法，兼顾不同期限的理财目标。

因此，根据确定理财目标的原则，当前确定理财目标时主要采用 SMART 法，从以下五个方面衡量理财目标是否合理。①明确（Specific）：理财目标何时开始、何时结束必须能够确定。②可衡量性（Measurable）：实现该理财目标需要的金额必须能够衡量和测算。③可行（Attainable）：理财目标符合该家庭的收入支出情况，通过理财规划确定是可以实现的。④现实（Realistic）：理财目标是确切的、现实存在的，与该家庭的实际生活密切相关。⑤时限性（Time - Binding）：允许理财目标具有一定的时间弹性，但是需要有时间的限制，在某个时间段完成该目标。

以 SMART 法为基础我们来讨论以下哪个是合理的理财目标？若不是合理的目标，请分析其不符合 SMART 中的哪个原则。

（1）我要成为大富翁。

（2）我要摸彩票中大奖，买个价值 800 万元的别墅。

（3）我要在 5 年内通过投资使资产从现在的 100 万元增长到 1000 万元。

（4）我准备 30 年后退休，需要准备 150 万元退休金，现在开始每月存 3000 元准备退休金。

简要分析：

针对以上目标，应用 SMART 法逐一进行分析：

（1）不是合理的目标。什么时候成为富翁不明确，如何判断大富翁的标准也不能衡量，且不具有现实的可行性。

（2）不是合理的目标。通过买彩票中大奖实现其购房规划仍然不具有现实可行性。

（3）不是合理的目标。5 年内通过投资使资产从现在的 100 万元增长到 1000 万元，以复利来计息，每年的收益率需要达到 60% 左右，这显然是不可行的。

（4）是合理的目标。该理财目标符合 SMART 原则，有明确的时间、明确的金额、明确的方案，且收益率合理，具有可行性。

在确定理财目标时，下面有几个问题是需要我们弄清楚的。

首先，时间限制，也就是对特定资金的阶段性需求，需要确定时间节点。一方面，时间期限越短，流动性要求越高；另一方面，时间期限越长，接受风险的能力越高，因为这种情况下有时间去调整目标或投入资源，比如减少开支或增加储蓄等。但需要区分，时间期限越长，表示客户接受风险的能力越高，而不代表投资风险越低。客户的接受风险能力也类似于前面所说的弹性，同等条件下，期限长弹性大，期限短弹性小。

其次，流动性，流动性在金融学中有严格界定。从宏观角度来讲，流动性是指在经济体系内流动性高的金融资产的量，通常是指货币；从微观角度来讲流动性指一个金融资产或金融工具变现的难易程度。

我们在理财规划中所说的流动性就是微观角度的流动性，也就是满足客户需求的方便程度。因此流动性存在两个要素：一是可交易性，也就是能不能变现。大部分另类资产都较难变现，比如珠、古玩、信托等。二是价格的波动性，也就是金融资产或金融工具的价格在金融市场上的波动性。可交易性是可以直观测量的，受经纪费、交易量、要价和出价的差距影响。比如差价小则可交易性强，其他条件相同时则流动性就强。但是，如果价格波动性大，即使可交易性强，流动性也不高，所以对于流动性要求高的目标（短期和中期目标）不能配置价格波动大的资产类别。在现实中人们容易忽视价格的波动性，把流动性直接看成是可交易性，理财师或财富经理有时候为了营销目的也会向客户传递流动性就是可交易性的信号。如果理财师和财富经理告诉客户"你想什么时候变现都可以"，但实际上客户要承担变现时产生的损失。因为价格波动大的资产，在短期内变现可能会遭受巨大损失，举个例子来说，孩子上学的学费如果短期内要用可能会因价格波动大而导致亏损，最终无法达成目标。但如果目标有弹性，也就是金额弹性和时间弹性都较大，则可以接受价格波动，比如购买汽车的目标：打算 2 年内买车，如果赚钱就买辆进口名牌汽车，如果赔钱就买辆经济型小车；也可以在 2 年后发现赔钱暂时不买车，等价格上涨了再变现买车。还要注意一个问题，不能用流动性高低作为投资价值判断的标准。流动性高的资产适合短期需求，流动性低价格波动大的资产从长期来看就是要利用价格波动获得资本利得。我们其实早就可以发觉，所谓的专家永远都选择中庸，市场高涨时提示风险，在市场低迷时又提示会涨，始终坚持长期的视角。

最后，测算资金量，纯粹用来投资的资金是要满足长期目标的，最重要的是退休目标当然也有其他目标，如遗产目标、财富传承目标等。其中，资金的期限和用途是最明确的边界，这时我们要做的是资本需求分析，实质上就是时间价值计算，现金流贴现模型的应用。一般问题都可以用现金流贴现模型来解决，对客户来讲，这种方法也最直观，容易向客户解释。现金流贴现模型包含几个变量：贴现率、年金（规则或不规则）、期限、现值、终值等。需要一些假设才能计算，如假设收益率才能计算现值终值。现在需要多少资金投入本质上是现值分析，需要考虑以下因素：客户的投资标的、风险特征、税收情况、收入、费用支出等。用现金流贴现模型需要知道 N，I，PMT，FV 才能求 PV，也就是要满足四个已知条件才行。这也是检验理财目标实现的可行性的主要方法。

### 三、检验理财目标实现的可行性

理财目标的确定中，最为重要也最关键的部分是确定其可行性。若考虑货币的时间价值的影响，主要有目标基准点法和目标现值法。

1. 目标基准点法

目标基准点法（见图 4 – 1）以理财目标实现或开始当年为目标基准点，将此前资产和储蓄积累按投资回报率求得终值，而将此后的理财支出折现，比较两者的大小。若财务供给大于财务需求，则该目标可以实现；若财务供给小于财务需求，则该目标无法实现。

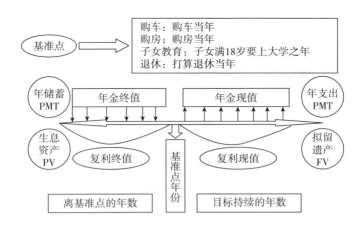

**图 4 – 1　目标基准点方法示意图**

目标基准点法的关键在于选择基准点时间，一般选择财务供给和财务需求交又的时间点，即比较在该目标要发生一笔确定的支出的时点，已有的财务供给在该时点的终值和财务需求在该时点的现值的大小。如购房、购车目标选取在购房、购车当年，子女大学教育目标选取在子女上大学当年，退休目标则选在退休当年等。

目标基准点法既考虑了家庭财务的基本情况，又考虑了通货膨胀、投资收益率等因素。但是该方法建立在家庭全部财务供给与单个理财目标需求比较的基础上，即整个家庭的全部财务是否满足单个理财目标的支出，但是不能判断该家庭全部的理财目标是否可行。因此目标基准点法适合单个目标是否可行的判断。

2. 目标现值法

目标现值法（见图4-2）适合家庭多个目标的实现和规划。该方法将目标基准点设为现在，将未来所有的财务需求折成现值，将所有的财务资源（财务供给）折成现值，比较两者的大小。若财务资源的现值大于财务需求的现值，则所有目标可达成；若财务资源的现值小于财务需求的现值，则部分目标不可能达成。

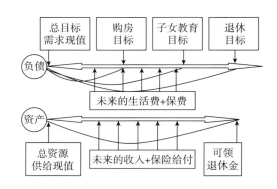

图4-2 目标现值法示意图

在实际操作中，主要分成以下三步：第一步是将梳理的购房目标、子女教育目标、退休目标、赡养父母目标等发生的各项支出折现到现在，算出总目标需求现值。第二步是将未来的所有收入，包括工资收入、劳务收入、保险给付、投资收益、退休金等各类收入折现到现在，算出总资源供给现值。第三步是比较总目标需求现值与总资源供给现值。若总目标需求现值大于总资源供给现值，意味着该客户所有的目标不能同时实现，此时可以结合客户的意愿及理财目标的重要性，将个别理财目标去掉或者调低个别目标的需求金额。若总目标需求现值小于总资源供给现值，意味着该客户现有的理财目标都可以实现，可以进行下一步的分项理财规划。

目标现值法是目标基准点法的延伸应用，将基准点选在现在更容易比较，适合多个目标的比较，在实际工作中应用得较为广泛。

应用目标基准点法和目标现值法都需要首先掌握货币时间价值的计算方法和计算工具的使用。

货币时间价值是指货币或资本在周转使用中由于时间因素的变化而形成的差额价值。在实际应用中，需要牢记在不同时点的资金和货币不能进行大小比较，也不能进行加减等运算。

例如：投资股票，一年投资期，年初股价为10元，年底股价为12元，年底分红1元。则投资回报率是多少？

解答：

投资回报率 =（1 + 2）/10 × 100% = 30%　计算正确

如果投资期为两年，期初股价为10元，第一年年底分红1元，第二年年底分红1.5元，第二年年底股价为12元，则投资回报率是多少？

解答：

（1 + 1.5 + 2）/10 × 100% = 45%

这样的计算是错误的，原因就是每次分红时间点不同，不能够直接相加。同样，计算月投资额，用年投资额直接除以12也是错误的。去银行存钱，每月存1000元和年底存12000元的结果是完全不同的。

在此基础上，我们再来学习一下现值和终值。现值是指期间所发生的现金流在期初的价值。终值也就是期间所发生的现金流在期末的价值。比如，从银行贷款买车，贷款利率为10%，每月还1000元，3年可还清。则这辆车多少钱呢？这个题目是算现值还是终值？显然，这是一个求现值的过程。如果每月存1000元，3年后买车，则这辆车多少钱呢？这个题目就是计算终值。

在计算现值（PV）和终值（FV）时，通常会借助现金流量图来确定现金的流入流出，如图4-3所示，现金流入用向上的箭头表示，现金流出用向下的箭头表示。现值为期初值，终值为期末值。现金流量图可以帮助我们寻找解题思路，特别是针对不规则现金流。

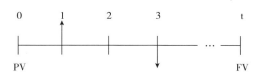

图4-3　现金流量图

相应地，要计算现值和终值就需要了解是以单利形式还是复利形式。单利就是只对已经产生的利息不再计息。复利则将前一期产生的利息加入本金计算利息。通常所说的"利滚利"指的就是复利,一般理财规划中都是进行复利计算。

在学习了基本概念之后,我们来学习货币时间价值的计算工具的使用。货币时间价值的计算工具主要有复利与年金表、财务计算器和 Excel 财务函数的使用。其中,复利与年金表目前使用较少,主要使用财务计算器和 Excel 来进行计算。Excel 的功能十分强大,可以一开始建立客户基础数据表,其他表全都调用基础数据,换一个客户可以只改基础数据。主要使用的函数包括:PV 函数、FV 函数、PMT 函数、RATE 函数等(见图 4-4)。如需其他计算则需要输入公式,复杂公式需要输入准确。财务计算器在电脑版和手机版的使用都非常广泛,在理财计算中使用也较多。以惠普 HP12C 为例,如图 4-5 所示,黑色按键上的白色字符为主功能,启用按键下方功能需先按 g 键,启用按键上方功能需先按 f 键。

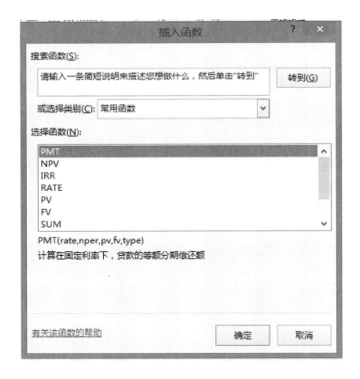

**图 4-4 Excel 常用函数**

在理财计算中,通常要保留 4 位小数,因此在打开财务计算器后要先调整小数点,如要保留小数点后面 4 位小数,以万为单位计算,则需要按 f 键(见图 4-6),再按 4 按键,即设为保留 4 位小数。财务计算器计算速度较快,特别适合规则现金流的计算。计算中最常用的就是最上面一行（见图 4 - 5），也就是 PV、FV、PMT、N、I、CHS 按键，这就是货币时间价值计算的函数，也是理财计算中常用函数，其中 PV 为现值，FV 为终值，PMT 为年金，N 为期限，I 为利率或折现率，CHS 为正负号转换键，现金流入为正，现金流出为负。

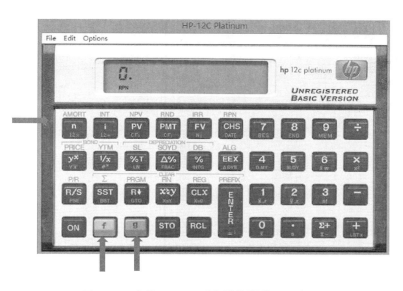

**图 4 - 5　惠普 HP12C 财务计算器使用示意图**

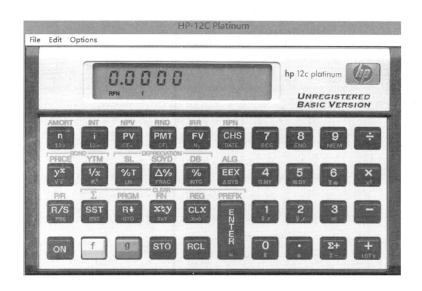

**图 4 - 6　f 键示意图**

下面我们应用几个计算案例来说明财务计算器和 Excel 财务函数的使用方法。

**例题 1**：客户有一子女今年 8 岁，10 年后上大学时需要学费四年 10 万元，如果年投资回报率为 8%，则现在需一次性投入多少钱才能满足需求？

解答：

使用 Excel 财务函数进行计算如下：

PV（0.08，10，0，10，0）= -4.6319。

负号代表现金流出，也就是投入，因此现在需一次性投入 4.6319 万元（见图 4-7）才能满足需求。

图 4-7　使用 Excel 财务函数计算示例

使用财务计算器进行计算如下：

依次键入 10，N，10，FV，8，I，0，PMT，按 PV 键，则显示 -4.6319。

负号代表现金流出，也就是投入，因此现在需一次性投入 4.6319 万元才能满足需求，使用两种计算工具的结果是相同的。但在操作中有一点需要注意，在 Excel 中，利率的输入要准确输入百分号或小数点也就是 0.08 或 8%，而在财务计算器的操作中，I 的输入仅输入数值也就是只输入 8，在计算中会默认为 8%。

**例题 2**：假设 1918~2018 年普通股票的年均收益率是 8.4%。假设 Tom 的祖先在 1918 年对一个充分分散风险的投资组合进行了 10000 美元的投资。2018 年的时候，这个投资的价值是多少?

解答:

使用 Excel 财务函数进行计算如下:

FV（0.084，100，0，-10000，0）=31836712.84。

2018 年，这个投资的价值是 31836712.84 美元（见图 4-8）。

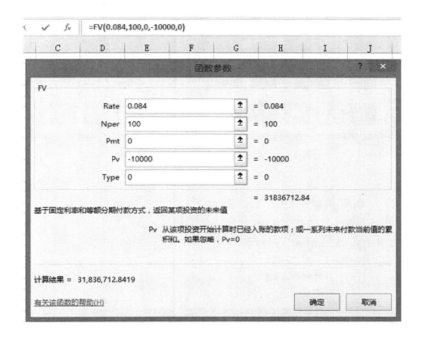

图 4-8　使用 Excel 财务函数计算示例

使用财务计算器进行计算如下:

依次键入 100，N，10000，CHS，PV，8.4，I，0，PMT，再按 FV 键，则显示 31836712.84。

2018 年，这个投资的价值是 31836712.84 美元（见图 4-9）。

通过本例题也可以发现，只要期限足够长，利率足够高，复利可以带来惊人效果，这也体现了在理财规划中投资的重要性。

**例题 3**：1991 年初的上证综合指数为 128 点，2019 年初的上证综合指数为 2550 点。假如某投资基金在上证市场上进行完全被动的投资，则 28 年的年投资回报率为多少?

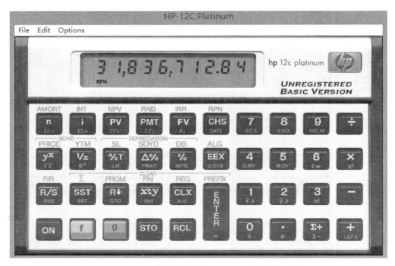

图 4 – 9　财务计算器 HP12C 计算示例

解答：

使用 Excel 财务函数进行计算如下：

RATE（28，0，– 128，2550，0）=11. 28%。

指数基金可以获得年均 11. 28%（见图 4 – 10）的回报率。

图 4 – 10　使用 Excel 财务函数计算示例

使用财务计算器进行计算如下：

依次键入 28，N，128，CHS，PV，0，PMT，2550，FV，按 I 键则显示 11.2768。得到相同计算结果，指数基金可以获得年均 11.28%（见图 4-11）的回报率。

**图 4-11 财务计算器 HP12C 计算示例**

**例题 4：**某投资基金的年名义投资回报率 10%，投资者打算每月投资 1000 元进行基金定投为 65 岁退休做准备。今年 25 岁、35 岁、45 岁的投资者分别在 65 岁时能获得多少退休金？

解答：

这个例题与前面三个不同，是一个规则现金流的计算，也就是 PMT 不为 0 的情况下计算终值 FV，也是一个很典型的养老目标资源供给的计算。这里使用财务计算器来进行计算：

25 岁的投资者到 65 岁共有 40 年的投资期，依次键入 0.1，CHS，PMT，40，g，N，10，g，I，0，PV，按 FV 键则显示 632.4080。

35 岁的投资者到 65 岁共有 30 年的投资期，依次键入 30，g，N，按 FV 键则显示 226.0488。

45 岁的投资者到 65 岁共有 20 年的投资期，依次键入 20，g，N，按 FV 键则显示 75.9369。

当计算中只有一个数字不同时，需要只输入那一个数字就可以了，其他输入内容会自动存储在计算器中。这里计算不同之处是在 N 和 I 键入时按下了 g 键，也就是此时使用的是 N 和 I 键的下方显示功能，如图 4 - 12 所示，N 键下方显示 12 ×，指键入的数字 40 与 12 相乘，即显示 480（见图 4 - 12），代表投资期数是 480 期，也就是按月投资，与题目要求相符；I 键下方显示 12 ÷，指键入的数字 10 除以 12，即显示 0.8333，代表月投资回报率为 0.8333%。

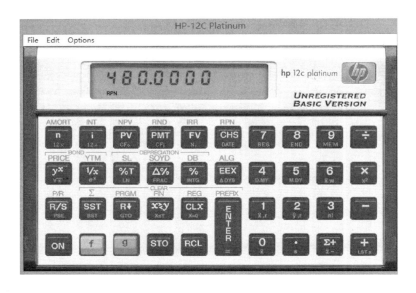

图 4 - 12   g 键的使用

从本例题中可以看出，越早进行退休目标的准备，其能够获得的资金供给越大，越容易满足理财目标需求，也就是越早开始理财规划收益越大。在教育目标中，教育金为既没有时间弹性又没有金额弹性的理财目标，但通常时间比较长，越早准备越好，而且一旦距离上学很近时，比如 4 ~ 5 年，则不能投资高风险产品。

一般而言，所有的个人投资均为期末年金，此外期末年金还包括利息收入、红利收入、房贷本息支付、储蓄等；所有的消费支出均为期初年金，包括房租、养老金支出、生活费、教育金支出、保险等。因此本题中计算时不需使用期初年金的算法。下面我们来看一个期初年金的算法。

**例题 5：**王先生计划 60 岁退休，退休后预计余寿 20 年，每年需生活费 5 万元，不考虑通货膨胀的影响，折现率为 3%，请计算王先生退休时共需准备多少退休金？

解答:

这个例题是有关理财需求的测算,也就是计算王先生的退休金总需求,是年金现值的计算,这里我们使用 Excel 财务函数 PV 来进行计算,如图 4 – 13 所示。

PV (0.03, 20, – 5, 0, 1) = 76.6190

王先生退休时共需准备退休金 76.619 万元。

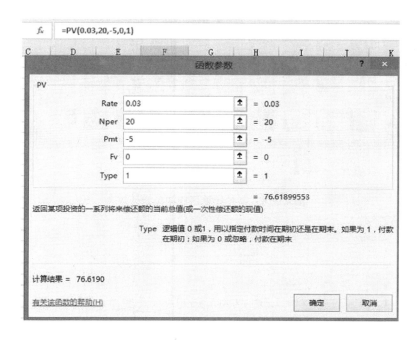

**图 4 – 13　使用 Excel 财务函数计算期初年金**

此题中期初年金计算与期末年金计算的不同之处在于 Type 的填法,期初年金计算时填 1,期末年金计算时填 0。在财务计算器的使用中,期初年金计算则是按 g 和 7 按键,此时 7 键下面的 BEG 亮起,在屏幕下方显示 BEGIN 字样(见图 4 – 14)。期末年金计算为默认值,屏幕无显示,需要切换期初年金计算和期末年金计算可以使用 g 键与 8 键(END)的组合。

从上述计算中我们也可以发现期初年金和期末年金的差别。下面我们用现金流量图来具体计算一下期初年金和期末年金在现值计算和终值计算中的差异。

以 3 期的现金流为例:假设每期现金流均为 C,折现率为 r

期末年金:

图 4 - 14    财务计算器期初年金计算

$$PV_{\text{末}} = C/(1+r) + C/(1+r)^2 + C/(1+r)^3$$

$$FV_{\text{末}} = C \times (1+r)^2 + C \times (1+r) + C$$

期初年金：

$$PV_{\text{初}} = C + C/(1+r) + C/(1+r)^2$$

$$FV_{\text{初}} = C \times (1+r)^3 + C \times (1+r)^2 + C \times (1+r)$$

通过上述计算不难发现，$PV_{\text{初}} = PV_{\text{末}} \times (1+r)$；$FV_{\text{初}} = FV_{\text{末}} \times (1+r)$

这也就是期初年金与期末年金在计算现值和终值时的差异，简单来说就是"一个$(1+r)$的距离"。

最后是关于不规则现金流的计算方法。不规则现金流在日常生活中更为常见。比如租房问题，房屋出租之后每季度会收付租金，押金最后退还，就是常见的不规则现金流问题。在不规则现金流的计算中通常要计算的是两个数值，也就是净现值（NPV）和内部回报率（IRR）。

净现值（NPV）：是指所有现金流（包括正现金流和负现金流在内）的现值之和，具体计算公式如下：

$$NPV = \sum_{t=0} \frac{C_t}{(1+r)^t}$$

内部回报率（IRR）：是指使净现值等于0的贴现率。净现值与内部回报率之间的关系可以用下式表示：对于一个投资项目而言，如果 r < IRR，表明该项目有利可图；相反，如果 r > IRR，表明该项目无利可图，其中 r 表示融资成本。

$$NPV = \sum_{t=0}^{T} \frac{C_t}{(1+IRR)^t} = 0$$

比如：你投资了100元，一年后得到110元，则投资回报率为10%。现在投入100元就是 −100，一年后得到110元就是把110元折现，列式如下：

$$−100 + 110/(1+r) = 0$$

此时求出的 r 就是内部回报率。

计算不规则现金流推荐使用 Excel 的 NPV 函数和 IRR 函数。NPV 的具体操作方法是打开 Excel，输入现金流数据，点击公式，选择插入 fx，选择财务函数，选择 NPV，输入 r 值，框选现金流数据，回车即可得到 NPV 值。Excel 默认的 NPV 计算都是按期末现金流计算，而很多不规则现金流都存在期初值，因此计算完成后要乘以 1 + r。IRR 的具体操作方法是打开 Excel，输入现金流数据，点击公式，选择插入 fx，选择财务函数，选择 IRR，直接框选现金流数据，回车即可得到 IRR 值。

**例题6：** 假如你开了一家店，开店的成本（当年投资当年投产）为170万元，每年年末取得收益12万元，第10年末取得收益后转让出资，出让价为220万元。假设贴现率为8%，计算你的 NPV 和 IRR。

解答：

确定这10年来的现金流情况，并在 Excel 中输入，第一年年初的现金流为 −170万元，从第一年末开始，每年末有现金流12万元，持续至第10年，第10年末还有转让的现金流220万元（见图4−15），其中 r = 8%。计算结果为11.5，此时还要考虑期初年金的问题，因此本题中的 NPV 应为 11.5 × (1 + 8%) = 12.42。

IRR 的计算如图4−16所示，IRR 为9%，也就是说你开店的内部回报率为9%，8% < 9%，因此开店的项目是有利可图的。

在学习了货币时间价值的计算方法和计算工具的使用后，我们就利用这些工具和方法来判断客户的理财目标是否可行。先利用目标基准点法分析理财目标是否可行。

**图 4 – 15　不规则现金流 NPV 的计算示例**

**图 4 – 16　不规则现金流 IRR 的计算示例**

　　**例题 7**：某客户打算 30 年后退休，退休后每年开销的现值为 5 万元，退休后预计余寿 20 年。假设年通货膨胀率为 3%，年投资报酬率在其工作期间为 8%，在其退休后为 5%。假设他现有资产 5 万元，客户打算每年储蓄 1 万元来实现这个退休目标，其理财目标可以实现吗？

　　解答：

　　在这个例题中，使用财务计算器来进行计算。本题中要计算的是退休目标的资金供给问题，首先要知道退休目标资金的总需求，也就是要计算该客户从退休到死亡所需要的全部开销。

　　确定目标基准点为退休那一年初。考虑"退休后每年开销的现值为 5 万元"这句话的意思是要计算退休时点那一年所需的开销是多少。

　　依次键入 30，N，3，I，0，PMT，5，CHS，PV，按 FV 键则显示 12.1316，也就是在这个客户退休那一年需开销 12.1316 万元。因为存在通货膨胀，退休后的 20 年每年的开销应该是呈递增的态势，所以这里要使用增长型年金现值计算公式来进行计算，其中 g 为年通货膨胀率，r 为退休后的年投资报酬率，公式最后的（1 + r）是将期末年金换算为期初年金现值的算法。

$$PV = \frac{C}{r-g}\Big[1 - \Big(\frac{1+g}{1+r}\Big)^t\Big]\ (1+r)$$

$$= \frac{12.1363}{0.05-0.03}\Big[1 - \Big(\frac{1.03}{1.05}\Big)^{20}\Big]\ (1+0.05)$$

$$= 203.4411$$

　　可见，该客户在退休时点的总需求是 203.4411 万元，因此需要从现在开始准备与总需求相等数额的资金供给，题目中给出的方案是以年金的形式进行投资，需要计算 PMT。

　　203.4411，FV，5，CHS，PV，8，I，30，N，按 PMT 键则显示 – 1.3517。

　　本题的答案就是该客户每年应该储蓄 1.3517 万元才能实现退休目标，每年储蓄 1 万元是无法实现该目标的。

　　**例题 8**：请利用目标现值法分析该客户的理财目标是否可行。

　　解答：

　　已知王先生 2018 年税后收入为 10 万元，家庭生活开销 5 万元。现有活期存款 2 万元，定期存款 5 万元，股票资产 30 万元。假设收入增长率等于通货膨胀率等于投资回报率，王先生工作 20 年之后退休。王先生想要实现的理财目标如下（见表 4 – 3）。

　　总资源供给主要包括每年结余和现有资产，由于假设收入增长率等于通货膨胀率等于投资回报率，故总资源供给 = 5 × 20 + 2 + 5 + 30 = 137 万元。

　　总目标需求包括五个目标，假设给出的总需求均为当前的现值，故总目标需求现值 = 30000 + 10000 + 20000 + 420000 + 870000 = 1350000 元。

　　总资源供给现值大于总目标需求现值，故该客户的所有目标均能实现。

表 4 – 3　理财目标

| 目标 | 顺序 | 几年后 | 总需求 |
|---|---|---|---|
| 现金规划 | 1 | 0 | 30000 元 |
| 保险规划 | 2 | 0 | 保额 100 万元，保费 10000 元 |
| 社会医疗保险规划 | 3 | 8 | 20000 元 |
| 子女教育规划 | 4 | 0 | 420000 元 |
| 退休规划 | 5 | 9 | 870000 元 |

# 第二节　实训任务及具体步骤

## 一、实训任务

在本项目的实训过程中，理财师在与客户沟通获取基本资料并进行财务分析之后，还需要针对理财目标信息进行第二次深度沟通，并帮助客户确认理财目标，主要完成以下几个任务，并完成最终的理财目标表格的编制。

任务一：理财目标信息收集与确认

【训练目的】理财目标信息收集和确认是梳理理财目标的第一步，也是最为重要的一步。本训练任务要求学生通过面谈、调查问卷、第三方资料查询等方式获得关于客户理财目标的所有信息，并对客户提供的资料的真实性和准确性加以甄别和判断，掌握确定理财目标的原则，判断理财目标的可行性，同时运用SMART 法来最终确定合理的理财目标。

【训练学时】2 学时

【训练形式】分组训练

【训练内容】训练内容可依据教学对象和教学活动组织选择方案，以下训练方案仅供参考。

方案一：若某些客户未明确提出现金规划和保险规划的目标，且认为现金规划和保险规划没有必要，请问你该如何解决？

针对这一方案需要学生了解流动性目标和保险保障目标设定的依据，明确家庭理财规划中"第一道防线"的重要性，并能够向客户合理解释，进一步完善对客户的投资者教育。

方案二：客户资料的收集很大程度上取决于客户主动提供的资料，尤其是客户提出的理财目标可能并不准确，请问你该如何甄别和筛选？

针对这一方案，需要学生依据确定理财目标的原则，应用 SMART 法来进行甄别和筛选，在尽可能保留客户所有目标的基础上，最终确定合理可行的理财目标。

方案三：除了客户理财目标的收集之外，本部分还需要有较多假设前提，比如房价、收入增长率、社保缴纳及发放、退休年龄、预期寿命等各种信息，学生可以通过各种渠道搜集相关信息和数据，并做出合理的假设。

【注意事项】

（1）注意沟通技巧的使用。

（2）注意对调研对象信息的保密或有明确的合作合同。

（3）注意信息收集的准确性和实效性。

任务二：理财目标的可行性分析

【训练目的】本训练任务要求学生在客户理财目标资料收集的基础上，掌握理财目标可行性分析的具体方法，理解并运用目标基准点法和目标现值法等方法对理财目标进行可行性分析，通过理财计算方法和计算工具的使用，对理财目标进行相应调整。

【训练学时】2 学时

【训练形式】分组训练

【训练内容】训练内容可依据教学对象和教学活动组织选择方案，以下训练方案仅供参考。

方案一：结合货币时间价值计算年金以及现值、终值的计算方法，试讨论在分析单个目标是否可行的时候，除了选取目标基准点方法中的时点之外，还可以采用哪些方法，并通过具体计算说明。此方案设计要求充分理解货币时间价值的概念，掌握理财计算方法和计算工具的使用，确定不同时点的目标需求和目标供给。

方案二：除了目标现值法之外，内部收益率法也是判断多个目标能否同时实现的重要方法。通过学习，利用财务计算器以及 Excel 函数练习内部收益率方法的计算，深刻理解内部收益率方法的内涵。

参考例题：

王女士贷款六成购买了一套 50 万元的小户型现房，贷款年利率为 6%，贷款期限为 20 年。该房立即用于出租，租期 3 年，年租金为 1.8 万元，押金按 3 个月的租金收取。假设 3 年后出售该房时房价为 65 万元，房贷本息按年平均摊还，房租收入按年收取，在不考虑其他税费的情况下，该项房产投资的年报酬率是多少？

解答：

确定 3 年的现金流情况，在第一年初有现金流 – 20 万元（50×0.4），1.8 万元（租金），0.45 万元（押金），第一年末有现金流 1.8 万元（租金），– 2.6155 万元（年度偿还贷款，可使用财务计算器进行计算，依次键入 20，N，6，I，30，PV，0，FV，按 PMT 键则显示 – 2.6155），第二年末有现金流 1.8 万元（租金），– 2.6155 万元（年度偿还贷款），第三年末有现金流 – 0.45 万元（偿还押金），– 2.6155 万元（年度偿还贷款），65 万元（卖出房屋），– 27.4038 万元（房屋尚欠银行贷款本金）。将上述现金流分时点相加，输入 Excel，选择 IRR 函数进行计算。如图 4 – 17 所示。

**图 4 – 17　参考例题解答**

方案三：目标基准点法和目标现值法除了现金流之外，更为重要的是折现率的选取。请结合公司金融的相关内容，讨论如何选择折现率，并给出理由。此方案要求前期对公司金融等相关内容有学习基础，并能够将相关内容灵活运用到理财规划中。

【注意事项】

（1）注意预期现金流的合理性。

（2）可以采用财务计算器和 Excel 函数等手段。

（3）本训练的开展需要学生前期具备财务学方面的基础，如果学生没有先修课程的学习，也可暂时不做此项训练。

任务三：确定目标需求

【训练目的】理财目标中最为重要和关键的是理财目标需求的测算。本训练任务要求在理解客户理财需求的基础上，掌握流动性目标需求、保险保障目标需求、教育目标需求、养老目标需求等的测算方法，灵活运用目标需求测算方法和理财计算工具，将理财目标需求具体化和数量化。

【训练学时】2 学时

【训练形式】分组训练

【训练内容】训练内容可依据教学对象和教学活动组织选择方案，以下训练方案仅供参考。

方案一：一个家庭持有多少现金及现金等价物是流动性与收益性的权衡取舍问题，若持有的现金过多，意味着收益率较低，家庭资产升值能力较差；若持有的现金过少，家庭可能会出现流动性危机。讨论案例家庭持有的合理的现金数量是多少？并给出理由。此方案设计要求对理财规划中家庭流动性目标有全面理解和掌握，并确定流动性目标具体需求数额和安排方式。

方案二：一个家庭可能面临众多风险，风险保障手段也多种多样。学生可以通过收集资料，探讨除了保险产品之外的其他风险保障手段，并做课堂展示。此方案设计要求掌握保险需求测算方法（遗嘱需求法和生命价值法），并能够合理确定折现率和客户实际需求。

方案三：分组收集资料和调研，对当前我国居民可以投资的金融产品进行了解和学习，尤其是针对近些年比较火的互联网金融产品的收益和风险进行充分了解，并做课堂展示。此方案设计是针对理财目标确定中一般性假设的训练，包括对宏观经济信息和收益率信息的假设的合理界定等，有助于在理财规划中合理判断理财目标信息的有效性和可实现性。

【注意事项】

（1）注意本课程与保险学、投资学等课程的联系和区别。

（2）若学生没有前期课程基础，只掌握总需求的计算即可。

## 二、实训具体步骤

第一步：经过与客户交谈及相关资料，初步筛选和确定客户的理财目标。除了客户具体提出的购房、购车、教育、养老、旅游等具体目标之外，还需要结合客户现有的流动性和风险管理情况，提出现金规划目标和保险目标。

第二步，根据重要性、金额和期限等因素，将理财目标排序。一般来说，现金规划是依据个人或家庭短期需求而进行的管理日常的现金及现金等价物和短期融资的活动，首先保证该家庭的流动性，应将其放在第一位。其次在进行投资之前，需要做好家庭的风险管理，尤其是针对家庭成员可能出现的人身意外风险和死亡风险做好准备，因此应将保险规划放在第二位。之后的理财目标结合客户的实际要求和迫切完成程度进行排序。

第三步，测算各个理财目标的需求时间和需求金额。

1. 现金规划

对于现金规划来说，除了家庭的一般生活开销使用现金之外，更为重要的是现在（即刻）为家庭留有可以应急的准备金，防范有可能会出现的意外变故。为此提出了紧急备用金的概念，作为现金规划的总需求，时间是 0 年后，即现在。

紧急备用金作为一笔风险专用资金，主要是用于保障家庭发生的预料外支出、应付失业或者失能导致的工作中断、应付紧急医疗或意外伤害导致的超支费用、应付短期流动资金需要。当发生紧急情况时，该家庭可以先使用紧急备用金救急，给变现资产留有较充分的时间，避免出现太大的损失。

根据经验法则，紧急备用金一般预留相当于 3～6 个月生活开销的现金即可，用于家庭 3～6 个月生活的过渡。对于收入稳定、保障全面的家庭，留有 3 个月生活开支的紧急备用金即可；对于收入变动大、风险保障不健全的家庭，一般需要留有 6 个月生活开支的紧急备用金。

参考例题：

丈夫 31 岁，私营业主，年收入约 30 万元。

妻子 28 岁，中学教师，月薪 2000 元左右（13 个月），公积金 300 元/月。

家庭日常支出每月 4000 元，每月孩子花销 1500 元，每月车费 1500 元，家庭旅游一年 12000 元。

现金 1 万元，银行活期存款 90 万元，三年定期存款 10 万元，股票 8 万元，房产现市值 86 万元。汽车一辆 6.8 万元，无负债。

请计算该家庭需要准备的紧急备用金是多少？

该家庭每月支出：4000 + 1500 + 1500 + 12000/12 = 8000 元。

该家庭收入相对比较稳定，留有 4 个月生活开支即可。故紧急备用金是 8000 × 4 = 32000 元。

针对这一问题，并不是仅有上述唯一答案，可以提供 6 个月以上至 2 年的流动性准备，其存在方式也可以有多种选择。

2. 保险规划

家庭处于不同的阶段，面临的风险不同，需要的保险产品也不同。根据家庭生命周期理论，单身期最大的特点是经济独立、身体健康、经济责任相对较少、年轻气盛、意外事故发生率高、保障时间最长，因此较为合适的保险是意外伤害保险、住院医疗保险和定期寿险。家庭形成期是人生的一大转折，双薪家庭，两人工作忙于奔波，可能购买房屋，家庭的主要经济支柱责任较重，因此可以购买意外伤害保险、住院医疗保险、定期寿险和重大疾病险。家庭成长期是家庭责任最重的时候，子女教育费用高，成人病危险群，着手退休金规划，父母发生意外或疾病引起收入中断对孩子的健康成长影响很大，因此可以购买子女教育保险、意外伤害保险、住院医疗保险、重大疾病、定期寿险、养老保险等。在家庭的成熟期人的寿命日益延长，收入大幅减少，医疗费用增加，退休后生活费用逐渐增加，养儿防老风险大、失尊严，社会养老只提供基本保障，因此可以购买住院医疗保险和意外伤害保险等。

尽管一个家庭可能面临各种风险，但是最重要的是家庭成员的死亡风险，尤其是家庭主要经济支柱的死亡风险，因此本项目中的保险规划主要指的是为了应付家庭成员死亡而购买的寿险和意外险。当这些需求满足了之后，再来考虑养老、教育的险种，最后考虑投资功能的险种。建议家庭的经济支柱应首先充分利用保险的保障功能，为自己准备充足的医疗准备金、意外伤残准备金；为父母准备充足的养老金医疗金；为孩子准备充足的抚养教育费。通过保自己来保全家，让保险帮助自己在病后、残后、身后也能继续体现出对家庭的责任和承担。

保险规划在需求金额的测算上主要是对保险金额（以下简称保额）的测算，这主要是因为保额代表了保险人承担赔偿或者给付保险金责任的最高限额，是保险公司支付合理费用赔偿的最高限额，是该家庭能够获得的最大赔付金额，是应对家庭死亡风险的真正资金来源。保额的测算主要有两种方法：生命价值法和遗属需求法。

生命价值法（见图 4-18）以一个人的生命价值做依据，来考虑应购买多少保险。通过估计被保险人以后的年均收入，确定退休年龄，年收入中扣除各种税收、保费、生活费等支出，剩余的钱假设贡献给他人，即被保险人的生命价值。

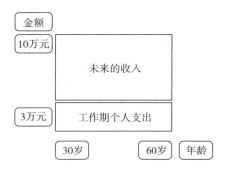

**图 4-18　生命价值法示意图**

参考例题：

假设被保险人现年 30 岁，年收入 20 万元，每年支出 10 万元，距离退休还有 30 年。若利用生命价值法，计算应该给被保险人购买多少保险金额的保险产品？

若不考虑货币时间价值，假设收入成长率＝支出成长率＝储蓄利率，如果被保险人现在死亡，则未来一生的净收入会减少（20 － 10）×30＝300 万元，因此可以给被保险人购买保险金额是 300 万元的保险产品。

在实际理财规划中，遗属需求法（见图 4 － 19）的使用更为普遍，因为在家庭生活中，并不是每一个家庭成员的收入都可以满足被供养人的全部需求，因此以生命价值法测算的保额往往不能满足家庭真正的保险保障需求。遗属需求法即当事故发生时，可确保至亲的生活准备金总额。将在生至亲所需生活费、教育费、供养金、对外负债、丧葬费等，扣除既有资产，所得缺额作为保额的粗略估算依据。这样的测算方法能够更加全面地保障家庭成员的生活，对家庭理财规划来说更可靠。

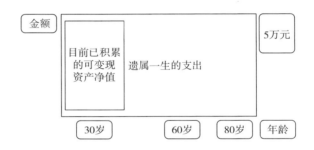

图 4 － 19　遗属需求法示意图

参考例题：

假设被保险人现在死亡，其他家庭成员预计还要生活 50 年，每年的生活开支是 5 万元，目前可变现资产为 20 万元，按照遗属需求法，计算应该给被保险人购买多少保险金额的保险产品？

若不考虑货币时间价值，假设收入成长率＝支出成长率＝储蓄利率，其他家庭成员为满足其正常生活，还需要 5×50 － 20＝230 万元，即为被保险人购买保险金额是 230 万元的保险产品。如果考虑货币时间价值，则需应用现值的计算方法。

3. 教育规划

教育规划指受教育者个人（或家庭）为自己（或子女）获得受教育的机会而进行的必要的资金投入，具有期限长、回收慢、额度大、效益难以确定且不够明显的特点。在实际工作中，教育规划的关键点在于筹措子女教育经费的计划、重视长期投资工具的运用、重点制订大学及出国的教育投资计划。

因此，教育规划的总需求是估计各阶段的教育费用（见表4-4），考虑货币时间价值，将其折算到某一时间点去比较。

　　参考例题：

　　孙先生，湖南人，28岁，在广州一家国有企业工作，月收入3000元。孙太太，湖南人，26岁，在广州一所学校从事教师工作，月收入2500元。孩子2岁。两人和孩子的月生活费用3000元，房贷每月支出1877元。目前存款30000元，两人希望为孩子准备从幼儿园到上大学的费用。请问教育规划的总需求是多少？

表4-4　各阶段教育费用明细表

| 教育阶段 | 年限 | 教育费用（元/年） | 阶段小计（元） | 备注 |
|---|---|---|---|---|
| 幼儿园 | 3 | 10460 | 31380 | 外地户口 |
| 小学 | 6 | 15000 | 90000 | 外地户口 |
| 初中 | 3 | 15000 | 45000 | 外地户口 |
| 高中 | 3 | 15684 | 47052 | 择校费40000元，学杂费每学期1175元 |
| 大学 | 4 | 6500 | 26000 | 学费5000元/年，住宿费1500元/年 |
| 总计 | 19 | | 239432 | |

　　4. 退休规划

　　退休指员工在达到一定年龄或为企业服务一定年限的基础上，按照国家的有关法规和员工与企业的劳动合同而离开企业的行为，一般在55~65岁退休。退休规划是为了保证个人在将来有一个自立、尊严、高品质的退休生活，从现在开始积极实施的理财方案，一方面需要满足退休后漫长生活的支出，另一方面还需要抵御通货膨胀带来的影响。

　　退休规划是客户非常重要的理财目标。主要在于一般客户退休后收入减少，无法保证支出；养儿防老等传统养老方式难以为继；"广覆盖、低保障"的社会养老保险仅能满足老年人基本生活保障；医疗支出增加，老年人对生活品质的要求提高。

　　估算客户退休的总需求，主要是估计退休后的总支出，将退休后每年支出的金额汇总即可得到退休规划的总需求。一般而言，退休后的支出可以分成两类：经常性开支，包括基本生活服务费开支、医疗费用开支等；非经常性开支，包括子女婚娶、旅游支出等。退休后支出的估算方法主要有以下三种：一是以退休前支出的某一比例估算，如支出的70%~80%。二是以退休前收入的某一比例估算，如收入的60%~70%。三是以退休前支出为基础进行调整，并考虑投资报酬率和通货膨胀率。在调整过程中主要遵循以下原则：按照目前家庭人口数和退休后人口数的差异调整膳食；去除退休前可支付完毕的负债；减去因工作而必须额外支出的费用；加上退休后根据规划而增加的休闲费用及因年老而增加的医疗费用。因此，退休后支出 = 维持当前生活水平所需支出 + 老年阶段增加的开销（医疗护理）- 老年阶段减少的开销（如子女教育费用、房屋按揭费用、保险支出、交通费……）。

参考例题：

假设李先生从事特殊行业，国家规定可在 55 岁退休，妻子为银行职员，55 岁退休，两人同岁，距离退休还有 20 年，目前支出结构和规模如下表 4 - 5 所示。为了对退休后的生活费用进行估算，根据预测后的支出按照价格水平进行调整。

表 4 - 5　退休后支出调整表

| 项目 | 目前支出（万元） | 退休调整（万元） | 通胀率 | 退休时终值 |
|------|------|------|------|------|
| 饮食 | 1 | 1 | | |
| 衣物 | 0.5 | 0.3 | | |
| 交通 | 0.5 | 0.3 | | |
| 休闲 | 0.5 | 0.7 | 3% | 72244 元 |
| 医疗 | 0.5 | 0.7 | | |
| 保费、房贷 | 2 | 0 | | |
| 子女教育 | 1 | 0 | | |
| 其他 | 1 | 1 | | |
| 合计 | 7 | 4 | | |

5. 购房规划

购房规划是中国家庭普遍面临的理财目标。购买房地产既有消费居住的需求，又有投资的动机，通过租金收入与房价上涨的价值增值获得可观的收益。但是购买规划涉及的金额巨大，且缺乏流动性，存在较大的机会成本。

在确定购房目标的时候，需要明确购房的时间、居住面积、房价。购房规划的总需求主要取决于房价和居住面积，房子大小主要取决于居住人数，区位的单价相差很大，地段差的房子往往离客户工作地点较远，生活不太便利，住房面积虽大，可交通成本、消耗在路上的时间成本也增加，达不到最优理财效果。

# 第三节　案例演示

## 一、案例家庭背景介绍

王女士是某三线城市的一名普通职工，现年 35 岁，同龄的丈夫在一家 IT 企业工作。夫妇两人有一名 8 岁的儿子，目前上小学 2 年级。王女士的父母今年均为 62 岁，王女士为独生女。王女士的婆婆今年 65 岁，只有王女士丈夫一个儿子，王女士的公公在前年因病去世。王女士月税前收入 4000 元，无社保。丈夫税前年薪 15 万元，有社保与公积金。目前一家三口的月生活支出为 3300 元。除此之外，全家旅游费用每年 30000 元，每年孝敬双方父母各 8000 元。目前家中有活期存款 15 万元，以及市中心一套 100 平方米的房子，目前市价为 80 万元。家庭保险情况，除丈夫单位缴纳的"五险一金"外，也没有单独购买过任何商业保险。以上信息收集时间为 2020 年 12 月 31 日。经过交谈，王女士希望实现以下目标。

（1）王女士希望孩子就读本市重点学校，为其准备高中及本科和硕士阶段的学费（每年学费为 2 万元）。

（2）退休养老规划，王女士夫妇打算 60 岁退休，退休后的生活水平保持不变，不给子女添加麻烦。

## 二、客户理财目标制定

如表 4-6 所示。

表 4-6　理财目标整理表

| 目标 | 优先次序 | 目标基准点年份 | 目标总需求（元） |
| --- | --- | --- | --- |
| 流动性目标 | 1 | 2020 | 现金及活存：6500<br>短期投资：13000<br>短期融资额度：60000 |
| 保险目标 | 2 | 2020 | 丈夫：413450.12<br>王女士：287620.03 |
| 教育目标 | 3 | 2027 | 180000 |
| 退休目标 | 4 | 2045 | 1999973 |

（1）流动性目标总需求计算：

家庭年生活支出＝3300×12＝39600元。

全家旅游费用每年30000元。

每年孝敬双方父母各8000元。

王女士家庭全年支出＝39600＋30000＋8000＝77600元。

每月流动性需求＝77600÷12＝6467元。

由于王女士家庭为双薪家庭，且家庭收入较稳定，可以适当减少低收益流动性资产的占用，提升资产收益，增加融资工具的使用，参考前文的内容，留出6个月以上至2年的流动性准备，提供更完善的流动性保障，建议准备6500元（约为1个月的支出）的现金或活期存款，13000元（约为2个月的支出）的短期投资，可获得的短期融资额度60000元（约为9个月的支出）。

（2）保险目标总需求计算：

按照遗属需求法需按家庭成员分别测算所需保额，包括配偶及子女的生活费，子女教育费，本人父母供养金及丧葬费对外负债等。

以丈夫为被保险人测算保险总需求：

家庭全年生活费用支出约40000元（3300×12＝39600），由于王女士收入较低，所以为了尽可能充分满足家庭需要，估计王女士和儿子所需生活费现值约为30000元，通货膨胀率为3%，折现率为6%，预计供养至儿子硕士毕业共17年，则应用等比增长型年金现值计算公式计算所需生活费为：

$$PV = \frac{C}{r-g}\Big[1-\Big(\frac{1+g}{1+r}\Big)^t\Big](1+r)$$
$$= [30000/(6\%-3\%)]\times[1-(103\%/106\%)^{17}]\times(1+6\%)$$
$$= 409372 \text{ 元}$$

王女士儿子的教育费需求仅考虑高等教学阶段，即本科及研究生阶段所需费用，每年20000元，共6年，合计120000元，折现为：

$120000÷(1+6\%)^{10}=67007.37$ 元。

2021世界卫生组织统计显示中国人均预期寿命超77岁，故王女士婆婆的供养期间为12年，供养金现值为：

8000，CHS，PMT，6，I，12，N，0，FV，PV＝67070.75元。

丧葬费预估为20000元，无对外负债，王女士家庭既有资产（流动性资产＋投资性资产）为150000元，则王女士丈夫的保险目标总需求为409372＋67007.37＋67070.75＋20000－150000＝413450.12元。

以王女士为被保险人测算保险总需求：

因丈夫收入较高，可低估丈夫和儿子生活费所需，按现值每年20000元计算：

$$PV = \frac{C}{r-g}\Big[1-\Big(\frac{1+g}{1+r}\Big)^t\Big](1+r)$$

$$= [20000/(6\% - 3\%)] \times [1-(103\%/106\%)^{17}] \times (1+6\%)$$

$$= 272914.67 \ 元$$

王女士父母需供养 15 年,所需供养金现值为:8000,CHS,PMT,6,I,15,N,0,FV,PV = 77697.99 元。

王女士儿子教育费、王女士的丧葬费、家庭既有资产与丈夫相同。则王女士保险目标总需求为:272914.67 + 67007.37 + 77697.99 + 20000 - 150000 = 287620.03 元。

(3)子女教育规划总需求测算:

王女士儿子于 7 年后读高中,每年学费 20000 元,3 年学费合计 60000 元。大学本科及硕士阶段每年学费 20000 元,4 年本科和 2 年硕士学费共计 120000 元。所以教育规划目标总需求为 60000 + 120000 = 180000 元。

(4)退休养老规划总需求测算:

根据 2021 世界卫生组织统计的中国人均预期寿命为 77 岁,王女士夫妇打算 60 岁退休,估计退休后余寿为 17 年,通货膨胀率为 3%,折现率为 6%,现在夫妇二人每年基本生活支出约为 70000 元,则 25 年后保持现有生活水平不变,退休当年所需生活费为:25,N,3,I,0,PMT,70000,PV,FV = 146564 元。

增长型年金算法计算退休时点所需养老金总额为:

$$PV = \frac{C}{r-g}\Big[1-\Big(\frac{1+g}{1+r}\Big)^t\Big](1+r)$$

$$= \frac{146564}{0.06-0.03}\Big[1-\Big(\frac{1+0303}{0+0.06}\Big)^{17}\Big](1+0.06)$$

$$= 1999973 \ 元$$

# 第五章 项目四 理财方案制定

## 第一节 基础知识

### 一、资产配置

资产配置就是将资金分别投资到各种不同的资产类别，经由长期持有及持续投资来降低风险，以达到预设报酬的一种投资组合策略。投资策略的首要问题是决定资金如何在主要资产类别中进行分配。

在进行资产配置时，需要考虑两个方面的决定因素：可投资的资产类别和可接受的资产类别。

可投资的资产类别主要受以下几个方面的影响：一是金融管制。在成熟的自由资本市场，资金可以自由进出，因此，在资产配置时，可以考虑将资产配置一些到境外资本市场工具上。然而国内的个人投资者由于受到资本管制，尽管看好某个国家未来的股市，也无法进行该项投资。二是个人财务约束。主要指某些类别的资产投资设置了投资门槛，比如有些理财产品和集合投资计划的投资起点较高需要 30 万元或 50 万元，私募基金更是要达到 200 万元，如果客户个人可投资的资金量达不到该标准则不能投资于该产品。三是投资者具备的投资知识。在理财规划中，如果投资者要运用投资工具，需要具备相关投资知识；在不具备相关知识的条件下，也至少要具有选择专业人士的能力，必须找到具有相关知识和能力的人来帮助完成资产的投资和配置。

可接受的资产类别是指客户可以接纳认可的资产类别。这就需要根据客户的实际情况、客户的投资经验以及对市场的特殊要求进行选择。比如客户之前投资基金亏损严重，现在不愿再投资基金，即使基金产品非常适合客户的理财目标和风险特征，客户也不愿再选择这一资产类别，这就是对资产类别选择的特殊要求。此时，我们可以给客户解释，也就是投资者教育，当然也可以选择其他产品。在充分考虑客户需求的同时还要考虑每大类资产和子资产的风险收益特征；哪些类型的资产和投资目标匹配度高；个人投资经验和风险承受能力；宏观经济预测及主要经济变量的预测；投资前景的预测。

在开始资产配置程序之前通常需要考虑两个条件：资本市场的条件和投资者的目标及限制条件，一旦这些发生变化，则需要对资产配置进行相应的调整，求得最优组合。资产配置的具体程序如下：

第一步，首先应将资本市场条件和投资者的具体目标及限制条件进行归纳。资本市场条件对投资者行为决策具有较大影响，在牛市中投资者获利并相信会持续获利，因此投资者倾向于接受更广泛的资产类别和执行策略，其中股票和类似股票的资产、对冲策略受到青睐；在熊市中金融资产价格持续下跌，投资者主要投资目的是避免损失，因此会主要集中于资本保本和具有防御性特征的投资品种，如短期和中期债券等。

第二步，根据第一步的相关条件，选择投资者要求的最佳投资组合。需要注重两个搭配：一是风险与收益的合理搭配，根据投资者的情况，确定合适的投资风险水平和预期收益目标。这就需要对风险和收益进行估算，估算的方法主要有历史法和情景法：历史法是假设未来与过去相似，并根据过去的历史推测未来；情景法则通过建立适当的经济情景，并估计该情境下的收益率和方差。二是投资组合收益和风险与投资者需求的搭配。需要综合考虑市场状况，投资组合中不同类型产品之间的关系等。

第三步，资产组合的评估与调整，进行资产配置的再平衡。投资者通过将信息加入到最优资产配置中，可以对投资组合进行调整。由于资本市场条件和投资者条件都发生了变化，投资者根据对风险以及市场收益率的预计，调整其对风险资产和无风险资产的配置比例，以及不同投资工具之间的比率，使投资组合管理成为一个动态过程。

在这一过程中，普通投资者会出现很多疑问和误区，这就需要理财师和财富经理告诉客户资产配置的意义和解决客户误区。首先，可以用经验数据来向客户说明资产配置的重要性。通过对美国 91 家大型养老金公司 10 年的投资绩效进行分析可以发现，收益中的 94% 都可以由资产配置来解释，"选股"可以解释 4%，"择时"可以解释 2%，不难发现资产配置是形成投资绩效的最基本因素。

其次，在现实中最让客户激动的是投资产品的低买高卖，认为这种情况才是正常的，才是理财规划中应该出现的。投资市场上的成功是低买高卖，但这种成功容易被误解，需要理财师和财富经理帮助客户破解这个误区。在市场发生波动时，正确的做法是再平衡，寻求低买高卖，但在这种时候却面临来自客户的很大压力，很容易被误解。比如原有资产配置为50%投资股票、50%投资债券，在股票市场处在高点时，我们卖出股票买入债券，但这样做不是预计股市会下跌，也没有刻意选择低买高卖的时机，而是一个再平衡的过程。原因是之前的股市上涨使资产配置偏离了既定的投资比例，也就是各占50%的分配比例，股票升值使其在资产配置中所占的比例增加，所以要减少股票，以再次达到各占50%的分配比例。但在这时客户给予的压力就会产生，客户会不理解、有争议、认为不应该卖股票。实际上这时我们所做的不是情绪化的活动，而是程序化的或者是机械的，只是照章办事，没有患得患失。如果接下来股价下跌，资产配置就会再次出现不平衡，于是此时又买入股票，客户又会给予理财师和财富经理很大压力，又会产生上述问题。坚持这样的操作在事后看，会发现就是低买高卖，这一点需要让客户看到，理财师可以用历史数据来进行模拟，或者选取一些大事件来向客户说明。对客户来讲这是很有意思的交流，也是对资产配置的再认识，对再平衡和约束条件的认识。

最后，这个过程中需要和客户情绪中的贪婪和恐惧抗争，所有的收获都需要付出成本，在多元化配置中一定会有一些配置表现不好这是需要接受的成本。在分散、转移、对冲这三种风险管理方式中，对冲是把获得正收益的机会失去了，转移需要付出期权费或保险费，分散则是在预期收益没有大幅降低的条件下使风险降低。但也会有成本，其成本是一种可能性，是一种"后悔"，比如甲和乙两种股票，如果甲股票增长得多，而客户同时买了甲和乙两种股票，此时会后悔没有全买甲股票，而丧失了最大收益。实际上要同时考虑如果出现相反情况，是不是没有全买甲股票是"万幸"呢？人们心中所谓的"好股票"其实就是"别人的股票""已经卖了的股票"和"想买没买的股票"。

理财规划要选择的就是性价比最高的风险管理方法——分散。尽管通过与客户前期的沟通和交流，客户已经了解了一些风险管理的方法，但仍然存在疑问，客户会觉得为什么不在市场下跌前全出来呢？实际上这是一种"择时"的观念，也是不可能完成的任务。原因如下：一是无论在学术研究中还是在实践中，从长期来看，在不考虑交易成本和税收的情况下，"择时"并不能产生价值增加。所有支持"择时"观点的研究都是应用的事后检验的方式，从事后来看存在一条最优路径。就像是爬山，没有找到好走的路，披荆斩棘好不容易上去了，此时在山顶一看，原来有一条更容易的路，但在事前是很难找到的。二是从数据上看，市场回报率通常在极短的时间内快速出现并转瞬即逝，所有"择时"又必须成对出现，也就是既要找到正确的进入时机，又要找到正确的卖出时机，这是非常难把握的，而且随着时间的推移，"择时"方案一直在变化。三是从逻辑常识上看，并没有任何一个人能够准确"择时"，如果真的有"择时"模型，也不可能会被分享，因此谁也不可能找到一个人能够帮你准确"择时"。理财规划中的资产配置是一种中性策略，即有章可循。

此外，在资产配置中，离不开数据模型和专业词汇。理财师和财富经理不得不向客户解释一些投资方面的基础知识和专业词汇。比如马克维茨和威廉夏普的资本资产定价模型（CAPM）。尽管模型的推理是数学思维，但数学只是一种逻辑表述，只是一种方法。数学的背后是常识的支撑，比如"不把鸡蛋放在同一个篮子里"，这就是常识，模型只不过是把常识公式化。理财师和财富经理通过向客户解释这点，客户就不会那么畏惧公式和数学表达式，反而增加了对理财师和财富经理的信任感。在资产配置中很重要的一个概念就是"最优资产配置"，我们都知道个人无差异曲线和有效边界的切点就是最优配置，因此理财师和财富经理要向客户解释两方面内容：一方面帮助客户了解自己的特征来描绘无差异曲线，另一方面了解客户所处环境，以可选择的范围条件来确定有效边界。

理财师和财富经理只有给客户讲明白，客户才会更信任你，并在资产配置过程中配合完成。当然，在向客户讲解前，要先要求理财师和财富经理了解理论本身，再把理论设计成一个交流沟通方案，最后应用于现场的沟通，现场沟通实效是最重要的方面。比如要告诉客户波动性并不一定带来长期损失，要学会与波动性长期共存。而且波动性可以通过资产配置的方式来抚平，两个相关性小于 1 的资产配置起来波动性就会降低。关于两种资产的相关性可以通过列举现实中的例子来说明：雨伞和泳衣公司股票，其股票价格走势与天气都相关，但两者的相关性就不为 1，因为经常下雨对雨伞公司股票有利，而对泳衣公司就不利，此时将两者组合就可以有效抚平波动。假如理财师有一桶水，却只能给客户一杯水，因为如果把理财师所知道的都直接讲给客户，客户是接受不了的，比如峰度、偏度等非正态情况，客户理解不了就会被吓跑。但如果遇到这种情况该怎么办呢？这里可以用数据来解释大多数情况和最差情况，也可以用例子来说明偏度和峰度意味着什么，为什么现实情况是这样的？以"黑天鹅"事件为例，在发现澳大利亚的黑天鹅之前，欧洲人普遍认为所有的天鹅都是白色的。但随着第一只黑天鹅的出现，这个不可动摇的信念崩溃了。"黑天鹅"的存在意味着不可预测的重大稀有事件，它在意料之外，却又改变一切。人们总是过度相信经验，而不知道一只"黑天鹅"的出现就足以颠覆一切。然而，无论是在对股市的预期，还是政府的决策，或是普通人日常简单的抉择中，"黑天鹅"都是无法预测的。一般来说，"黑天鹅"事件是指满足以下三个特点的事件：第一，它具有意外性。第二，它产生了重大影响。第三，虽然它具有意外性，但人的本性促使我们在事后为它的发生编造理由，并且或多或少认为它是可解释和可预测的。老是以为过去发生过的事情很有可能再次发生，所以免不了会凭经验办事。

资产配置的问题也可以在现金流贴现模型中来解决，其中的五个变量（PV、FV、I、N、PMT）对应的就是现实中收集的数据和假设，每个问题就是求解其中一个变量。我们把任务置于现金流贴现模型框架中就有了系统性，依据需要的变量来收集信息，且对应的已知变量具有特殊性，即根据每一个不同客户有不同的假设和信息。每个客户（家庭）的情况不同，在资产配置上的方案也就有所不同。通常会出现以下四种情况：一是客户以现有资产配置恰好实现目标。二是对于客户目标来说，目前拥有的资源不够。三是以现有资源的收益率不能实现目标，需要重新配置。这时就需要考虑客户的风险特征和可供选择的资源种类是否充足。四是现有资源可以充分支持目标，这种情况下需要增加目标实现的稳定性，减少波动的影响。当出现第二种和第三种情况时，需要一些解决方法：首先需要重新配置资源，提高既有资产的收益率。其次要增加储蓄，减少消费，进行严格的支出预算，甚至有可能需要大幅降低现有生活水平，即改变年金形式的投入（PMT）来获得更多理财资源。再次可以延长积累时间，即增加 N，可以把积累开始的时间点提前或者选择晚一点实现目标，把目标基准点延后。最后就是降低目标，即减少 FV。

在了解解决方案后就是下一步资产配置本身操作的起点，分析客户的目标需求是多少，就是从现在起点上看的一个终值，但不仅是一个简单的 FV 值，而是描述了客户特征作为下面做资产配置的约束条件。客户特征、对于未来情况的预期和假设、客户风险容忍态度等都对下一阶段有影响。

一般来说，理财师和财富经理会利用平均收益率来计算和分析资产配置的效果，这样做在资产负债表上貌似可以提供足够支撑，但实际上缺乏稳定性。在进行理财资源积累时，从长期来看是实现了平均收益率，而且期限越长越稳定，但现实中却存在一些"不守规矩"的情况。有些客户会在市场下跌前做一次提取，拿走本金挪作他用，这就意味着在之后的时间内投资本金减少了，此时开始积累，其收益就会低很多，收益率也会很低，这种情况是很多见的。这些客户在积累的前半段就拿走了一些本金，后面时间里的收益率再高也无法弥补损失。这种情况就是一种"连锁反应"风险。这说明长期回报率并不能支持任意时间提取现金流，平均不一定就好，特定时点上的提取不同，则事后的收益率并不能达到平均。当确定了一个平均回报率后，这一回报率是否支持客户在任意时点上提取相应的现金流就是一个存在异议的问题。单纯依靠平均回报率来估计退休组合可支撑稳定的现金提取是值得怀疑的。目前，关于稳定性现金流的研究是理财规划中很重要的内容，也包括养老金稳定性的问题。

我们也可以从一个简单的例子来进一步理解可持续的提取率。例如：理财师为客户制定了一个资产配置方案，可以支持9%的平均回报率，通货膨胀率为3%，期限是30年，可以知道每年可提取收益率为6%（9%－3%），这样的收益水平可以保证客户的生活水平。但实际上，看每一个时点上具体这样提取操作后，会发现只有在30年内每一年的实际收益都是6%时才能实现。如果存在有些年收益15%，有些年5%，则在5%的年内提取后，之后的时间其回报率都会受到影响，从而影响整体回报率。只是大概分析就可以发现只有按每一年的实际回报率才可以提取才可以实现目标，但这样做是不大可能的。在本例中，如果用数据来进行细致分析，就会发现每年的安全提取率可能只有3%～4%，并在95%的概率上安全，也并不是100%可以保证的。

资产管理者不能用资产收益率来调整负债的大小，如果把养老金做激进配置，资产收益率很高，用它来贴现得到的负债就很少，这是不准确的。尽管平均回报率使退休目标更可得且持续，但波动性风险也增加了短缺和不足的可能，因此除了平均回报率外还需要其他约束条件来确定贴现率。

**二、资产配置策略选择**

在资产配置中，最为核心的环节就是资产配置策略的选择，可根据配置导向、配置风格和家庭所处的生命周期阶段进行划分。

（1）根据资产配置导向，可分为战略性资产配置、战术性资产配置和两者结合型资产配置三种形式。①战略性资产配置试图为投资者建立最佳长期资产组合，是着眼于长期投资目标制订的资产配置计划，属于政策性资产配置，主要关心的是长期投资期限下的资产配置问题，较少关注短期市场波动，投资期限通常达到5～10年。这种策略需要估算不同类别资产长期波动率和相关系数，以此为依据确定资产配置权重，构建不同类别资产之间最优的长期投资组合，投资者必须将已有资产配置权重做出调整。战略性资产配置是目前财富管理中的核心内容。②战术性资产配置是指投资者着眼于短期投资目标制订的资产配置计划，属于短期资产配置，投资期限通常在一年以内，体现了投资者对资本市场短期趋势的判断。战术性资产配置方案确定后，还需要投资者根据市场形势的变化进行监控和动态的调整，预期收益率的估计期间也较短，一般为1年或者更短。尽管预测市场变化和择机能力对战术性资产配置十分重要，但是市场时机却是难以把握的。当投资者认为市场快走下坡路时，总会想把资金抽离市场然后静观其变，直到他觉得股价已见底才入市。③将战略性资产配置和战术性资产配置结合起来可以建立更有效的资产配置方案，也更趋近于中性。应用战术性资产配置可以满足客户短期理财目标的实现，应用战略性资产配置可以满足客户中长期理财目标的实现，可选择的资产类别也更为广泛。在风险管理方面，也可以更有效地分散风险。

（2）根据资产配置风格，可分为保守型资产配置策略、激进型资产配置策略和稳健型资产配置策略三种。投资风格和金融市场环境有密切的互动和依赖关系。①在相对稳定的金融市场条件下，保守型资产配置策略一般投资较低比重的股票或类似股票资产（高收益或新兴市场债券、私募股权、风险资本投资等），占全部投资的5%～30%；然而投资相对较高比例的现金和短期投资、固定收益债券和国内投资，占全部投资的70%～100%。全部资产预期收益率在2%～18%，平均收益水平为10%左右。②与保守型资产配置策略相反，激进型资产配置中的高风险资产包括股票、基金、权证、可转债等。低风险资产包括基金、新股申购、货币市场基金、债券等。这里其实包括了理财规划中通常使用的投资工具和投资资产大类。其中，配置在高风险资产中的投资比例是很高的，占全部投资的50%～80%，配置在低风险资产中的投资比例为20%～50%。同理，在稳健型和保守型的投资中高风险类资产比重会逐渐降低。激进型资产配置中全部资产预期收益率在－8%～40%，平均收益水平为17%左右。③在稳健型资产配置策略中，同样选取股票、基金、权证、可转债等高风险资产大类以及基金、新股申购、货币市场基金、债券等低风险资产大类作为投资对象，其配置比例为：高风险资产的投资比例占全部投资的20%～60%，低风险资产的投资比例占全部投资的40%～80%，全部资产预期收益率在－3%～30%，平均收益水平为13.5%左右。

在三种类型的资产配置策略中，股票高风险资产类别的投资中都占比很高，激进型资产配置中股票占比为30%～50%，稳健型资产配置中股票占比为10%～35%，保守型资产配置中股票占比为0～15%；然而权证等产品的占比却很低，均在5%以下。原因是什么呢？为什么不配置更多的权证和转债，而一定要配置较多股票呢？一方面是权证和转债这种类型的资产风险高且技术性强，并不适合于普通投资者；另一方面股票是理财规划中最重要也最有效的投资资产大类。权益类投资能够带给我们的收益性和流动性都要高于其他高风险资产，因为长期来看，权益类资产的价格波动可以提供周期性买卖资产的空间，间断性地买卖股票可以为日常开支提供资金支持，也就是现金流。

这里给大家举一个例子：张小姐的资产配置方案，张小姐日常需要3.5%的收益水平。假设只有三种投资品：货币市场基金（现金）、债券和股票。三种资产的收益率如表5－1所示（本例中通货膨胀率为4%）。

理财师为张小姐做的资产配置方案如表5－2所示：可以看到，如果张小姐采用方案七，即将全部资产的40%投入债券，60%投股票，这个组合的总回报率才能达到7.4%（5%×40%＋9%×60%），这一收益率一方面可以满足张小姐日常需要的3.5%的收益水平，另一方面剩余的3.9%（7.4%－3.5%）的收益可以基本覆盖4%的通货膨胀率。

表5-1 三种资产的收益率

| 投资产品 | 利率（%） | 股息红利（%） | 资本利得（%） | 总收益率（%） |
|---|---|---|---|---|
| 现金 | 3 | 0 | 0 | 3 |
| 债券 | 5 | 0 | 0 | 5 |
| 股票 | 0 | 2 | 7 | 9 |

表5-2 张小姐的资产配置方案

| | 债券投资占比（%） | 债券带来的收益（%） | 股票投资占比（%） | 股票带来的收益（%） | 总收益（%） |
|---|---|---|---|---|---|
| 方案一 | 100 | 5 | 0 | 0 | 5 |
| 方案二 | 90 | 4.5 | 10 | 0.9 | 5.4 |
| 方案三 | 80 | 4 | 20 | 1.8 | 5.8 |
| 方案四 | 70 | 3.5 | 30 | 2.7 | 6.2 |
| 方案五 | 60 | 3 | 40 | 3.6 | 6.6 |
| 方案六 | 50 | 2.5 | 50 | 4.5 | 7 |
| 方案七 | 40 | 2 | 60 | 5.4 | 7.4 |

当然投资股票类权益性资产也存在一些问题：

第一，如果频繁交易，会产生大量的成本费用。但如果按照资产配置方案坚持执行，则不会产生较为频繁的交易。另外，我们可以比较一下固定收益投资与权益投资的成本，固定收益产生的当期收入一般是需要缴纳较多税费的，而我国对个人股票买卖的资本利得是免税的。交易费用问题包括印花税等也可以通过合理管理流程来降低。

第二，股票类权益性投资的风险较大，高于债券、银行理财产品等常见产品。关于风险的问题在整个理财规划过程中自始至终都在跟客户交流，从一开始到周期回顾到阶段性报告都需要披露收益风险等。客户已经了解没有无风险的投资，无论做什么样的资产配置方案都无法分散系统性风险，但客户仍然存在误区或忽视风险。在股票等权益性投资中，股票背后的公司和企业是我们的投资对象。举个例子来说，中小企业中出现风险问题的比例大还是大企业出现风险问题比例大？虽然中小企业中出问题的绝对量大但比例不一定大，即使出问题比例也大，还要考虑是否形成风险问题的规模也大。我们通常会说好公司未必是好投资标的，需要考虑预期收益与风险的配备程度。因此，我们在识别风险时通常会从具体的风险来源点来考虑。实际上，风险来源有两种维度：一是纵向维度，也就是风险环节多，我们都知道联合事件的概率要大于每一个事件的概率，因此风险环节多，风险就大，创业型的风险投资多是这种类型。二是横向维度，也就是同一时点，体量大则出现风险的点就多，任何一个方面出险都会造成损失，甚至会产生"连锁反应"，造成巨大损失，这也就是大企业大公司的风险问题。在投资过程中，一旦客户坚持认为所投资的资产类别没有任何问题，就会选择全部投入，比如一旦认定某只股票具有投资价值就不会考虑风险分散的问题，全额投入，这时需要向客户讲明风险来源点，再次强调通过多元化投资来分散非系统性风险。

在实际与客户交流中，系统性风险也不可忽视，可以用沪深 300 股票走势来向客户展示，300 种股票的组合已经足够分散了，但也面临其他系统性风险，可以列举相关案例。很多客户此时就感到害怕了，不再选择股票，而是去投资债券，实际上没有真正的安全，这种转移是一种"才出狼窝又进虎穴"的做法，因为投资债券也存在再投资风险和利率风险，市场整体利率变化会对固定收益类证券产生很大影响。客户此时又决定什么都不投了，这样做我们都知道现金或银行存款同样存在购买力风险。不同投资对象的风险特征不同，但都存在风险。尽管没有绝对安全的投资，但有相对安全的投资组合，这就是资产配置，理财师和财富经理会针对客户特点设计适合的投资组合。资产配置的首要目的就是要战胜通货膨胀，战胜购买力风险，广义的储蓄就是用什么方式来投资，也可以说"储蓄"恒等于投资，而投资恒等于有风险的投资。从长期来看，能够战胜通货膨胀的只有大量股票的投资。

（3）生命周期理论对消费者的消费行为提供了全新的解释，认为在消费者的一生中，消费者将遵循总效用最大化的原则，选择一个与过去平均消费水平接近的稳定的消费率。在一个人的一生中，将按照这个稳定的比例均匀地消费其总收入。当现行收入超过或低于按稳定消费率计算的消费时，个人将进行储蓄或者负储蓄。以生命周期理论为依据，我们也可以划分出家庭生命周期阶段，并针对每一阶段的不同特点来分析处于不同生命周期阶段家庭的理财需求、风险偏好和资产配置策略。表 5 – 3 就是不同生命周期阶段家庭的大致资产配置方案。

表 5 – 3　不同生命周期阶段家庭的资产配置方案

|  | 第一阶段 | 第二阶段 | 第三阶段 | 第四阶段 | 第五阶段 |
|---|---|---|---|---|---|
| 家庭类型 | 单身期 | 家庭形成期 | 家庭成长期 | 家庭成熟期 | 安享晚年期 |

续表

| | 第一阶段 | 第二阶段 | 第三阶段 | 第四阶段 | 第五阶段 |
|---|---|---|---|---|---|
| 理财目标 | 为组建家庭筹备，积极创造财富 | 子女教育经费；购房款等 | 子女教育费；转换住房条件的费用；开始为养老积累财富 | 调整投资组合，降低风险性投资比重，规划退休后的生活蓝图 | 养老、旅游、为子孙遗留财富 |
| 风险偏好 | 风险承受能力强，期望获取高收益 | 风险承受能力强，期望获得高收益 | 风险承受能力较强，期望获得稳定、较高收益 | 风险承受能力较强，但开始减弱，期望获取稳定、较高收益 | 风险承受能力弱，期望获取稳定的收益 |
| 资产配置方案建议 | 积极型投资70%；稳健型投资20%；保险10% | 积极性投资60%；稳健型投资30%；保险10% | 积极型投资50%；稳健型投资40%；保险10% | 积极型投资20%；稳健型投资70%；保险10% | 积极型投资10%；稳健型投资90%；保险投入开始获益 |

可以看到，我们依据生命周期理论把家庭分为五个阶段：单身期、家庭形成期、家庭成长期、家庭成熟期和安享晚年期。每一阶段的家庭理财目标主要是针对这一阶段家庭的主要特征和主要理财需求进行的粗略总结。不难发现，处于家庭形成期、家庭成长期和家庭成熟期的家庭理财需求较多，这也是理财规划的主要目标客户群体。从风险偏好情况来看，随着家庭的形成和逐渐成熟，家庭承受风险的能力逐渐降低，在安享晚年期为最低，因此处于安享晚年期的家庭所进行的资产配置会趋近于保守。表5-3中资产配置方案建议只是一个一般化的投资比例，具体的资产配置方案还要根据不同家庭不同人的特点和实际情况来决定，包括客户的风险特征、实际情况、财务状况等。其中，把资产配置分为三种类型：积极型投资、稳健型投资和保险投入。积极型投资主要指投资于股票、偏股型基金等，稳健型投资主要指投资于债券、储蓄存款、货币基金、偏债型基金、现金等。保险在单身期、家庭形成期、家庭成长期和家庭成熟期都占家庭投入中的10%，主要原因是在家庭生命周期中除了安享晚年期，都需要充分的保险保障，家庭中的被抚养人需要保险金作为家庭生活保障的最后一道防线，同时储蓄型保险作为一种投资品可以为退休后生活提供多一份的保障。此外，处于安享晚年期的家庭资产配置应趋于保守，但并不是说退休后应该只持有固定收益证券，以获得固定利息，这其实是不正确的。虽然之前很多家庭都是这样做的，主要原因是一方面我国金融市场发展还不成熟，个人投资渠道受限；另一方面存在观念问题，客户不论是否年龄大或处于退休期都认为固定收益证券是比较安全的，是

最保险的。的确年龄越大风险承受能力越弱，但不代表只能持有固定收益证券，从实际情况来看，如果把全部资产都投入固定收益证券类的产品是低效的、不经济的，不能满足客户的长期目标，不能获得价格波动带来的资本利得。正确的做法应该是合理配置，积极型投资和稳健型投资都应保持适当比例，不可偏废。

理财师和财富经理作为专业人士为客户做投资资产配置时还需要注意以下这几个方面：第一，充分理解现代投资理论的基本概念，包括资产组合配置、风险种类（现实中风险识别等）、管理者风格（比如固定收益证券、基金的不同管理者管理的投资风格）。作为专业人士需要对这些基础理论有全面理解和掌握，但在对客户讲解时就不需要这样了，只需要让客户知道理财规划是建立在哪些方法之上的，是有强大的理论支撑的，所有的投资配置都是有理论依据的即可。第二，让客户理解本公司或行业在理财规划和资产配置中的偏好和方法倾向、选择依据等，通过投资者教育使客户认可资产配置的重要性，并拒绝择时的思路。第三，让客户理解和认识整个理财规划流程，因为整个理财规划流程是从客户开始的也是到客户结束的，需要客户的全程配合，所做的调整都是因为客户的情况发生了变化。在实际中，这三个方面也存在很多交叉和融合。

### 三、分项理财规划

#### （一）现金规划

在项目三已经确定现金规划的总需求的基础上，以何种方式持有现金及现金等价物是本项目需要完成的任务。现金规划是为了保证家庭流动性而专门准备的一笔现金及现金等价物，其特点在于保证家庭的流动性，但是除了采用现金形式持有之外，也可以适当地采用流动性强、有一定收益的金融工具和金融产品，即进行现金资产的多元化配置。在实际操作中，除了可以采用银行活期存款、短期理财产品、货币市场基金等形式持有之外，还可以适当采用信用卡融资、典当、小额个人消费贷款等融资工具提供更高的流动性。以下对比较常用的现金规划工具做简要介绍。

1. 货币市场基金

货币市场基金是指仅投资于货币市场工具的基金，投资的范围主要是期限在1年以内的金融产品，如1年以内（含1年）的银行定期存款、大额存单、剩余期限在397天以内（含397天）的债券、期限在1年以内（含1年）的债券回购和中央银行票据等流动性较高的产品。货币市场基金是当前接受度较高、使用范围广泛的投资工具，也是现金规划中客户比较容易采用的工具。与其他类型的金融产品相比，货币市场基金具有很好的流动性和安全性，一般没有认购费、申购费和赎回费，提取较为方便和快捷。

2. 短期理财产品

在现金规划中所使用的短期理财产品主要是指期限在1年以内的理财产品，特别是可以随时申购赎回的产品类，比如银行的超短期理财产品、各种"宝宝"类互联网理财产品等，因其流动性非常强，特别适合作为现金规划工具使用。除此之外，期限在1个月至1年的短期理财产品也可以作为现金规划的工具，通过循环购买和分次购买的方式，也可以实现滚动式的现金流供给，且具有高于普通活期存款的收益，是现金规划中较为适合的产品选择。

3. 信用卡融资

信用卡是由金融机构或商业机构发行的贷记卡，即无须预先存款就可贷款消费的凭证。信用卡的实质是一种消费贷款，它提供一个有明确信用额度的循环信贷账户，借款人可以支取部分或全部额度。信用卡由于拥有与普通银行卡所不具备的"先消费后还款"的优势（见表5-4），成为了现金规划中常用的融资工具。现阶段，随着互联网金融的发展，虚拟形式的"信用卡"也应运而生，此种类型的"信用卡"与实体信用卡有非常类似的特征，比如拥有一定的循环信用额度、购物享有免息还款期、在最后还款日前全额还款即可等，因此也可以作为现金规划的工具。

表5-4 信用卡与借记卡的对比

| 信用卡 | 借记卡 |
| --- | --- |
| 先消费后还款 | 先存款后消费 |
| 可以透支 | 不可以透支 |
| 有循环信用额度 | 没有循环信用额度 |
| 在最后还款日前全额还款的，购物享有免息还款期 | 没有免息期 |
| 存款不计息 | 按储蓄利率计息 |
| 属于商行的资产业务 | 属于负债业务 |
| 持卡人必须符合相应条件 | 只要有身份证就可以 |

4. 小额个人消费贷款

小额个人消费贷款也是一种贷款，但无论是银行等大型金融机构还是创新型的中小型金融机构都为这种贷款提供了便利，比如"立等可取""马上到账"等，贷款利率也较普通消费贷款利率有所优惠，目前大部分商业银行都在网上银行和手机银行中推出了此类"小贷"或"快贷"产品。这类产品大多是信用贷款，以借款人的信誉为发放条件，其特征就是债务人无须提供抵押品或第三方担保仅凭自己的信誉就能取得贷款，并以借款人信用程度作为还款保证。因此，小额个人消费贷款同样可以作为家庭理财规划中可以选择的现金规划工具，可以为应对紧急情况的发生提供额外的保障。

5. 典当融资

典当是指"当户将其动产、财产权利作为当物质押或者将其房地产作为当物抵押给典当行，交付一定比例费用，取得当金，并在约定期限内支付当金利息、偿还当金、赎回当物的行为"。出当时，当户应当如实向典当行提供当物的来源及相关证明材料。赎当时，当户应当出示当票。典当融资作为中国古老的金融行业，在现实生活中应用较为广泛。如表 5 - 5 所示，典当融资与传统的银行贷款相比，典当融资具有手续简单、放款速度快、门槛低等优点，但是典当当金利率按中国人民银行公布的银行机构 6 个月期法定贷款利率及典当期限折算后执行，利率比其他融资方式高。因此在现金规划中，要合理选择不同的融资方式。

表 5 - 5    银行贷款与典当融资的对比

| 银行贷款 | 典当融资 |
| --- | --- |
| 银行对借款人要求较严 | 典当行对客户的信用要求几乎为 0 |
| 商业银行只对不动产抵押 | 可以动产和不动产抵押贷款 |
| 银行贷款手续复杂，审批周期长 | 手续非常简便大多立等可取 |
|  | 起点低，更注重对个人和中小企业服务 |
|  | 利息、手续费比其他融资方式都要高，而且贷款规模小。 |

（二）保险规划

在项目三确定保险规划的总需求的基础上，选择合适的保险产品是本项目需要完成的任务。在选择保险产品时主要注意以下几个问题：

1. 购买必需的保险产品

客户面临的风险多种多样，市场上的保险产品也五花八门，在保险产品的选择上一定要结合客户实际的风险保障需求来进行选择。保险产品主要可以分为投资型保险和保障型保险两类，投资型保险如万能险、投资连结险、养老保险等主要是为了获得投资收益，而保障型保险如寿险、人生意外险、健康险则主要是为了分散家庭可能面临的风险，因此保险规划的核心和重点是保障型保险。

一般家庭面临的主要风险有死亡风险、疾病风险、养老风险，对应的保险产品有人寿保险、健康保险、养老年金保险，其中死亡风险对于家庭的影响最大，也是每个家庭必备的保险产品。在此基础上，可以适当配置健康险和人身意外险。

每家保险公司在制定产品价格时，精算师依据的基础数据都是统一的，价格只会因公司的管理费用高低有细微的差别。如果仔细比较会发现，保费少的产品，可能承保的范围比较小，或者理赔时的金额比较低。所以，在购买保险产品时，首先要考虑的是，这款产品是否符合自己的需求，而不必特别在意费率的高低。

保险需求分析示意图如图 5 - 1 所示。

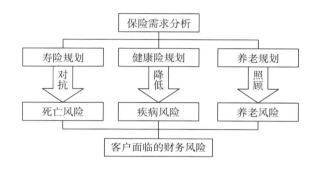

**图 5 - 1　保险需求分析示意图**

2. 进行适当的保险产品组合

进行保险产品组合主要有两个方面的含义：一方面是社会保险和商业保险的组合。当前我国社会保险制度不断完善，覆盖的范围也越来越广，使得一部分客户认为有了社会保险就不用进行商业保险的购买。应当明确，社保医疗费报销是有范围、有限额的，自费部分超过上限的部分需要自己全额支付。有一些情况是属于社保免赔范围的，如因交通事故发生的医疗费用，万一遇到交通肇事逃逸或者肇事方没有赔偿能力的情况。此外，社保失业保险领取的金额也是比较少的。因此在保险规划中，商业保险与社会保险不能是互为补充。另一方面是人寿保险产品的组合。通过生命价值法和遗属需求法得到的客户应有保额，与市场上可以购买的人寿保险产品保额往往不同，因此需要理财师和财富经理通过产品组合的方式购买不同保额的人寿保险，从而尽量趋近于客户的应有保额。此外，人寿保险可以分为定期寿险和终身寿险，两者在保费、保障范围、投资价值等方面存在明显的区别，理财师和财富经理应根据客户的实际情况作出选择。

3. 认真研究保险合同条款

当前保险产品向着复杂化、综合化的方向发展，将保障性与投资性功能结合起来是保险产品的发展趋势。但是在保险规划过程中，理财师及客户要认真阅读并研究保险合同的条款，充分了解保险产品的保险标的、保险期限、免责条款等重要信息，避免信息不对称导致家庭风险保障不健全。此外，充分利用保险产品尤其是人寿保险在税收、债务上的优势，在保险合同中明确受益人，最大化利用保险产品的作用。

4. 选择优质保险产品

以人寿保险为例，我国共有 70 多家人寿保险公司从事人寿保险的销售，其中保费收入排名前十的公司有中国人寿、平安人寿、太平洋人寿、安邦人寿、新华人寿、和谐健康、人保寿险、生命人寿、太平人寿、泰康人寿，除此之外，还有很多规模相对较小的保险公司。在保险规划过程中，理财师要合理引导客户选择信誉卓著、经营稳健、服务良好的保险公司，避免出现其他风险。

（三）教育规划

在项目三确定教育规划的总需求的基础上，本部分主要是如何满足教育规划的总需求。目前比较常见的教育规划工具主要有以下几个：

1. 教育信托基金

教育信托基金指的是由接受教育的子女的监护人购买，通常是由父母委托一家专业信托机构帮忙管理自己的财产，并通过合同约定这笔钱用于将来支付孩子的教育和生活费用，受益人是其子女，专业机构也要为自己提供的服务收取费用。教育信托基金将财产的收益权和拥有权分离，既可以通过专业理财管理获得更高的收益率，也可以防止子女养成不良嗜好，对子女的监督、激励作用也更为强烈。此外，教育信托基金不需要缴纳遗产税，但是教育信托基金成立的门槛较高，目前我国对教育信托基金的利用还不充分。

2. 教育类保险产品

教育类保险产品，是投资型保险产品的一种，通常为分红保险或年金保险，是针对子女教育的专项资金。在实际操作中，受益人为 0 ~ 17 周岁的少儿，一定年限后，每年给付一定或递增或递减的年金，或者一次性返还，可为被保险人在往后的教育开支或创业上提供保障。此外，教育类保险还具有一定的保障功能。

选择教育金保险要根据家庭经济情况来进行规划，在什么时候购买少儿教育金，也要看个人的经济状况。如果家庭经济宽裕，那么购买少儿教育金保险越早越好，一般来说，在孩子出生一个月（30 天）即可为孩子购买教育保险，越早投保，保费也就越便宜。对于家庭经济条件一般的家庭来说，为孩子购买少儿教育金保险可以稍晚几年，或者主要针对教育花费较大的高中、大学来投保。为孩子购买少儿教育金保险有许多需要注意的地方，主要的有以下几点：①大人要有足够的保障。父母才是孩子最大的保障，所以在为孩子购买教育保险之前，身为父母也要有一定的保障才行。②购买少儿教育金保险要有一定的理财分红功能。作为主险的少儿教育金保险，一般缴费期较长，保障期间也较长，所以为抵御通胀的影响，少儿教育金拥有一定的理财分红功能是必要的。③先完善其他保障。

在为孩子购买少儿教育金之前，一定要先为孩子完善其他的保障，购买一定的意外险和健康医疗险，毕竟孩子在成长的路上，难免会发生疾病，甚至会发生意外，需要保障类的保险来给予孩子保障。④要购买有豁免条款的产品。保费豁免在少儿保险中尤为重要，一旦父母发生意外，丧失缴费能力，那么为孩子购买的少儿教育金保险就可以豁免保费，但是一样享有完整的权益。⑤购买教育险也是需要小心流动性风险。要知道教育险它的优势很多，但是它也是有缺陷的，比如它的流动性比较差，而且保费相对来说也不低。一般情况下，资金一旦投入的话，就需要定期按照当初的约定给保险公司缴纳保费，它是一项长期投资，如果缴纳不起保费的话，只能选择退保，而退保的损失非常大。

3. 股票、债券、基金等金融产品

除了教育类产品之外，股票、债券、基金等一般性的金融产品也可以用于教育规划，尤其是子女在大学以及出国留学等大额教育费用的准备中，可以适当性利用基金在长期投资的优势以及股票在长期的平均收益率的优势，做到资产配置的多元化。但需要注意的是，教育规划目标往往缺乏时间弹性和金额弹性，也就是该目标所能承受的风险较低，在选择金融产品时要充分考虑产品的风险特征是否与目标匹配，特别是股票、基金类产品，尽量选择产品波动性小容易变现的产品。

（四）购房规划

在客户提出购房的需求之后，如何为客户设计一个合理的购房方案是本项目需要解决的问题。在进行购房规划时，主要考虑以下两个问题：

1. 是否贷款

在购房规划中是否贷款既受外部宏观环境的影响，又受制于家庭财务能力。从外部环境考虑，当前我国首套房贷款平均利率在5.15%左右，各家商业银行在发放房地产抵押贷款时略有不同。然而五年以上公积金贷款利率为3.25%，因此我国房地产贷款利率水平相对较低，鼓励和支持居民采用房地产按揭贷款。若客户有更好的投资渠道可选择房地产贷款，将资金投放到其他渠道获得更高的收益，此原理也可以应用到客户是否需要提前还贷的问题上。从内部来看，伴随着我国房地产市场的发展和房价的普遍上涨，购买房地产涉及的支出金额较大，对于客户家庭来说，很难一次性支付全款，因此大部分客户有贷款的内在需求。

2. 如何贷款

从贷款渠道来看，当前房地产按揭贷款主要三种形式：个人住房公积金贷款、个人住房商业性贷款和个人住房组合贷款。其中，住房公积金贷款是以职工个人缴存的住房公积金以及单位为其缴存的住房公积金为基础申请的专项贷款，目前各地的公积金贷款政策不同，理财师需要根据客户所在城市的公积金贷款政策详细了解。以北京为例，2018 年北京住房公积金管理中心对北京市住房公积金个人住房贷款政策进行了调整，首套房首付比例提高至35%（已对标商贷标准）、贷款额度与缴存年限挂钩等。由于个人住房公积金贷款的额度较低，在现实生活中，客户在优先选择公积金贷款的基础上，可以采用公积金贷款＋商业贷款的组合贷款形式。

从还款方式来看，房地产按揭贷款可以分为等额本金和等额本息两种方式。等额本金还款法总的利息较本息还款法少，本金归还得快，每月还款额递减，但是前期还款额度高、压力大，适合当前收入较高者或预计不久收入大幅增长、准备提前还款的人。等额本息还款法每月支付的款额固定，还款压力均衡，适合有一定积蓄，收入持平，又不打算提前还款的人。

（五）退休养老规划

退休养老规划的一般流程主要是：确定退休目标—估算退休后支出—估算退休后收入—计算退休准备资金缺口—确定退休的储蓄要求—制定退休规划—选择退休规划工具—执行退休规划—退休规划的反馈与调整。在项目三中已经完成了退休后支出即退休总需求的计算，本部分主要完成后续规划。

1. 估算个人退休后的收入来源

一般来说，个人退休后的收入来源主要有社会养老保险、企业年金、商业养老保险、资产投资收益、资产变现收益、子女赡养费、遗产继承、兼职工作收入等，但退休收入估算存在偏差，一是养老规划周期很长，悲观或乐观情绪容易使养老规划产生较大偏差，二是缺乏收入估算的经验和知识。

2. 估算退休金缺口

退休金缺口＝预计的养老金支出－预计的养老金收入

若不存在缺口，意味着退休后的收入完全可以满足退休后的养老金支出，不需要额外的退休规划。若存在缺口，意味着退休后的收入小于退休后的支出，需要准备额外的退休准备金。退休准备金的筹集是当前资产中留作养老储备金的部分和未来每年储蓄留作养老储备金的部分。

3. 制定退休养老规划

根据退休金缺口，制定退休规划，利用各种方法弥补退休金缺口，比如提高当前收入、提高储蓄比例、降低退休后开支、延长工作年限、提高投资收益等。此外在退休生活的不同阶段，也可以选择不同的退休计划。在退休前期，65 岁以前，尚有工作能力，可选择兼职工作；在退休中期，65～75 岁，具备积极的生活能力，退休支出高峰期，可外出旅游、发展业余爱好；在退休后期，75 岁以后，以居家为主，医疗护理支出增加。

4. 选择退休养老规划工具

在选择退休养老规划工具的时候，一般以社会养老保险和商业养老保险满足退休后的基本支出，以报酬率较高的有价证券投资满足退休后的生活品质支出。养老投资注重安全性、收益性、多样性、流动性。主要的养老投资工具有社会养老保险、企业年金、商业养老保险、银行存款、国债、高等级企业债券、银行理财产品、基金、股票（主要投资于蓝筹股）、实物投资（如房产）。

5. 执行退休养老规划

在制定好退休养老规划、选择好养老投资工具后，就进入执行计划阶段。退休养老规划的周期很长，需要严格执行才能达成目标，如果随时停止投资或随时赎回投资，都有可能会导致规划失败，重新进行规划会浪费更多时间，而时间是能够产生巨大价值的，因此需要养成强制储蓄的习惯。

6. 反馈与调整

如果市场环境、客户退休养老目标没有发生重大变化，只需要定期（每年）检查退休养老规划的执行情况。若发生比较大的变化，可以采取提高储蓄比例、延长工作期限并推迟退休、进行更高收益率的投资、减少退休后的消费支出、参加额外的商业保险计划等手段来保障退休养老目标的实现。

# 第二节　实训任务及具体步骤

## 一、实训任务

在本项目的实训过程中，需要根据客户提出的理财目标，结合家庭财务状况及宏观经济等各项信息，综合运用金融学、投资学、商业银行经营与管理等前期课程的知识，为客户提出并设计科学合理的分项理财方案。由于受客户专业知识的限制，理财师提出的理财方案一定要落实到具体的投资产品上，可以给出两种以上的方案供客户选择。

任务一　现金规划训练

【训练目的】根据项目三计算的现金规划的总需求，为案例家庭设计现金规划方案，本训练要求掌握现金规划的具体内容，包括现金规划资金的来源、持有形式、流动性及收益性状况等内容，充分运用现金规划为案例家庭做好充足而合理的流动性准备。

【训练学时】2 学时

【训练形式】分组训练

【训练内容】训练内容可依据教学对象和教学活动组织选择方案，以下训练方案仅供参考。

方案一：货币市场基金是现金规划常用的工具，比较常见的如余额宝、理财通等。2018年2月1日起，余额宝设置单日申购额度，需要客户每日抢购其额度，以余额宝为代表的货币市场基金的流动性受到了广泛关注。学生课下分组收集资料，课堂进行讨论，货币市场基金的风险有哪些？是否可以作为现金等价物？

方案二：银行存款是现金规划的重要工具，活期存款也是流动性最强的现金等价物。作为银行理财师，同样也面临吸收存款的压力。请学生站在银行理财师的角度，讨论如何更好地吸收公众存款？

方案三：通过调查问卷、实地调研走访等方式，了解居民有融资需求时考虑的途径和因素有哪些，并比较不同融资工具的优势和劣势。针对当前的京东白条、蚂蚁借呗等互联网消费贷款，讨论对家庭流动性管理的影响。

【注意事项】

（1）结合当前金融热点，全面分析家庭流动性问题。

（2）本训练的开展需要学生前期具备金融学和商业银行经营与管理的基础，如果学生没有学习相关课程，也可暂时不做此项训练。

任务二　保险规划训练

【训练目的】根据项目三中计算的家庭保险规划的总需求，以此作为家庭所需保险保障的保额，为案例家庭推荐合理的保险产品，本训练需要掌握保险产品相关的几个主要概念，包括保额、保费、保障范围、免责条款等详细内容，充分运用保险产品为案例家庭做好全面的风险管理。

【训练学时】2学时

【训练形式】分组训练

【训练内容】训练内容可依据教学对象和教学活动组织选择方案，以下训练方案仅供参考。

方案一：明确被保险人分别采用生命价值法和遗属需求法计算被保险人的保额。一般来说，两种方法计算的保额相差较大，此时分析并讨论案例家庭采用哪种方法，并给出理由。

方案二：学生通过各种途径寻找合适的保险产品。小组成员可以分别采用网站查询、保险公司销售电话、熟人介绍等方式了解当前各家保险公司销售的保险产品的详细信息，最后集中讨论更适合案例家庭的保险产品，并说出理由。

方案三：本项目重点推荐的是保障型保险，部分客户可能存在不理解、不支持的情况，认为收益更为重要。若出现这种情况，请问你如何解决？若客户执意选择投资型保险产品，你怎么办？

【注意事项】

（1）市场上保险产品种类众多，学生要注意比较和筛选。

（2）本部分推荐的保险产品以人寿保险为主，教育保险和养老保险不属于这部分的内容。

（3）向客户详细介绍推荐的保险产品，确保客户完全了解该保险产品的各项信息。

任务三　投资规划训练

【训练目的】应用项目三中理财目标的期限、具体需求数额的计算方法，确定的教育目标、养老目标等的总需求，分别设计资源供给方案，掌握投资产品和投资策略选择的依据和方法，理解客户风险特征与产品风险匹配的原则，充分运用客户已有理财资源制定合理的理财方案。

【训练学时】6 学时

【训练形式】分组训练

【训练内容】训练内容可依据教学对象和教学活动组织选择方案，以下训练方案仅供参考。

方案一：部分案例家庭提出了租房和购房、是否生二胎、是否购买二套房等问题，请你结合案例家庭的实际情况以及当前宏观经济形势和国家政策，在一系列假设条件的基础上为该家庭做出决策，并说明理由。

方案二：本部分涉及的多个理财目标可能存在冲突，短期来看只能优先完成某个目标。若面临这种情况，请问你如何解决？并给出详细的解决方案。

方案三：投资规划涉及的不仅是当前资金的投资，而且还涉及今后的工作收入等一系列现金流，都是不确定的变量。请你用考虑货币时间价值和不考虑货币时间价值两种方法，讨论其对家庭投资活动的影响。

【注意事项】

（1）假设条件的合理性。

（2）合理估计投资产品的收益率。

（3）结合客户的风险属性，为客户详细介绍和推荐投资产品，确保客户完全了解该产品的各项信息。

**二、实训具体步骤**

第一步，整理客户现有的资产配置情况，提出现金规划应急准备金的来源、形式，并给出详细的介绍。

第二步，根据项目三计算的保险规划的总需求，为案例家庭推荐合理的保险产品，并给出详细的介绍。

第三步，根据项目三中提出的其他理财目标的总需求，分别设计理财方案，选择适合的投资产品，并给出详细的介绍和说明。

# 第三节　案例演示

## 实训案例一　异地创业规划案例

### 一、家庭成员背景资料

王女士大专文凭，是四川都江堰的一名普通职工，现年35周岁。同龄的丈夫周成硕士毕业，在成都一家 IT 企业工作。8 岁的儿子周浩跟王女士住在都江堰，目前上小学二年级。王女士的父母今年65岁，与王女士的哥哥生活在农村。周成父母今年58岁，与周成的弟弟一同生活。

### 二、家庭收支资料（收入均为税前）

王女士税前月收入4000元，无社保。目前周先生税前年收入15万元。单位按照国家规定参加了社会保险与住房公积金计划。王女士和儿子一个月支出1800元，丈夫在成都每月房租支出1000元，生活支出每月1200元。

### 三、家庭资产负债资料

目前，王女士位于都江堰的房子市值65万元，无贷款，家中还有活期存款15万元，没有其他资产。

### 四、理财需求

（1）王女士打算辞掉工作，和儿子搬到成都与丈夫一起生活，并且打算在成都创业，开个洗衣店或者小饭馆，预计需要创业资金20万元，不知道该如何筹集资金。王女士希望每年能赚5万元的收入，但是害怕创业失败后对家庭生活带来影响。

（2）打算将来在成都市区购买一套 100 万元的房子，不知道何时能实现目标。

（3）打算让儿子上成都的重点学校一直到高中毕业，然后送儿子上大学并且希望儿子能修完硕士学位。目前成都的重点小学每年花费 2 万元，重点初中每年花费 2 万元，重点高中每年花费 3 万元。大学阶段每年花费 1 万元，硕士阶段每年花费 2 万元。

（4）夫妻两人打算在 60 岁退休，退休后维持退休前的生活水平不变。

（5）王女士希望能给自己的家庭做一些保障规划。

（6）能够对现金等流动资产进行有效管理。

**五、实训要求：结合实训指导书完成如下训练**

（1）客户财务状况分析：①编制客户资产负债表；②编制客户收入支出表；③客户财务状况的比率分析（至少分析四个比率，以百分数表示，保留到整数位）。

（2）确定理财规划目标。

（3）制定分项理财规划方案（请结合客户风险特征进行资产配置）。

（4）理财方案总结。

提示：①信息收集时间为 2020 年 1 月，资料截止时间为 2019 年 12 月 31 日。②保险规划中应按人分别列明保险种类，必要额度和保费支出，同时标明具体险种和保险产品。③银行贷款利率及公积金贷款利率参考当前水平确定（案例中已告知的除外）。④计算过程保留四位小数，计算最终结果保留到整数位。

### 实训案例二 出国深造规划案例

**一、家庭成员背景资料**

西安市的李先生今年 30 岁，本科毕业后就职于一家大型外企。妻子林女士目前在国企工作，30 岁，两人婚后育有一子，儿子李小宝今年 2 岁。李先生父母今年 57 岁，身体健康，有稳定收入。林女士父母今年 62 岁，与林女士哥哥一同生活。

**二、家庭收支资料（收入均为税前）**

李先生税前月收入 1 万元，林女士税前月收入 8000 元。另有年金融投资收益 5000 元。家庭年生活开销 8 万元，其中夫妻各 3 万元，共同支付儿子的生活费用 2 万元（为方便计算可全部列入食品支出）。李先生夫妻 3 年前结婚时各投保了以自己为被保险人的 30 万元的定期寿险，缴费 20 年，年交保费李先生 1000 元，李太太 800 元。

**三、家庭资产负债资料**

目前，李先生家庭拥有活期存款 24050 元，定期存款 10 万元，投资上市公司股票万科、苏宁云商和招商银行各 5000 股。自住房产价值 150 万元，其中商业贷款余额 80 万元，每月还款，采用等额本息还款法，15 年内还清。两人都有社保，养老金账户余额夫妻分别为 4 万元与 3 万元，住房公积金账户余额分别为 8 万元与 6 万元。

**四、理财需求**

（1）深造规划：李先生打算出国深造，但林女士有担忧，不同意，因此目前有两个方案可选。

方案一：李先生现在出国深造取得硕士学位，申请到美国芝加哥大学留学 2 年，一次性支付学费与生活费共计 56 万元。回国后的薪资预计每年 20 万元（可支配收入）。可用房屋净值贷款筹措出国深造资金，贷款利率 8%，贷款成数 50%，还款期限 5 年。深造期间妻子留在国内生活工作。

方案二：李先生不出国留学，继续工作。

李先生夫妇想请理财师就立刻出国留学和不留学继续工作两个方案做方案分析，看哪个方案更为可行。

（2）换房规划：李先生夫妇打算 10 年后换购现值 300 万元的房子，将原有房子出售。房屋贷款首付 60%，贷款期限 20 年。当地住房公积金贷款上限为每户 70 万元。如果李先生选择出国深造，则考虑全款购买房子。

（3）子女教育：子女的教育费用从幼儿园到大学都比照西安市私立住宿制标准从宽规划。大学毕业后出国留学 2 年，以芝加哥大学标准来做规划。

（4）退休目标：李先生与李太太都打算 60 岁退休，退休后的生活费用现值每年各 5 万元（理想值）或者 4 万元（可接受值）。

（5）加强家庭的保障，购买合适的保险产品。

（6）对家庭现在财务资源进行合理配置，能够对现金等流动资产进行有效管理。

**五、实训要求：结合实训指导书完成如下训练**

（1）客户财务状况分析：①编制客户资产负债表；②编制客户收入支出表；③客户财务状况的比率分析（至少分析四个比率，以百分数表示，保留到整数位）。

（2）确定理财规划目标。

（3）制定分项理财规划方案（请结合客户风险特征进行资产配置）。

（4）理财方案总结。

提示：①信息收集时间为 2020 年 1 月，资料截止时间为 2019 年 12 月 31 日。②保险规划中应按人分别列明保险种类，必要额度和保费支出，同时标明具体险种和保险产品。③银行贷款利率及公积金贷款利率参考当前水平确定（案例中已告知的除外）。④计算过程保留四位小数，计算最终结果保留到整数位。

## 实训案例三 单身母亲养育规划案例

### 一、家庭成员背景资料

赵女士现年40岁，丈夫去年因意外离世，10岁的儿子由赵女士独自抚养。赵女士父母现年65岁，身体健康，已退休。赵女士还有两个弟弟，均已参加工作。

### 二、家庭收支资料（收入均为税前）

赵女士在一家国有企业工作，月薪12000元，有"五险一金"。2015年，赵女士夫妇均购买了年缴保费3000元的定期寿险，保险条款规定在保障期限内因意外或疾病而去世，可以获得60万元的保险赔付。目前，赵女士家庭基本生活支出为每年36000元，儿子的教育支出（特长培养）为每年24000元，每年孝敬父母10000元。

### 三、家庭资产负债资料

赵女士母子二人住在2016年1月初购买的一套两居室的住房中，房款80万元中首付30%，剩余采用等额本息贷款方式，贷款利率5.05%，贷款期限20年，房屋市值为110万元。因去年赵女士丈夫去世，保险金共赔付了60万元，赵女士将这笔钱存入了定期存款，另外家庭现有活期存款8万元，银行理财产品10万元。

### 四、理财需求

目前，赵女士想请理财师通过理财规划为其解决以下问题：

（1）赵女士打算让儿子就读本地私立初中和高中，预计每年学费约22000元，如果选择住校，每年还需生活费12000元。

（2）赵女士计划儿子在国内读完大学后继续到国外深造，综合考虑国内外求学费用，预计在儿子8年后上大学时共需准备高等教育金110万元。

（3）赵女士感觉自己抚养儿子负担较重，想把住房贷款一次性还清，但又觉得已经还了很多利息，不知道现在提前还款是否合适。

（4）赵女士计划在20年后退休，考虑到其独身一人，因此预计需要养老费用150万元。

（5）能够对现金等流动资产进行有效管理。

（6）赵女士对理财及投资了解不多，希望理财规划师能为其制定合理的资产配置规划。

**五、实训要求：结合实训指导书完成如下训练：**

（1）客户财务状况分析：①编制客户资产负债表②编制客户收入支出表③客户财务状况的比率分析（至少分析四个比率，以百分数表示，保留到整数位）。

（2）确定理财规划目标。

（3）制定分项理财规划方案（请结合客户风险特征进行资产配置）。

（4）理财方案总结。

提示：①信息收集时间为2020年1月，资料截止时间为2019年12月31日。②保险规划中应按人分别列明保险种类，必要额度和保费支出，同时标明具体险种和保险产品。③银行贷款利率及公积金贷款利率参考当前水平确定（案例中已告知的除外）。④计算过程保留四位小数，计算最终结果保留到整数位。

## 实训案例四　退休家庭养老规划案例

### 一、家庭成员背景资料

周先生今年56岁，2014年因单位破产下岗，老伴周梅今年55岁，已退休。夫妻双方的父母均已去世。

### 二、家庭收支资料（收入均为税前）

由于年龄原因，周先生下岗后难以找到新的工作，目前没有任何收入，只靠老伴每月领取的1500元养老金和在外地工作的女儿每月1000元的赡养费维持生计。夫妻二人的生活支出大约2000元，加上医疗等其他支出500元，几乎没有任何结余。

### 三、家庭资产负债资料

周先生夫妻目前自住房屋价值80万元，没有贷款，住房公积金账户余额1.2万元。周先生与老伴辛劳一生，原本积攒了20万元的养老金，但是下岗之后，周先生将其中的18万元投资在股票市场。没想到由于股市震荡，几年下来资产严重缩水，目前股票市值只剩下8.6万元。

### 四、理财需求

（1）周先生将在60岁正式退休并领取与老伴相当数额的养老金，他希望届时不再需要女儿支付赡养费即保持每年 3 万元的生活水平。

（2）周先生希望退休后离开城市到郊区租房居住，郊区房租每年 6000 元，城市住房可租可售，如果出租，每年租金 2 万元。

（3）退休当年开始，每年打算准备 8000 元的旅游基金，持续 10 年至 70 岁。

（4）由于女儿计划 5 年后买房，希望届时能够拿出 20 万元资助女儿支付首付款。

（5）虽然炒股损失惨重，但是周先生认为自己只是运气不好，希望能够继续操作，希望理财师能提出好的建议。

（6）能够对现金等流动资产进行有效管理。

**五、实训要求：结合实训指导书完成如下训练**

（1）客户财务状况分析：①编制客户资产负债表；②编制客户收入支出表；③客户财务状况的比率分析（至少分析四个比率，以百分数表示，保留到整数位）。

（2）确定理财规划目标。

（3）制定分项理财规划方案（请结合客户风险特征进行资产配置）。

（4）理财方案总结。

提示：①信息收集时间为 2020 年 1 月，资料截止时间为 2019 年 12 月 31 日。②保险规划中应按人分别列明保险种类，必要额度和保费支出，同时标明具体险种和保险产品。③银行贷款利率及公积金贷款利率参考当前水平确定（案例中已告知的除外）。④计算过程保留四位小数，计算最终结果保留到整数位。

## 实训案例五　单身青年规划案例

### 一、家庭成员背景资料

小罗今年 27 岁，未婚，2014 年大学毕业，现任职于某国有大型商业银行。父亲现年 51 岁，母亲 53 岁，都在农村生活。小罗的弟弟 17 岁，正在读高中，明年高考，成绩很好。

### 二、家庭收支资料（收入均为税前）

小罗每月基本工资加上绩效工资共收入 5000 元，每月支出房租 800 元、水电 100 元、通信 100 元、生活费用 1000 元、给弟弟生活费用 300 元、资助女友开支 500 元。

### 三、家庭资产负债资料

小罗目前有活期存款 2 万元，股票市值 1 万元（盈亏平衡），基金投入 2.5

万元，现在市值 1.3 万元，还有近 3 万元信用卡负债。父母在农村的积蓄为供小罗上大学已经全部用尽，目前基本没有积蓄，但也无负债，每年在农村的收入仅够基本生活和小罗弟弟的教育、生活费用。

### 四、理财需求

（1）小罗预计 3 年内结婚，婚礼筹备等各项费用约 5 万元。

（2）小罗打算结婚 2 年后要小孩，每年小孩开支约 1 万元；另需考虑 3 岁以后的教育费用支出，前 15 年每年 1 万元，上大学 4 年每年学费预计 2 万元。

（3）2 年后购置婚房，需首付 30 万元。

（4）1 年后负担弟弟大学学费和生活费用每年 1.5 万元，持续 4 年。

（5）10 年内在父母所在的县城为父母购买 20 万元住房一套。

（6）小罗目前尚未购买任何保险，父母也无任何保险，希望知道现阶段、2 年后结婚购房时、生子后的家庭风险保障安排。

（7）能够对现金等流动资产进行有效管理。

### 五、实训要求：结合实训指导书完成如下训练

（1）客户财务状况分析：①编制客户资产负债表；②编制客户收入支出表；③客户财务状况的比率分析（至少分析四个比率，以百分数表示，保留到整数位）。

（2）确定理财规划目标。

（3）制定分项理财规划方案（请结合客户风险特征进行资产配置）。

（4）理财方案总结。

提示：①信息收集时间为 2020 年 1 月，资料截止时间为 2019 年 12 月 31 日。②保险规划中应按人分别列明保险种类，必要额度和保费支出，同时标明具体险种和保险产品。③银行贷款利率及公积金贷款利率参考当前水平确定（案例中已告知的除外）。④计算过程保留四位小数，计算最终结果保留到整数位。

## 实训案例六　单薪患病家庭规划案例

### 一、家庭成员背景资料

河南省郑州市的陶先生今年 42 岁，是一家民营企业的中层主管，今年 40 岁的陶太太原来在一家商场担任出纳工作，税前月收入 5000 元。1 年前陶太太被查出患有乳腺癌，留职停薪 1 年，经过及时救治如今正在积极康复中。陶先生母亲 3 年前因病去世，父亲今年 75 岁，与陶先生哥哥一同生活。陶太太父母今年 68 岁，身体健康，与陶太太弟弟一同生活。

## 二、家庭收支资料（收入均为税前）

陶先生税前月收入 1.2 万元。由于陶太太患病，每年的调理、康复等花销，让这个普通职工家庭财务压力大增。过去 1 年家庭生活开销 6 万元，12 岁的女儿教育费用 1 万元，陶太太的医疗费用 3 万元。

## 三、家庭资产负债资料

现有家庭资产包括华夏成长混合基金市值 8 万份，为过去 6 年每月基金定投 1000 元累积，还有定期存款 5 万元，此外就是目前价值 150 万元的自用住宅（在陶先生名下），购买时总价为 100 万元，贷款 6 成，等额本息按月还款，已还款 10 年，剩余期限 20 年。养老金账户余额陶先生 5 万元，陶太太 3 万元。两人都没有投保商业保险。

## 四、理财需求

（1）恢复工作决策：由于生活压力较大，陶太太想尽快重新投入工作，但陶先生认为会影响身体的康复，应多休养一段期间。对陶太太是否明年就投入工作，或是可延后 3 年再工作做方案分析。方案一：明年投入工作；方案二：延后 3 年开始工作。

（2）女儿教育规划：女儿即将念初中，以当地公立全日制规划到大学本科毕业。

（3）退休规划：陶先生夫妻按法定年龄退休，夫妻退休后生活费每年约 5 万元。

（4）康复计划：陶太太从现在开始每年需要花现值 1 万元的费用进行调理、康复，持续年限为 10 年。

（5）加强家庭的保障，购买合适的保险产品。

（6）对家庭现在财务资源进行合理配置，能够对现金等流动资产进行有效管理。

## 五、实训要求：结合实训指导书完成如下训练

（1）客户财务状况分析：①编制客户资产负债表；②编制客户收入支出表；③客户财务状况的比率分析（至少分析四个比率，以百分数表示，保留到整数位）。

（2）确定理财规划目标。

（3）制定分项理财规划方案（请结合客户风险特征进行资产配置）。

（4）理财方案总结。

提示：①信息收集时间为 2020 年 1 月，资料截止时间为 2019 年 12 月 31 日。②保险规划中应按人分别列明保险种类，必要额度和保费支出，同时标明具体险种和保险产品。③银行贷款利率及公积金贷款利率参考当前水平确定（案例中已告知的除外）。④计算过程保留四位小数，计算最终结果保留到整数位。

## 实训案例七　新组建家庭规划案例

### 一、家庭成员背景资料

2018 年 8 月 8 日，赵先生与张女士结婚，赵先生今年 28 岁，国企中层管理人员。张女士今年 25 岁，某私企员工，双方父母健在，身体健康。赵先生父母今年 56 岁，张女士父母今年 50 岁。赵先生和张女士均为独生子女。

### 二、家庭收支资料（收入均为税前）

赵先生月薪 15000 元，年终奖 12 万元，张女士月薪 6000 元，年终奖 2 万元，二人每月按照税前工资的 10% 缴纳"三险一金"。赵先生家庭每月的日常伙食费为 3000 元左右，每月交通费为 500 元，每月通信费为 300 元，家庭应酬每月支出为 1200 元，每年购买衣物支出为 8000 元，张女士每年美容支出为 15000 元，每年旅游支出为 10000 元，赡养双方父母每年需支出 4800 元。

### 三、家庭资产负债资料

赵先生于 2018 年 1 月初购买了一套 85 平方米房屋用于结婚使用，目前市价为 100 万元，购房时总价为 90 万元，首付 27 万元，公积金贷款为 30 万元，商业贷款为 33 万元，均采用等额本息贷款方式，贷款当月开始还贷，贷款期限为 20 年。赵先生对投资很有兴趣，2017 年购买了 10 万元的股票，一度增值到 20 万元，随后经历下跌，目前市值仅为 9 万元，除股票外，赵先生家里有即将到期的定期存款 20 万元，活期存款 8 万元，家庭期望的年投资回报率为 8%，赵先生夫妻除房贷外，目前无其他贷款，除了单位缴纳的"三险一金"外，夫妻二人没有投保其他商业保险。

### 四、理财需求

目前，赵先生想请理财师通过理财规划为其解决以下问题：

（1）如何对现金等流动资产进行有效的管理。

（2）赵先生夫妇决定明年 1 月购买一辆总价为 15 万元的轿车。

（3）赵先生想知道目前只依靠单位福利的风险保障是否完备，如果不足，还需要补充哪些保险。

（4）赵先生夫妇打算两年后要小孩，希望将来孩子到国外读大学，预计需要 80 万元的留学费用。

（5）养老是赵先生夫妇较为关心的规划之一，如何筹集到 500 万元的养老金又不影响孩子教育金的积累。

**五、实训要求：结合实训指导书完成如下训练**

（1）客户财务状况分析：①编制客户资产负债表；②编制客户收入支出表；③客户财务状况的比率分析（至少分析四个比率，以百分数表示，保留到整数位）。

（2）确定理财规划目标。

（3）制定分项理财规划方案（请结合客户风险特征进行资产配置）。

（4）理财方案总结。

提示：①信息收集时间为 2020 年 1 月，资料截止时间为 2019 年 12 月 31 日。②保险规划中应按人分别列明保险种类，必要额度和保费支出，同时标明具体险种和保险产品。③银行贷款利率及公积金贷款利率参考当前水平确定（案例中已告知的除外）。④计算过程保留四位小数，计算最终结果保留到整数位。

### 实训案例八　中年家庭风险管理案例

**一、家庭成员背景资料**

赵先生今年 40 岁，在一家公司担任高级管理人员，赵太太与赵先生同岁，为某高校知名教师。赵先生的父母早已离世，他们唯一的孩子今年 12 岁，正在读小学六年级。赵太太父母现年 70 岁，身体健康，目前跟随赵太太的哥哥生活。

**二、家庭收支资料（收入均为税前）**

赵先生每月收入 15000 元，赵太太收入在 8000 元左右。赵先生有一处老房子，目前租给了一对外籍白领夫妇，每月可获租金收入 6000 元。此外，赵先生家庭还有部分财产性收入，包括国债利息收入每年 5000 元，信托产品收益每年 10000 元。赵先生全家的支出情况如下：全家每个月的日常生活支出约为 6000 元左右，因为对教育十分重视，孩子教育费用每月大概 2000 元。此外，赵先生一家每年还要发生 20000 元左右的旅游支出。

**三、家庭资产负债资料**

赵先生出租的老房子现值 90 万元，现在他们居住在 2010 年贷款购置的第二套房中，市值 110 万元，目前贷款余额尚余 35 万元，预计两年即可还清。除了两处房产外，赵先生还持有 30 万元的国债，每年可获利息，并且购买了 20 万元的信托产品，每年也可获得收益。另有各类银行存款约 40 万元（不考虑利息收入）。

### 四、理财需求

听过一次理财讲座后，赵先生觉得有必要对家庭财产进行一番规划。赵先生主要考虑了以下几个方面的问题：

（1）赵先生夫妇原先对保险了解不多，除参加基本社会保险外没有购买任商业保险。听完讲座后赵先生觉得自己的家庭需要额外的保险保障。

（2）他们计划在孩子高中毕业后（18 岁，从 2025 年当年开始）送往国外读书（本硕连读共六年）。预计届时在国外就读每年所需费用为 12 万元，并且学费将每年上涨 3%，赵先生又希望理财师能为他制定一个子女教育规划（要求最低投资收益率为 6%）。

（3）由于经常出差在外，出于万一的考虑，赵先生决定提前拟定一份遗嘱对财产分配进行安排，这同样需要专家的意见。

（4）对家庭现在财务资源进行合理配置，防范流动性风险，能够对现金等流动资产进行有效管理。

### 五、实训要求：结合实训指导书完成如下训练

（1）客户财务状况分析：①编制客户资产负债表；②编制客户收入支出表；③客户财务状况的比率分析（至少分析四个比率，以百分数表示，保留到整数位）。

（2）确定理财规划目标。

（3）制定分项理财规划方案（请结合客户风险特征进行资产配置）。

（4）理财方案总结。

提示：①信息收集时间为 2020 年 1 月，资料截止时间为 2019 年 12 月 31 日。②保险规划中应按人分别列明保险种类，必要额度和保费支出，同时标明具体险种和保险产品。③银行贷款利率及公积金贷款利率参考当前水平确定（案例中已告知的除外）。④计算过程保留四位小数，计算最终结果保留到整数位。

## 实训案例九　高知家庭育儿案例

### 一、家庭成员背景资料

天津市江帆与未婚妻汪涵是研究生同学，今年都是 25 岁，取得金融学硕士

学位后刚投入工作一年，均在金融机构工作，两人既是同学，又是同行，感情很好。江帆与汪涵的父母今年均 50 岁，尚未退休。

### 二、家庭收支资料（收入均为税前）

江帆与未婚妻汪涵的年工资均为 72000 元。两人企业都有提供"五险一金"。两人的个人生活支出每月各 3000 元。此外，两人去年外出旅游支出较多约 40000 元。

### 三、家庭资产负债资料

由于刚毕业，双方家长可为两人提供 10 万元存款（包括 1 万元活期存款，9 万元定期存款），以备结婚使用。除此之外，两人没有其他金融资产。准夫妻目前没有商业保险，但有结婚后互以对方为受益人买保险的想法，只是不知道应该买何种保险，买多少保额。

### 四、理财需求

（1）结婚规划：两人准备尽快（今年）结婚，届时需要婚礼开销共 5 万元。婚前两人都住父母家，婚后计划搬出来住，月房租 4000 元（今年也按照全年租房考虑），暂时考虑需要租房 5 年的时间。

（2）育儿规划：由于二人与父母的意见不一致，商量了两个方案。

方案一：江帆的父母 5 年后退休，希望女儿结婚 2 年后就能够要宝宝，在这种情况下，可以提供前 3 年的抚养费用。

方案二：汪涵希望婚后 5 年再要宝宝。抚养宝宝费用每年现值为 2 万元，到 24 岁为止。子女的教育费用从幼儿园到研究生都比照天津市私立寄宿制标准从宽规划。

二人希望理财师就 2 年后与 5 年后要宝宝的 2 个方案作分析，看哪个方案更为可行。

（3）购房规划：为了给孩子更好的生活，两人准备 5 到 8 年后在天津购买一套现值为 180 万（可接受值）到 200 万元（理想值）的房子。

（4）退休规划：两人计划 55 岁退休，年退休生活费用现值各 4 万元。江帆爱好旅游，打算在妻子 55 岁退休之后每年花费现值 3 万元用于国外旅游，持续 20 年。

（5）加强家庭的保障，购买合适的保险产品。

（6）对家庭现在财务资源进行合理配置，能够对现金等流动资产进行有效管理。

### 五、实训要求：结合实训指导书完成如下训练

（1）客户财务状况分析：①编制客户资产负债表；②编制客户收入支出表；③客户财务状况的比率分析（至少分析四个比率，以百分数表示，保留到整数位）。

（2）确定理财规划目标。

（3）制定分项理财规划方案（请结合客户风险特征进行资产配置）。

（4）理财方案总结。

提示：①信息收集时间为 2020 年 1 月，资料截止时间为 2019 年 12 月 31 日。②保险规划中应按人分别列明保险种类，必要额度和保费支出，同时标明具体险种和保险产品。③银行贷款利率及公积金贷款利率参考当前水平确定（案例中已告知的除外）。④计算过程保留四位小数，计算最终结果保留到整数位。

## 实训案例十　全职妈妈两难选择案例

### 一、家庭成员背景资料

家住武汉市的王明今年 35 岁，与妻子李静结婚 5 年，李静今年 33 岁，两人都是金融从业人员。王明为独生子，其父母离异多年，父亲已去世，母亲与王明一家共同生活。李静父母今年 58 岁，身体健康，收入稳定，仅有李静一个女儿。

### 二、家庭收支资料（收入均为税前）

王明税前月收入 1 万元，李静税前月收入 8000 元，家庭另有年金融投资收益 4000 元。目前每年家庭支出 6 万元，其中夫妻各 3 万元。李静今年投保了一份以自己为被保险人的某保险公司的重大疾病保险，年缴费为 13000 元（其中保障性保费 5000 元，储蓄性保费 8000 元），缴费共 10 年，保额为 15 万元，保单现金价值 8000 元，10 年后到期一次性返还保额 15 万元。

### 三、家庭资产负债资料

1 年前王明夫妇购买了总价值为 100 万元的自住房产，其中公积金贷款 60 万元，贷款年限 240 个月。现在家庭拥有活期存款 2 万元，基金 3.5 万元，精选股票（QDII）6 万元。两人都有社保，养老金账户余额夫妻分别为 6 万元与 5 万元。

### 四、理财需求

（1）双胞胎育儿决策：李静目前已怀有双胞胎，6 个月后出生。由于双方父

母年纪较大，无法帮忙带小孩，对如何带两个宝宝的问题，夫妻商量了两个方案。

方案一：从现在开始每月 5000 元请一个住家保姆，需要保姆帮助 4 年的时间；

方案二：李静辞去工作自己带小孩，等 4 年后小孩上幼儿园再重新找工作，届时的税后年收入 8 万元。除了保姆费以外，抚养双胞胎的费用为每年 4 万元（每人每年 2 万元），可接受值为理想值的 80%，一直到子女 24 岁为止。

王明夫妇想请理财师就请保姆带孩子与辞职自己带孩子两方案作分析，看哪个方案更为可行。

（2）换房规划：王明夫妇打算 6 年后换购当地较好的学区房，房价现值为 200 万元（可接受值为理想值的 80%），使用商业贷款，预计换房房屋贷款首付 40%，贷款期限 25 年。

（3）双胞胎的教育金规划：子女的教育费用从幼儿园到研究生比照湖北省私立寄宿制标准。

（4）退休规划：王先生与太太都打算正常退休，也就是王先生 60 岁退休，太太 55 岁退休，退休后的生活费用现值每年各 4 万元，可接受值为理想值的 70%。

（5）加强家庭的保障，特别是考虑到两个孩子以后的生活，推荐购买合适的保险产品。

（6）对家庭现在财务资源进行合理配置，能够对现金等流动资产进行有效管理。

**五、实训要求：结合实训指导书完成如下训练**

（1）客户财务状况分析：①编制客户资产负债表；②编制客户收入支出表；③客户财务状况的比率分析（至少分析四个比率，以百分数表示，保留到整数位）。

（2）确定理财规划目标。

（3）制定分项理财规划方案（请结合客户风险特征进行资产配置）。

（4）理财方案总结。

提示：①信息收集时间为 2020 年 1 月，资料截止时间为 2019 年 12 月 31 日。②保险规划中应按人分别列明保险种类，必要额度和保费支出，同时标明具体险种和保险产品。③银行贷款利率及公积金贷款利率参考当前水平确定（案例中已告知的除外）。④计算过程保留四位小数，计算最终结果保留到整数位。

## 实训案例十一　职业投资人家庭规划案例

### 一、家庭成员背景资料

赵先生夫妇今年均为 35 周岁，有一个 7 岁的儿子，赵先生是一名职业投资人，赵太太今年 33 周岁，是一名外科医生。赵先生和赵太太的父母现年均为 65 周岁，目前生活在农村，赵先生还有两个哥哥也生活在农村，赵太太的父母与其哥哥一起生活。

### 二、家庭收支资料（收入均为税前）

赵先生收入较高，2019 年收入为 62 万元，但没有社保，赵太太收入稳定，月薪 1.5 万元，并有年终奖 5 万元，社保也比较全面。赵先生一家虽然收入较高，但消费理念比较保守，全家每月基本生活费用 6000 元，赵先生每年养车需要支出 3 万元，赵太太每年美容及健身需支出约 2 万元，赵先生爱好旅游，每年会带妻子和儿子出去游玩一次，需要花费 5 万元，此外，每年给予双方父母共 10 万元。

### 三、家庭资产负债资料

赵先生长期投资股票市场，理财观念较强，家庭有活期储蓄 5 万元，货币市场基金 15 万元，债券型基金 80 万元，股票型基金 200 万元，还有 500 万元股票，所有投资产品今年的总收益为 80 万元。此外，赵先生拥有一套住房，购买价格 200 万元，购买于 2016 年 1 月（当月开始还贷），贷款 150 万元，期限 25 年，利率为 6.5%，采用等额本息还款法，现在升值为 240 万元，赵先生还有一辆价值 30 万元的汽车。

### 四、理财需求

赵先生家庭对理财的需求主要集中在以下几个方面：

（1）赵先生夫妇希望儿子能够接受良好的教育，计划让儿子大学毕业后出国留学（假设届时为 22 岁），现在出国留学费用约为 100 万元，预计年增长率为 5%。因此赵先生家庭需要现在建立教育金账户，及早准备儿子的留学教育金。

（2）赵先生夫妇均未购买商业保险。赵先生虽然去年收入较高，但身为职业投资人，收入并不稳定，而且没有任何保障，赵先生担心自己发生意外，给家庭带来经济危机，所以计划投保一份商业保险。

（3）赵先生夫妇希望 50 岁退休，享受晚年生活。夫妇二人计划退休后去各地旅游，考虑到通货膨胀因素和对生活品质的要求，预计退休后每年需要 20 万元，持续 35 年，因此现在开始就需要准备养老基金，假设退休前投资收益率为 5%，退休后的投资收益率与通货膨胀率相互抵消，不予考虑。

（4）对家庭现在财务资源进行合理配置，能够对现金等流动资产进行有效管理。

**五、实训要求：结合实训指导书完成如下训练**

（1）客户财务状况分析：①编制客户资产负债表；②编制客户收入支出表；③客户财务状况的比率分析（至少分析四个比率，以百分数表示，保留到整数位）。

（2）确定理财规划目标。

（3）制定分项理财规划方案（请结合客户风险特征进行资产配置）。

（4）理财方案总结。

提示：①信息收集时间为 2020 年 1 月，资料截止时间为 2019 年 12 月 31 日。②保险规划中应按人分别列明保险种类，必要额度和保费支出，同时标明具体险种和保险产品。③银行贷款利率及公积金贷款利率参考当前水平确定（案例中已告知的除外）。④计算过程保留四位小数，计算最终结果保留到整数位。

## 实训案例十二　高品质养老规划案例

**一、家庭成员背景资料**

赵先生，本科学历，今年 28 岁，北京某金融机构的部门经理；赵太太，研究生学历，今年 26 岁，任职于某大型国有企业。赵先生父母今年 55 岁，尚未退休，仅有赵先生一子，赵太太父母今年 50 岁，赵太太还有一个弟弟，尚未工作，还在读书。

**二、家庭收支资料（收入均为税前）**

赵先生每月收入 2 万元，赵太太每月税前收入 8000 元，两人每月按照税前工资的 15% 缴纳"三险一金"。赵先生夫妇每月的日常生活开支约 5000 元，交通费 3000 元，业余时间他们经常会参加一些娱乐活动，每月花销在 2500 元左右。每年出去旅游一次，费用保持在 3 万元左右。二人在 2 年内有生育子女计划。

**三、家庭资产负债资料**

两人现在住的房子是 2018 年 1 月购买的，购买时总价款为 85 万元，一次付清 35 万元，其余的 50 万元通过住房公积金贷款，贷款年限为 10 年，采用等额本息还款方式，贷款当月开始还款。赵先生有 5 年定期存款 10 万元，还有半年到期，活期存款 5 万元，另外还拥有赵太太公司的股票 10 万元，2016 年起 3 年内不能转让，年平均收益在 8% 左右。商业保险方面，由于夫妇俩对保险的了解较少，而且两人单位福利都较好（配合社会保险提供了较为完备的寿险和意外保险），所以均未购买任何商业保险。

**四、理财需求**

目前，赵先生夫妇想请理财师通过理财规划为其解决以下问题：

（1）对家庭现在财务资源进行合理配置，能够对现金等流动资产进行有效管理。

（2）赵先生想知道目前只依靠社会保障的风险保障是否完备，如果不足，还需要补充哪些保险。

（3）赵先生夫妇 60 岁时正常退休，因为平时赵先生夫妇工作较忙，两人很少一同旅游，因此赵先生夫妇二人希望退休后，可以有时间一同走走各地的风景名胜，增加每年旅游费用预算。

（4）赵先生因为经常喝酒应酬，身体并不是很好，综合考虑各种休闲费用和医疗支出，两人预计以 85 岁为生存目标，至少需要 250 万元的养老费用。

**五、实训要求：结合实训指导书完成如下训练**

（1）客户财务状况分析：①编制客户资产负债表；②编制客户收入支出表；③客户财务状况的比率分析（至少分析四个比率，以百分数表示，保留到整数位）。

（2）确定理财规划目标。

（3）制定分项理财规划方案（请结合客户风险特征进行资产配置）。

（4）理财方案总结。

提示：①信息收集时间为 2020 年 1 月，资料截止时间为 2019 年 12 月 31 日。②保险规划中应按人分别列明保险种类，必要额度和保费支出，同时标明具体险种和保险产品。③银行贷款利率及公积金贷款利率参考当前水平确定（案例中已告知的除外）。④计算过程保留四位小数，计算最终结果保留到整数位。

### 实训案例十三　双胞胎子女教育规划案例

**一、家庭成员背景资料**

钱先生与钱太太生活在一线城市，今年均 32 岁，钱先生在外资企业做管理工作，妻子是普通公务员。2018 年初钱太太喜得一对双胞胎儿子，目前一家四口生活非常幸福。钱先生和钱太太均为独生子女，钱先生父母今年 61 岁，钱太太父母已去世。

## 二、家庭收支资料（收入均为税前）

钱先生月薪 12000 元，妻子月薪 6000 元，出租房产每年可获得 15000 元租金收入。二人每月按照税前工资的 10% 缴纳"三险一金"。钱先生家庭财务支出比较稳定，除了基本的日常生活支出外，就是不定期的服装购置和旅游支出，两个儿子出生后每月需各种营养、衣物用品费用 1500 元，二人有一辆市值 15 万元的中档汽车，每月各种养车费用约 1000 元。钱太太办的美容卡每年需要 12000元，夫妇平均每月的日常生活开支为 3000 元，钱先生应酬较多，家庭应酬支出平均每月 2000 元，每年旅游支出 2 万元。

## 三、家庭资产负债资料

钱太太目前拥有一套 40 平方米的住宅，是父母留下的老房子，目前市价 100万元，用于出租。为了给双胞胎儿子更大的生活空间，钱先生 2019 年 1 月首付50 万元贷款购买了一套总价 150 万元的 100 平方米住房，采用等额本息还款方式，贷款当月开始还款，贷款期限 20 年，目前该套房屋市值 170 万元。夫妇二人对金融投资不是特别在行，四年前经人介绍购买了 20 万元的股票，一度增值到 40 万元，因此钱先生 2017 年初又追加投资 20 万元，结果经历了股市暴跌，目前市值仅余 25 万元。除股票外，钱先生家庭里有即将到期的定期存款 50 万元，活期存款 10 万元。家庭期望的年投资回报率为 6%。钱先生夫妻除房贷外目前无其他贷款，除了单位缴纳的"三险一金"外夫妻二人没有投保其他商业保险。

## 四、理财需求

目前，钱先生想请理财师通过理财规划为其解决以下问题：

（1）钱先生考虑到目前家庭轿车使用年头已久，并且儿子长大后，轿车空间已不够使用，因此希望购买一辆价值 30 万元的汽车。

（2）钱先生想知道目前只依靠简单社会保障的风险保障是否完备，如果不足，还需要补充哪些保险。

（3）两个孩子是夫妻二人的希望，他们希望儿子能接受良好的教育，因此钱先生想请理财师着重为其解决两个儿子的高等教育费用问题。儿子还有 16 年上大学，夫妻二人希望儿子在国内读完大学后能双双到国外留学两年，预计共需要高等教育金 350 万元。

（4）对家庭现在财务资源进行合理配置，能够对现金等流动资产进行有效管理。

**五、实训要求：结合实训指导书完成如下训练**

（1）客户财务状况分析：①编制客户资产负债表；②编制客户收入支出表；③客户财务状况的比率分析（至少分析四个比率，以百分数表示，保留到整数位）。

（2）确定理财规划目标。

（3）制定分项理财规划方案（请结合客户风险特征进行资产配置）。

（4）理财方案总结。

提示：①信息收集时间为 2020 年 1 月，资料截止时间为 2019 年 12 月 31 日。②保险规划中应按人分别列明保险种类，必要额度和保费支出，同时标明具体险种和保险产品。③银行贷款利率及公积金贷款利率参考当前水平确定（案例中已告知的除外）。④计算过程保留四位小数，计算最终结果保留到整数位。

**实训案例十四　二胎养育规划案例**

**一、家庭成员背景资料**

孙先生今年 33 岁，研究生毕业后就职于北京一家 IT 公司，孙太太 36 岁，公务员，夫妻二人有一个女儿孙祺，今年 6 岁。孙先生父母今年 60 岁，身体健康，孙先生还有一个妹妹，已参加工作。孙太太父母今年 63 岁，孙太太为独生女。

**二、家庭收支资料（收入均为税前）**

孙先生年薪 30 万（每月税前 2 万，年终奖 6 万），公司缴纳各种社保，另外为每位员工投保了 20 万元的意外险，公司支付保费 200 元。而孙先生本人无任何其他保险。孙太太每月收入 8000 元，年终有 13 个月的工资。孙太太给自己购买了一份保额为 10 万元的趸交终身重大疾病险。孙太太单位给孙祺购买了一份教育年金保险，当孙祺上大学时，保险公司将提供每年 2 万元的教育经费，到四年大学毕业为止。家庭支出情况：女儿孙祺的教育支出每学期 9000 元，每个月学钢琴和舞蹈费用 1500 元，孙先生工作出差支出 5000 元每年。此外，养车费用每月 2000 元，车险每年 4600 元，每月运动娱乐支出 1000 元，孙太太美容支出每月 1000 元。家庭日常生活支出每月 3500 元，衣物支出全年 5000 元，每月孝敬双方父母共计 3500 元。

### 三、家庭资产负债资料

孙先生家庭现有 110 平方米住房一套，为 2014 年购买，总价 170 万元，首付 70 万元，其余从银行贷款，其中 40 万元为公积金贷款，其余为商业住房贷款，期限均为 25 年，等额本息还款，目前房子的市价为 200 万。孙先生拥有一辆汽车，2016 年购买，买价 26 万元，现价值 15 万元。孙先生名下有存款 30 万元，20 万定期存款，10 万元活期存款。此外还有 2 万元货币型基金，股票市值 15 万元。孙太太名下有住房一套，60 平方米，于 2012 年购买现市值 100 万元，用于出租，每月租金 3500 元，孙太太还持有 2016 年购买的 5 年国债 10 万元和 5 万活期存款。国债的票面利率为 3.65%，此外还有股票型开放式基金 20 万元，现市值 22 万元。孙先生另有现金 5000 元。孙先生性格沉稳，属于稳健偏进取型投资偏好，但孙太太较保守。

### 四、理财需求

（1）二胎养育计划：孙先生夫妇很喜欢小孩，打算生育二胎，从现在起 5 年内生育及养育费用每年约 3 万元，未来二胎子女的教育费用，从幼儿园至高中每年约 2 万元。

（2）退休规划，孙先生计划 50 岁提前退休，孙女士计划 53 岁退休，预计余寿 30 年，生活支出为现在的 70%。

（3）慈善计划：孙先生夫妻打算从现在开始每年拿出 1 万元资助贫困山区的孩子完成学业。

（4）孙先生想知道目前只依靠单位福利的风险保障是否完备，如果不足，还需要补充哪些保险。

（5）对家庭现在财务资源进行合理配置，能够对现金等流动资产进行有效管理。

### 五、实训要求：结合实训指导书完成如下训练

（1）客户财务状况分析：①编制客户资产负债表；②编制客户收入支出表；③客户财务状况的比率分析（至少分析四个比率，以百分数表示，保留到整数位）。

（2）确定理财规划目标。

（3）制定分项理财规划方案（请结合客户风险特征进行资产配置）。

（4）理财方案总结。

提示：①信息收集时间为 2020 年 1 月，资料截止时间为 2019 年 12 月 31 日。②保险规划中应按人分别列明保险种类，必要额度和保费支出，同时标明具体险

种和保险产品。③银行贷款利率及公积金贷款利率参考当前水平确定（案例中已告知的除外）。④计算过程保留四位小数，计算最终结果保留到整数位。

## 实训案例十五　单身母亲发展事业规划案例

### 一、家庭成员背景资料

李女士今年 36 岁，是一家品牌服装店老板，目前处于离异状态，与前夫有一个现年 8 岁的女儿琳琳，李女士与琳琳共同生活。李女士母亲已因病去世，父亲今年 67 岁，与李女士的哥哥一同生活。李女士属于稳健偏进取型，个人比较时尚，讲究高品质生活。

### 二、家庭收支资料（收入均为税前）

李女士的服装店每年经营净收入 15 万元，未来 10 年如果不出意外其服装店的收益可以保持稳定，并会随通货膨胀率上升。李女士与女儿琳琳现租住在 60 平方米的两室一厅公寓内，每月租金 2500 元，物业水电费每月 1000 元。女儿今年 8 岁，由李女士抚养，其前夫每月支付 1500 元抚养费，直到女儿工作为止。

### 三、家庭资产负债资料

2016 年，李女士离婚成为单身母亲，原房产归丈夫所有，但其前夫补偿李女士 30 万元，李女士将其存入定期存款，为将来女儿留学之用。2018 年底李女士为方便生意往来需要，购买中档轿车一辆，价值 20 万元，首付 10 万元，向银行贷款 5 年，利率 4.95%，现已还款 1 年，还需还款 4 年，但车的价值已经降至 17 万元，汽车每年贬值率 15%，每月养车成本 1500 元。目前，李女士自己也攒下 40 万元，10 万元用来买车，剩下 30 万元作为专卖店的流动资金。

### 四、理财需求

（1）买房计划：因房东要提高房租，李女士认为拿这么多钱租房还不如买一套属于自己的房子，于是决定购房。李女士计划购买一套 60 平方米，每平方米 8000 元的房子，但需要 25 万元首付款和装修费用。

（2）旅游计划：李女士计划 50 岁开始安心享受生活，并可以到国外旅游，预计需要 10000 元/年。

（3）购买商铺计划：李女士的专卖店 60 平方米，每月租金 5000 元，但租金每年以 10% 速度增长，李女士想要买下商铺，目前商铺的市值为 130 万元，预计 14 年后退休时，商铺价值可高达 176 万元。如果退休时有这笔钱，李女士就不需要依靠女儿了，李女士身体状况良好，预计退休后余寿 35 年。可面对购房计划，又不知如何取舍。

（4）教育规划：预计女儿大学每年的费用现值为 1 万元，出国留学的费用现值为 15 万元，可否实现？

（5）李女士想知道目前自己和女儿的风险保障是否完备，如果不足，还需要补充哪些保险。

**五、实训要求：结合实训指导书完成如下训练**

（1）客户财务状况分析：①编制客户资产负债表；②编制客户收入支出表；③客户财务状况的比率分析（至少分析四个比率，以百分数表示，保留到整数位）。

（2）确定理财规划目标。

（3）制定分项理财规划方案（请结合客户风险特征进行资产配置）。

（4）理财方案总结。

提示：①信息收集时间为 2020 年 1 月，资料截止时间为 2019 年 12 月 31 日。②保险规划中应按人分别列明保险种类，必要额度和保费支出，同时标明具体险种和保险产品。③银行贷款利率及公积金贷款利率参考当前水平确定（案例中已告知的除外）。④计算过程保留四位小数，计算最终结果保留到整数位。

## 实训案例十六　事业有成家庭慈善规划案例

### 一、家庭成员背景资料

吴先生今年 50 岁，正值事业高峰期，是一家大型房地产集团的高层管理人员；妻子 45 岁，是大学教师；女儿今年 20 岁，正在国外留学。吴先生父母已去世多年。吴太太父母今年 73 岁，身体健康，与吴太太弟弟一同生活。

### 二、家庭收支资料（收入均为税前）

吴先生年薪 40 万元，妻子年薪 10 万元。另外每年有利息收入 5 万元，股息收入 3 万元，房租收入 5 万元。吴先生家每年的主要生活开支约 20 万元。家庭购买了部分保险产品，年缴保费 6 万元，还要缴费 10 年。

### 三、家庭资产负债资料

吴先生家庭目前有银行存款 200 万元，吴先生持有任职房产公司价值 100 万元的股票，已有三套价值均为 100 万元的房产，其中一套自住，一套度假用，还有一套出租，贷款都已还清。吴先生夫妻都有参加社会保险，同时吴先生身为公司高管，公司为其提供了保额为 80 万元的团体寿险。商业保险方面，吴先生已投保终身寿险保额 100 万元，吴太太已投保终身寿险保额 50 万元。已缴 10 年保费，目前的现金价值为 70 万元。

### 四、理财需求

（1）女儿留学费用每年 30 万元左右，念完硕士预计还要 4 年。

（2）预计 10 年后与妻子一起退休，退休后的生活需要：前 10 年含旅游的费用每年 20 万元，之后 20 年含医疗的费用每年 15 万元。

（3）吴先生还希望能够回馈社会，退休后以 500 万元设立一个基金会，提供奖学金资助贫困地区学生。

（4）吴先生想知道经由上述规划后，若 30 年后过世，还有多少遗产（含保险金）可以留给女儿。

（5）吴先生家庭的保险规划是否完善，是否需要增加保障。

### 五、实训要求：结合实训指导书完成如下训练

（1）客户财务状况分析：①编制客户资产负债表；②编制客户收入支出表；③客户财务状况的比率分析（至少分析四个比率，以百分数表示，保留到整数位）。

（2）确定理财规划目标。

（3）制定分项理财规划方案（请结合客户风险特征进行资产配置）。

（4）理财方案总结。

提示：①信息收集时间为 2020 年 1 月，资料截止时间为 2019 年 12 月 31 日。②保险规划中应按人分别列明保险种类，必要额度和保费支出，同时标明具体险种和保险产品。③银行贷款利率及公积金贷款利率参考当前水平确定（案例中已告知的除外）。④计算过程保留四位小数，计算最终结果保留到整数位。

## 实训案例十七　创业家庭规划案例

### 一、家庭成员背景资料

44 岁的丁先生和 39 岁的丁太太合伙创办了一家汽配公司，夫妻二人有一个儿子，今年 14 岁，读初中二年级，没有任何保险。丁先生和丁太太也没有参加任何社会保障。丁先生母亲已去世，父亲今年 74 岁，目前在养老院生活，丁先生还有一个妹妹。丁太太父母身体健康，今年均 67 岁，仅有丁太太一个子女。

### 二、家庭收支资料（收入均为税前）

汽配公司初始投入资本额 300 万元，两人各占 50% 股份，过去一年合伙企业

的年收入为 50 万元（均按个人综合所得算税）。丁先生家庭的每月生活支出 2 万元。丁先生和丁太太没有参加任何社会保障。丁先生和丁太太每人都购买了定期寿险，保额各 100 万元，丁先生每年缴保费 5000 元，丁太太每年缴保费 4000元，还需缴费 15 年。

### 三、家庭资产负债资料

丁先生名下有股票 50 万元，丁太太名下有活期存款 5 万元，定期存款 30 万元，债券 50 万元，还有商业贷款 120 万元，剩余贷款期限 10 年，每月等额本息还款。两人名下自住房价值 250 万元，丁先生名下有奥迪 A6 汽车一辆，已使用 6 年，目前市值 10 万元。

### 四、理财需求

（1）换房规划：尽快换购一套市值 600 万元的新房，旧房出售，首付四成，其余按揭。

（2）换车规划：1 年内换购一辆新款奥迪 A6 汽车，价格 50 万元，全额付款，旧车出售。

（3）为儿子丁丁准备 4 年的大学学费，每年学费预计 2 万元。儿子国内大学毕业后计划去美国斯坦福大学留学 2 年，硕士毕业后争取留在美国工作，因此还要为儿子准备留学费用，大约 100 万元。

（4）退休规划：丁先生夫妇 15 年后同时退休，退休后计划每年赴美看望儿子丁丁一次，每次花费约 5 万元，持续 10 年。退休时计划将合伙企业盘出。

（5）丁先生家庭的保险规划是否完善，是否需要增加保障。

（6）对家庭现在财务资源进行合理配置，能够对现金等流动资产进行有效管理。

### 五、实训要求：结合实训指导书完成如下训练

（1）客户财务状况分析：①编制客户资产负债表；②编制客户收入支出表；③客户财务状况的比率分析（至少分析四个比率，以百分数表示，保留到整数位）。

（2）确定理财规划目标。

（3）制定分项理财规划方案（请结合客户风险特征进行资产配置）。

（4）理财方案总结。

提示：①信息收集时间为 2020 年 1 月，资料截止时间为 2019 年 12 月 31 日。②保险规划中应按人分别列明保险种类，必要额度和保费支出，同时标明具体险种和保险产品。③银行贷款利率及公积金贷款利率参考当前水平确定（案例中已告知的除外）。④计算过程保留四位小数，计算最终结果保留到整数位。

## 实训案例十八　再婚家庭规划案例

### 一、家庭成员背景资料

深圳市的马先生今年 48 岁，为一家服装企业的总经理。马先生妻子 10 年前因病去世，儿子马小跟随马先生一起生活，今年 22 岁，大学刚毕业。马先生一年前再婚，夫人刘洁女士今年 38 岁，与马先生结婚后做全职太太。马先生父母已去世多年。刘洁父母今年 65 岁，与刘洁的哥哥一同生活。

### 二、家庭收支资料（收入均为税前）

马先生税前月收入 4 万元，另有因持有股票等投资性资产而获得的金融投资收益税后每年 7 万元（马先生名下）。另有商铺出租收入每年 12 万元。家庭年生活支出为 12 万元，娱乐置装等其他支出每年约 5 万元。

### 三、家庭资产负债资料

家庭资产目前全部是在马先生名下。其中，自住房价值 350 万元，自用车价值 15 万元。5 年前投资一处商铺，目前市值 200 万元，商业贷款余额 100 万元，按月等额本息还款，还有 15 年还清。家庭拥有活期存款 20 万元，定期存款 80 万元。马先生名下有任职公司股票价值 20 万元，博时大中华 QDII 股票型基金 25 万份，博时信用 A 债券型基金 15 万份。马先生有社保，养老金已缴费年限 15 年，目前养老金账户 12 万元，住房公积金账户 15 万元，马先生已投保以自己为被保险人的终身寿险保额 100 万元，保费已经缴清，寿险现金价值为 50 万元，受益人为马太太。

### 四、理财需求

（1）儿子马小读博士或创业规划：①读博士方案：马先生鼓励儿子大学毕业后到加拿大多伦多接受高等教育，预计需要 5 年取得博士学位（硕士 2 年，博士 3 年），每年学费和生活费用需要 30 万元。②创业方案：如果儿子没有兴趣或能力不够，则准备拿出 100 万元当儿子的创业基金。

（2）子女抚养规划：马太太刚刚生下一女取名马艺（0 岁），小孩抚养费用现值每年 3 万元，以 24 年计。教育费用大学以前（包括大学）以当地私立寄宿制学费从宽规划，大学以后与大儿子读博规划相同。

（3）换房规划：马先生打算 3 年后出售自住房和商铺换购 600 万元的郊区别墅（可接受值为 500 万元）。

（4）退休规划：马先生预计 10 年后退休，预计退休后夫妻日常开销现值每年各 6 万元。

（5）加强家庭的保障，购买合适的保险产品。

（6）对家庭现在财务资源进行合理配置，能够对现金等流动资产进行有效管理。

**五、实训要求：结合实训指导书完成如下训练**

（1）客户财务状况分析：①编制客户资产负债表；②编制客户收入支出表；③客户财务状况的比率分析（至少分析四个比率，以百分数表示，保留到整数位）。

（2）确定理财规划目标。

（3）制定分项理财规划方案（请结合客户风险特征进行资产配置）。

（4）理财方案总结。

提示：①信息收集时间为 2020 年 1 月，资料截止时间为 2019 年 12 月 31 日。②保险规划中应按人分别列明保险种类，必要额度和保费支出，同时标明具体险种和保险产品。③银行贷款利率及公积金贷款利率参考当前水平确定（案例中已告知的除外）。④计算过程保留四位小数，计算最终结果保留到整数位。

## 实训案例十九　移居家庭规划案例

### 一、家庭成员背景资料

温先生，40 岁，台资公司管理者兼创设人，温先生到大陆工作已两年，事业稳定后想把全家搬到大陆居住。温太太，32 岁，全职太太。夫妻二人有一个 6 岁的儿子和一个 4 岁的女儿。温先生的父亲 75 岁，母亲 70 岁，都有退休金，不需要温先生赡养。温先生还有一个妹妹，已工作。温太太父母今年 65 岁，与温太太的哥哥一起生活。

### 二、家庭收支资料（收入均为税前）

温先生每月薪资收入 30000 元，年经营收入 70 万元，另有每月房租收入 15000 元，年投资参股分红收入 40 万元。温先生目前在大陆的个人开销每月 8000 元。在台湾的家庭每月生活支出 10000 元，两子女年学费支出 50000 元，家庭年保费支出 20000 元。

### 三、家庭资产负债资料（均以人民币计价）

温先生现有台湾住房 200 平方米，市值 150 万元，无贷款，另有定期存款 20

万元。在大陆的资产有面值 300 万元的台资公司股票。两年前购买的进口车一部，价值 80 万元。温先生目前在两岸都没有参加社会保险，商业保险保单有终身寿险保额 100 万元，10 年前在台湾时购买，目前的现金价值为 28 万元，还要缴费 10 年。

**四、理财需求**

（1）温先生想把妻儿与父母接到大陆一起居住，温先生打算尽快在大陆购买价值 300 万元的别墅。

（2）温先生的儿子和女儿来大陆后将就读国际学校，预计每人每年学费 10 万元。将来打算到美国完成大学与硕士学业，每人每年 30 万元，预计每人就读 4 年。

（3）温先生打算 20 年后退休，希望到时卖出所持有的公司股票，搬回台湾生活，每月生活费用大约 1 万元。

（4）因为退休时公司股票能卖多少钱有很大的变数，影响到退休后目标能否达成，因此温先生想让理财师帮他预计一下卖出后的所得，是否可以达到 500 万元。

（5）温先生家庭的保险规划是否完善，是否需要增加保障。

（6）对家庭现在财务资源进行合理配置，能够对现金等流动资产进行有效管理。

**五、实训要求：结合实训指导书完成如下训练**

（1）客户财务状况分析：①编制客户资产负债表；②编制客户收入支出表；③客户财务状况的比率分析（至少分析四个比率，以百分数表示，保留到整数位）。

（2）确定理财规划目标。

（3）制定分项理财规划方案（请结合客户风险特征进行资产配置）。

（4）理财方案总结。

提示：①信息收集时间为 2020 年 1 月，资料截止时间为 2019 年 12 月 31 日。②保险规划中应按人分别列明保险种类，必要额度和保费支出，同时标明具体险种和保险产品。③银行贷款利率及公积金贷款利率参考当前水平确定（案例中已告知的除外）。④计算过程保留四位小数，计算最终结果保留到整数位。

**实训案例二十 夫妻展业经营规划案例**

**一、家庭成员背景资料**

张军与妻子赵婷今年都是 26 岁，一年前结婚后以张军父母资助的 10 万元创业（以实业投资核算），在重庆市开设了一家麻辣火锅店（合伙个体户）。二人目前无子女。夫妻二人父母今年均 50 岁，生活在农村老家。

### 二、家庭收支资料（收入均为税前）

过去一年二人经营火锅店的税前个人所得分别为 6 万元（视同工作收入），另有年理财收入（税后金融投资收益）2000 元。张军夫妇家庭每月生活支出 4000 元，房租支出 2000 元。从 2018 年起，夫妻每人每年各投入 2000 元用于购买重大疾病险（纯保障型），保额夫妻各 20 万元，保费投入持续 20 年。

### 三、家庭资产负债资料

张军夫妇现有现金 1 万元，定期存款 5 万元，混合型基金 3 万元。夫妻双方均未缴纳社会保险，以后也不打算缴纳，用商业保险代替社会保险。

### 四、理财需求

（1）商业规划：夫妻二人打算 2019 年当年筹资 10 万元再开一家分店，次年产生收入，届时两家火锅店夫妻各管一家，预计两家火锅店次年税后利润均为 11 万元。

（2）购房规划：夫妻两人商量了两个方案，方案一：两年后首次购买 100 平方米住房一套，目标房价为 100 万元；方案二：4 年后子女出生时再购置 150 平方米住房一套，预计房款为 160 万元。请就张军夫妇两个购房方案做分析，看哪个方案更为可行。

（3）子女养育规划：夫妻两人现阶段打算合力创业，4 年后再生育子女，3 岁开始上幼儿园，幼儿园、小学、初中、高中、本科、研究生学费均以当地私立寄宿制从宽规划。每年子女的生活费现值为 2 万元（生活费计算到子女 24 岁研究生毕业为止）。

（4）预计首次开店 30 年后，夫妻两人 55 岁时同时退休，火锅店交由子女继续经营，希望过上比现在更高水平的退休生活，预计年生活费现值为 5 万元。

（5）加强家庭的保障，购买合适的保险产品。

（6）对家庭现在财务资源进行合理配置，能够对现金等流动资产进行有效管理。

### 五、实训要求：结合实训指导书完成如下训练

（1）客户财务状况分析：①编制客户资产负债表；②编制客户收入支出表；③客户财务状况的比率分析（至少分析四个比率，以百分数表示，保留到整

数位）。

（2）确定理财规划目标。

（3）制定分项理财规划方案（请结合客户风险特征进行资产配置）。

（4）理财方案总结。

提示：①信息收集时间为 2020 年 1 月，资料截止时间为 2019 年 12 月 31 日。②保险规划中应按人分别列明保险种类，必要额度和保费支出，同时标明具体险种和保险产品。③银行贷款利率及公积金贷款利率参考当前水平确定（案例中已告知的除外）。④计算过程保留四位小数，计算最终结果保留到整数位。

## 实训案例二十一　新婚家庭婚后生活规划案例

### 一、家庭成员背景资料

辽宁省大连市的陈女士今年 35 岁，外企中层。陈女士有个交往 2 年的男朋友刘先生，35 岁。两人准备明年结婚。陈女士父母都是 70 岁，目前身体健康，陈女士为独生女。刘先生父母今年 60 岁，仅有刘先生一个儿子。

### 二、家庭收支资料（收入均为税前）

陈女士月收入为 1 万元，个人年日常支出 6 万元；刘先生月收入为 1 万元，另有年终奖 3 万元，个人年生活支出 6 万元。

### 三、家庭资产负债资料

陈女士名下有一套价值 200 万元无贷款的房子与父母同住，有活期存款 10 万元，定期存款 50 万元。刘先生有现金 1 万元，银行理财产品 20 万元，另有一套一居室的自住房产，价值 60 万元，无贷款。陈女士和刘先生的住房公积金账户各有 10 万元，养老金账户各有 5 万元，已缴费年限分别为 10 年和 8 年。陈女士和刘先生两人目前都未投保商业保险，准备结婚时再投保。

### 四、理财需求

陈女士和刘先生为婚后生活考虑，想请理财师为他们做以下规划：

（1）婚后居住规划：

方案一：陈女士的父母希望入住养老院，年养老院费用为父母各 3 万元（现值），由陈女士夫妻支付，原来的房子让给陈女士婚后与刘先生居住，刘先生的一居室明年就可以出租，年租金收入 2 万元。

方案二：若不安排陈女士父母入住养老院，每年陈女士仍给父母 2 万元（父母各 1 万元）现值的赡养费用，则刘先生希望出售一居室房，另外购价值 200 万元的房产居住，不足部分贷款（预计赡养父母的年限为 15 年）。

就两个居住方案从机会成本等方面做方案分析，看哪个方案更为合理可行。

（2）婚后子女养育规划：考虑到陈女士已经 35 岁了，所以打算结婚后 1 年就生小孩；子女的养育费用每年 2 万元现值，抚养 24 年。子女教育金以当地私立寄宿制从宽规划，从幼儿园到国内硕士为止。

（3）退休规划：陈女士 55 岁退休，刘先生 60 岁退休，退休后的年开销现值各 5 万元。

（4）加强新组建家庭的保障，购买合适的保险产品。

（5）对家庭现在财务资源进行合理配置，能够对现金等流动资产进行有效管理。

**五、实训要求：结合实训指导书完成如下训练**

（1）客户财务状况分析：①编制客户资产负债表；②编制客户收入支出表；③客户财务状况的比率分析（至少分析四个比率，以百分数表示，保留到整数位）。

（2）确定理财规划目标。

（3）制定分项理财规划方案（请结合客户风险特征进行资产配置）。

（4）理财方案总结。

提示：①信息收集时间为 2020 年 1 月，资料截止时间为 2019 年 12 月 31 日。②保险规划中应按人分别列明保险种类，必要额度和保费支出，同时标明具体险种和保险产品。③银行贷款利率及公积金贷款利率参考当前水平确定（案例中已告知的除外）。④计算过程保留四位小数，计算最终结果保留到整数位。

## 实训案例二十二 工薪家庭规划案例

### 一、家庭成员背景资料

这是一个令人羡慕的三口之家，赵先生夫妻生活在一个中等城市，今年均为 34 岁，有一个读小学一年级的女儿，今年 7 岁。赵先生在外资企业做项目管理，妻子是某事业单位财务人员。赵先生夫妇均为独生子女，父母今年均 60 周岁。

### 二、家庭收支资料（收入均为税前）

赵先生月薪 8000 元，年终奖金 65000 元；妻子月薪 4500 元。赵先生有一套自有产权住房，每年的租金收入 9600 元。赵先生家庭财务支出比较稳定，除了基本的伙食、交通、通信费用外，就是不定期的服装购置和旅游支出。女儿 1 年的教育费用（含特长班支出）在 2 万元左右，太太办的美容卡每年需要 8000 元，一家人平均每月的日常生活开支为 3000 元，家庭应酬支出平均每月 500 元，每年旅游支出 2 万元。

### 三、家庭资产负债资料

目前，赵先生拥有的出租住房如现在出售能卖到 58 万元。一家人目前住在一套 2017 年 1 月购买的现市场价值 90 万元的新房里，从购买当月即开始还款，当时首付 35 万元，以公积金贷款 50 万元，因为考虑到女儿的教育支出会越来越高，为减少后期开支所以选择了以等额本金方式还款，还款期限 20 年。工作繁忙加上对理财并不在行，所以夫妻两人没有炒过股票，只是 3 年前经人介绍以 20000 元买入一只债券型基金，目前市值为 21500 元。家里有即将到期的定期存款 15 万元，活期存款 2 万元。赵先生夫妻除房贷外，目前无其他贷款。除了单位缴纳的"三险一金"外夫妻二人没有投保其他商业保险，女儿的人身意外保险是学校统一缴纳的。

### 四、理财需求

目前，赵先生想请理财师通过理财规划为其解决以下问题：

（1）赵先生夫妻觉得最近两年房价已经涨得比较高了，因此考虑用于出租的这处房产是现在出售还是 10 年后出售。他们想请理财师为他们分析一下，如果每年租金收入不变，以年投资回报率 4% 计算，是否应卖掉此房产。

（2）赵先生想知道目前只依靠社会保障的风险保障是否完备，如果不足，还需要补充哪些保险。

（3）孩子是夫妻二人的希望，赵先生夫妇希望女儿能茁壮成长，接受良好的教育。由于小学和中学阶段教育开支并不大，因此赵先生想请理财师着重为其解决女儿的高等教育费用问题。由于家庭财力一般，因此夫妻二人希望女儿在国内读到研究生毕业，暂不考虑出国留学。他们的女儿到读大学还有差不多 11 年的时间，届时预计需要 50 万元。

（4）尽管赵先生夫妻二人单位福利不错，但考虑到养老费用是一笔不小的开支，同时想在身后能够为女儿留下遗产，所以夫妻二人还是想在退休时积攒下一笔财富。夫妻二人希望 25 年后退休，届时所需养老金为 80 万元。

（5）对家庭现在财务资源进行合理配置，能够对现金等流动资产进行有效管理。

### 五、实训要求：结合实训指导书完成如下训练

（1）客户财务状况分析：①编制客户资产负债表；②编制客户收入支出表；

③客户财务状况的比率分析（至少分析四个比率，以百分数表示，保留到整数位）。

（2）确定理财规划目标。

（3）制定分项理财规划方案（请结合客户风险特征进行资产配置）。

（4）理财方案总结。

提示：①信息收集时间为 2020 年 1 月，资料截止时间为 2019 年 12 月 31 日。②保险规划中应按人分别列明保险种类，必要额度和保费支出，同时标明具体险种和保险产品。③银行贷款利率及公积金贷款利率参考当前水平确定（案例中已告知的除外）。④计算过程保留四位小数，计算最终结果保留到整数位。

## 实训案例二十三　海外归国家庭规划案例

### 一、家庭成员背景资料

吴先生今年 45 岁，在美国获得金融学博士学位后一直留在美国某大学任教（暂时没有加入美国国籍）。因为在国内（厦门市）生活的父母都已 70 岁，1 年前回国工作并照顾父母，这一年为租房状态；吴先生还有一个妹妹。吴太太 44 岁，准备随先生一起回国，现有一个 18 岁的儿子，高中即将毕业，打算继续留美攻读本科和硕士。回国后，吴先生将任教于厦门大学，吴太太也在厦门市担任民办培训学校英语老师。吴太太父母已去世。

### 二、家庭收支资料（收入均为税前）

吴先生税前月工资收入 2 万元，另担任一家某公司的顾问，每年收到劳务报酬 50000 元。吴太太税前月收入 5500 元。夫妻俩的年生活开销 8 万元，由于国内没有房产，年房租支出 6 万元（买房之后将不再租房）。夫妻在国内未投保商业保险。吴先生在美国拥有的房产目前用于出租，年租金 1 万美元。此外，吴先生预计每年有金融投资收益 6 万元（税后）。

### 三、家庭资产负债资料

因为吴先生夫妇打算长期回国居住并终老，所以将在美国投资的金融资产都变现为人民币并汇回国内，折合人民币共计 160 万元。保留美国的房产价值 30 万美元（假设汇率人民币/美元 = 1/6），回中国后目前用于出租，无房贷。由于刚刚回国，吴先生家庭没有其他国内金融资产。

### 四、理财需求

（1）赡养父母规划：吴先生打算找一个住家看护照顾父母，首年医疗费用和看护费共计6万元，父母各3万元，赡养父母的年限均为14年。

（2）购换房规划：吴先生夫妇打算购置房产自住，有两个方案供选择。

方案一：今年在郊区购置价值250万元的别墅，无法办理公积金贷款，只能办理商业贷款；

方案二：3年后在市区购买280万元的住宅，可以办理住房公积金贷款。

另外两个方案在购房时均出售美国房产，他们希望理财师可以帮助分析一下哪个方案更为合理可行。

（3）儿子学费与创业金：儿子申请美国哈佛大学，需准备本科和硕士教育金，共6年，预计每年需要30万元人民币。毕业后赠与儿子10万美元当作创业金。

（4）退休规划：夫妇俩准备15年后同时退休，退休后每年的生活费用现值为各5万元，可接受值为4万元。

（5）加强家庭的保障，购买合适的保险产品。

（6）对家庭现在财务资源进行合理配置，能够对现金等流动资产进行有效管理。

**五、实训要求：结合实训指导书完成如下训练**

（1）客户财务状况分析：①编制客户资产负债表；②编制客户收入支出表；③客户财务状况的比率分析（至少分析四个比率，以百分数表示，保留到整数位）。

（2）确定理财规划目标。

（3）制定分项理财规划方案（请结合客户风险特征进行资产配置）。

（4）理财方案总结。

提示：①信息收集时间为2020年1月，资料截止时间为2019年12月31日。②保险规划中应按人分别列明保险种类，必要额度和保费支出，同时标明具体险种和保险产品。③银行贷款利率及公积金贷款利率参考当前水平确定（案例中已告知的除外）。④计算过程保留四位小数，计算最终结果保留到整数位。

## 实训案例二十四　高收入家庭规划案例

**一、家庭成员背景资料**

罗先生现年40岁，罗太太现年35岁，两人皆有留美硕士学位，且均在外资企业工作，属于高收入家庭。罗先生夫妇有一子，今年8岁，上小学二年级。罗先生和太太均为独生子女，罗先生父母今年67岁，身体健康。罗太太父母今年62岁。

## 二、家庭收支资料（收入均为税前）

罗先生月薪收入 25000 元，罗太太月薪收入 18000 元，夫妻俩的年终奖合计有 100000 元，每人 50000 元。还有一些投资产品的年收益合计有 28000 元。一家三口每月的日常生活开销约 10000 元。年度开支主要是家庭人身保险保费 10000 元、车险保费 4000 元，以及旅游支出 25000 元。罗先生夫妇两人目前都享有标准的社会保险，缴纳"三险一金"。罗先生公司另有团体意外险，如发生身故，赔付金额为月薪的 4 倍。

## 三、家庭资产负债资料

罗先生一家目前居住的这套房产价值约 120 万元，另有一套价值约 35 万元的一室小房子长期闲置，考虑到孩子入学的户口问题，一直没有出售也没有出租。两套房产的贷款均已还清。刚购入一辆 15 万元的家用汽车。目前夫妻俩有 80 万元的定期存款，另投资 10 万元的开放式股票基金当作 10 年后孩子上大学的准备金。罗先生本人购买终身寿险保额 30 万元，目前现金价值 6 万元。夫妻合计住房公积金账户余额 10 万元，养老金账户余额 15 万元。

## 四、理财需求

（1）罗先生夫妇希望 5 年内能换购一套更宽敞的房子，复式结构或联体别墅，预计总价为 300 万元。

（2）罗先生夫妇希望让儿子完成大学教育后出国留学，大学学费每年 2 万元，出国留学每年 30 万元，共 2 年。

（3）20 年后退休维持每月 10000 元生活水准不变，退休后 10 年，每年旅游年花费 20000 元。

（4）从现在开始每隔 7 年换购一部价值 150000 元的自用汽车。预计换车 4 次。

（5）罗先生家庭的保险规划是否完善，是否需要增加保障。

（6）对家庭现在财务资源进行合理配置，能够对现金等流动资产进行有效管理。

## 五、实训要求：结合实训指导书完成如下训练

（1）客户财务状况分析：①编制客户资产负债表；②编制客户收入支出表；③客户财务状况的比率分析（至少分析四个比率，以百分数表示，保留到整数位）。

（2）确定理财规划目标。

（3）制定分项理财规划方案（请结合客户风险特征进行资产配置）。

（4）理财方案总结。

提示：①信息收集时间为 2020 年 1 月，资料截止时间为 2019 年 12 月 31 日。②保险规划中应按人分别列明保险种类，必要额度和保费支出，同时标明具体险种和保险产品。③银行贷款利率及公积金贷款利率参考当前水平确定（案例中已告知的除外）。④计算过程保留四位小数，计算最终结果保留到整数位。

## 实训案例二十五　中年创业规划案例

### 一、家庭成员背景资料

南京市的吕先生今年 38 岁，某上市 IT 公司技术部门高管，吕太太是国企职工，今年 35 岁。二人育有一子吕小永，目前 6 岁，即将上小学。吕先生父亲已去世，吕先生的母亲今年 65 岁，仅有吕先生一子，目前与吕先生一家共同生活并照顾小永。吕女士父母今年 62 岁，身体健康，与吕女士的弟弟一起生活。

### 二、家庭收支资料（收入均为税前）

吕先生税前月工资为 2 万元，吕太太税前月工资为 1 万元。过去一年家庭还有 2 万元的金融投资收益。夫妻两人共同生活支出每年为 8 万元，儿子过去 1 年幼儿园学费 3 万元，过去一年赡养母亲支出 3 万元。保险方面，夫妻分别以自己为被保险人投保重大疾病险，保额（纯保障型）各 30 万元，保费各 3000 元，缴完本年之后，所有保费已经全部缴清。

### 三、家庭资产负债资料

吕先生家庭拥有两套住房，一套自住房屋现市值 150 万元，无贷款，另一套 3 年前购买的现市价 150 万元的学区房，目前由吕先生的母亲居住，此套住房还有商业贷款余额 65 万元，剩余还贷年限 12 年，以等额本息方式按月还款。吕先生家庭拥有活期存款 2 万元，定期存款 10 万元，理财产品市值 30 万元，自用汽车一辆市值 6 万元。夫妻两人都有社保，目前养老金账户余额分别为 5 万元与 2 万元，住房公积金余额分别为 10 万元与 4 万元。

### 四、理财需求

（1）创业规划：吕先生打算离职，自己创业，成立网络设计工作室，创业初期需要投入 150 万元，创业后预计从次年起吕先生个体户税后年收入 354450 元。创业启动资金可以有两种方法筹措：

方案一：卖掉夫妻二人目前居住的市值 150 万元的房子（即 150 万的房产，变成 150 万的现金资产），另外租房，每年需支出房租 4 万元，租住 5 年。

方案二：使用金融资产（定期存款 10 万元、理财产品 30 万元），不足部分采取贷款方式解决，利率为 8%，期限为 5 年，按月等额本息还款。

对吕先生两个创业筹资方案做分析，看哪个方案更为合理可行。

（2）购房规划：5 年后希望出售母亲居住的自住房，购买一套现值 300 万元的大房子。

（3）赡养老人：每年给母亲 3 万元赡养费，预计持续 19 年。

（4）子女教育规划：子女教育金以当地私立寄宿制从宽规划，从小学到国内研究生为止。

（5）退休规划：夫妻两人预计 20 年后一起退休。退休后日常生活开销现值各 5 万元。

（6）加强家庭的保障，购买合适的保险产品。

（7）对家庭现在财务资源进行合理配置，能够对现金等流动资产进行有效管理。

**五、实训要求：结合实训指导书完成如下训练**

（1）客户财务状况分析：①编制客户资产负债表；②编制客户收入支出表；③客户财务状况的比率分析（至少分析四个比率，以百分数表示，保留到整数位）。

（2）确定理财规划目标。

（3）制定分项理财规划方案（请结合客户风险特征进行资产配置）。

（4）理财方案总结。

提示：①信息收集时间为 2020 年 1 月，资料截止时间为 2019 年 12 月 31 日。②保险规划中应按人分别列明保险种类，必要额度和保费支出，同时标明具体险种和保险产品。③银行贷款利率及公积金贷款利率参考当前水平确定（案例中已告知的除外）。④计算过程保留四位小数，计算最终结果保留到整数位。

**实训案例二十六　　定期定额投资规划案例**

**一、家庭成员背景资料**

赵先生今年 40 岁，是某酒店的厨师，其妻王女士与赵先生同龄，是一名美发师，他们唯一的孩子果果今年 15 岁，正在读初中三年级。赵先生父母均已去世，王女士父母身体健康，现年 65 岁，与王女士的弟弟一同生活。

## 二、家庭收支资料（收入均为税前）

赵先生每月收入在 11500 元左右，其妻王女士每月收入在 6500 元左右。赵先生一家的其他财务情况如下：每年的保费支出约为 18000 元，去年收到保险分红 7000 元；每年果果的各类补习支出在 12000 元左右；赵先生一家每个月的日常支出约为 3500 元左右。除此之外，赵先生一家并无其他大额开支项目。

## 三、家庭资产负债资料

赵先生现在居住的住房市值为 65 万元，房屋贷款已还清。2019 年初，赵先生的独居母亲去世，赵先生继承了一套住房，半年后赵先生将这一房产变卖，取得收入 50 万元并存入银行。目前，赵先生一家有各类银行存款约 80 万元（包括变卖房产取得的收入）。赵先生一家对理财一直比较关注，他们早就通过购买商业保险来进行家庭风险管理，目前保单现金价值已达到 20 万元（即个人账户余额），赵先生名下目前还有总市值 15 万元的股票型基金。

## 四、理财需求

（1）对家庭现在财务资源进行合理配置，能够对现金等流动资产进行有效的管理。

（2）果果 3 年后就将升入大学，赵先生希望果果去英国读大学，目前 4 年的学费和生活费需要 80 万元，并且每年增长 3%。赵先生希望能以定期定额投资的方式为其孩子准备子女教育金。

（3）赵先生夫妇希望 65 岁时退休，预期寿命为 85 岁，预计届时两人每年共需生活费用 13 万元。赵先生同样希望能以定期定额投资的方式准备退休金。假定退休后投资收益率为 3%，退休前投资收益率为 5%。

（4）在解决上述问题的基础上，赵先生希望采用定期定额投资的方式构建平衡稳健的长期投资规划。

## 五、实训要求：结合实训指导书完成如下训练

（1）客户财务状况分析：①编制客户资产负债表；②编制客户收入支出表；③客户财务状况的比率分析（至少分析四个比率，以百分数表示，保留到整数位）。

（2）确定理财规划目标。

（3）制定分项理财规划方案（请结合客户风险特征进行资产配置）。

（4）理财方案总结。

提示：①信息收集时间为 2020 年 1 月，资料截止时间为 2019 年 12 月 31 日。

②保险规划中应按人分别列明保险种类，必要额度和保费支出，同时标明具体险种和保险产品。③银行贷款利率及公积金贷款利率参考当前水平确定（案例中已告知的除外）。④计算过程保留四位小数，计算最终结果保留到整数位。

## 实训案例二十七　特殊类型投资规划案例

### 一、家庭成员背景资料

丈夫孙先生是国有企业中层管理人员，今年 40 岁，平时喜欢书法字画。妻子赵女士是国企普通职员，今年 40 岁，夫妻爱好旅游。女儿孙瑄，目前读初一，12 岁。孙先生父母今年 68 岁，与孙先生弟弟一同生活。赵女士父母今年 70 岁，与赵女士哥哥一同生活。

### 二、家庭收支资料（收入均为税前）

孙先生夫妻双方工作都较稳定，收入有稳步上涨趋势，每年增长 5% 左右。目前孙先生月收入 9000 元，年终奖大概 50000 元，太太月收入 4000 元，年终奖大概 30000 元。家庭的每月基本生活开销维持在 3500 元左右；女儿教育费用每月大概 1800 元；夫妻俩除按月缴纳的社保医保外，只是给女儿投了一份综合险，每年的保费支出为 5000 元，其他费用每年约 5000 元。

### 三、家庭资产负债资料

孙先生家庭目前拥有 17 万元的定期存款和 8 万元的活期存款。目前双方公积金账户余额 255000 元。炒股、基金投资由于没有操作经验，目前投资缩水，市值所剩 10 万元，自住现价 90 万元老房子，房屋仍有 18 万元公积金贷款余额，贷款还款期限还剩 5 年。孙先生去年购买了 3 幅名家的字画，目前市值约 18 万元，投资年收益大概约为 12%，但由于经验尚浅，也有买到赝品的时候，买卖几乎都是听朋友的建议，孙先生打算发了年终奖，抽出一半再加大投资。另外，还有 1 万元左右的美元存于银行，将于 1 个月内到期。汇率按 1:6 计。

### 四、理财需求

（1）孙先生想知道目前只依靠单位福利的风险保障是否完备，如果不足，还需要补充哪些保险。

（2）由于之前家庭金融资产投资绩效较差，孙先生夫妇想对家庭金融资产进行处置，但夫妻二人有不同的想法，想请理财师提供一些建议。

方案一：孙先生想把家庭所有金融资产全部变现投资于字画，一方面满足自己的爱好，另一方面也有增值潜力打算将来留给女儿。

方案二：赵女士希望 5 年内将目前价值 90 万的旧房换成一套 120 万元以内的新房，卖出旧房加上变现金融资产全款购买。

（3）6 年内准备女儿的国内大学教育费用。

（4）20 年后夫妻能安心退休，并维持退休前现有生活水平的 75%。

**五、实训要求：结合实训指导书完成如下训练**

（1）客户财务状况分析：①编制客户资产负债表；②编制客户收入支出表；③客户财务状况的比率分析（至少分析四个比率，以百分数表示，保留到整数位）。

（2）确定理财规划目标。

（3）制定分项理财规划方案（请结合客户风险特征进行资产配置）。

（4）理财方案总结。

提示：①信息收集时间为 2020 年 1 月，资料截止时间为 2019 年 12 月 31 日。②保险规划中应按人分别列明保险种类，必要额度和保费支出，同时标明具体险种和保险产品。③银行贷款利率及公积金贷款利率参考当前水平确定（案例中已告知的除外）。④计算过程保留四位小数，计算最终结果保留到整数位。

## 实训案例二十八　中年危机家庭规划案例

**一、家庭成员背景资料**

赵先生，38 岁，某风险投资机构合伙人；赵太太，38 岁，某名牌大学的副教授，两人有一个 6 岁的儿子昊昊。赵先生父亲已去世多年，母亲现年 65 岁，身体健康。赵太太父母现年 64 岁，身体状况不佳。赵先生和赵太太都是独生子女。

**二、家庭收支资料（收入均为税前）**

赵先生的年收入为 60 万元左右，赵太太年收入在 8 万元左右，另有一些讲座等收入 8 万元左右。昊昊 1 年的学费开支在 1 万元左右，车辆的使用费每年需要 3 万元，一家人平均每月的日常生活开支为 1.5 万元，赵太太年消费健身卡 1 万元，平时家庭应酬每月支出 2000 元。由于赵太太父母身体状况不佳，每年住院医疗费用达 20 万元。赵太太有社会保险，赵先生没有任何保险，全家也没有投保任何商业保险。

**三、家庭资产负债资料**

一家三口及赵太太父母现在住在价款 120 万元的新房里，新房于 2017 年 6

月购买，首付 5 成，其余 5 成通过银行进行 10 年期住房抵押贷款，采用等额本息的还款方式还款，购买同月开始还款。赵太太在学校购买的有产权的福利房现在市场价格为 75 万元，目前用于出租，每月租金 1500 元。拥有市值 21 万元的小轿车一辆。现有 3 年期定期存款 30 万元人民币，2020 年 9 月到期。活期存款 15 万元，股票账面价值为 40 万元。

### 四、理财需求

（1）面对现在很多企业一夜之间破产的现状，赵先生考虑到自己所从事的职业风险较大，担心所在机构万一破产，会影响家人的正常生活。赵先生看周围的人都在投保商业保险，自己也有些动心，但面对众多保险产品无从下手。

（2）由于赵太太父母患病，医疗费用较高且需要人照料，赵太太的工作和儿子的照顾都受到了影响，赵先生夫妇想请理财师帮助确定父母赡养方案：

方案一：赵太太父母入住高档养老机构，每年费用约 12 万元，预计准备 10 年，另准备每年医疗费用 20 万元。

方案二：赵太太负责照顾父母，但其收入会受到影响，每年收入下降 10%，另外请保姆在家照顾父母，每年费用约 8 万元，另准备每年医疗费用 20 万元。

（3）赵先生希望儿子昊昊能茁壮成长，享受最好的教育。在夫妻退休之前儿子的教育费用是不成问题的，赵先生考虑的是在退休后儿子刚好读大学，则大学教育费用需要提前准备好。综合考虑大学本科和出国读硕士的计划，这笔教育费用目标额度为 80 万元。

（4）赵先生夫妇希望 12 年后双双提前退休，并希望届时可以存有 200 万元作为退休养老金。赵先生希望能以定期定额投资的方式准备退休金，假定投资收益率为 3.5%。

### 五、实训要求：结合实训指导书完成如下训练

（1）客户财务状况分析：①编制客户资产负债表；②编制客户收入支出表；③客户财务状况的比率分析（至少分析四个比率，以百分数表示，保留到整数位）。

（2）确定理财规划目标。

（3）制定分项理财规划方案（请结合客户风险特征进行资产配置）。

（4）理财方案总结。

提示：①信息收集时间为 2020 年 1 月，资料截止时间为 2019 年 12 月 31 日。②保险规划中应按人分别列明保险种类，必要额度和保费支出，同时标明具体险种和保险产品。③银行贷款利率及公积金贷款利率参考当前水平确定（案例中已告知的除外）。④计算过程保留四位小数，计算最终结果保留到整数位。

## 实训案例二十九 高收入女性个人生活规划案例

### 一、家庭成员背景资料

35 岁的王女士从小生活在国际大都市，是家中的独生女，去年刚从著名的房产公司跳槽至一家外企做部门主管。目前单身和父母同住，王女士父母现年 65 岁，身体健康，有退休金。

### 二、家庭收支资料（收入均为税前）

王女士工作近 10 年，如今月收入 3 万元，年终奖 8 万元。王女士消费习惯良好，每月基本生活开销约 1 万元，健身支出每年 1 万元，旅游支出每年 5 万元。

### 三、家庭资产负债资料

目前，王女士有活期存款 30 万元，定期存款 50 万元，基金 80 万元，尚无个人房产。

### 四、理财需求

作为高学历、高收入的"天之娇女"，王女士对自己未来的生活有详细的规划，想聘请理财师解决以下问题：

（1）考虑到自己是家中独女，父母年事已高，虽有退休金，但也仅能满足日常生活需要，王女士想为父母准备一笔医疗金，想请理财师帮助确定具体方案：

方案一：直接储蓄一笔医疗准备金 100 万元。

方案二：王女士听说健康保险产品也不错，但因从未接触过相关产品，不知是否可靠，能否满足父母医疗需求。

（2）王女士目前没有结婚的打算，考虑到将来的养老问题，王女士准备从现在开始为自己做养老金的筹划。王女士计划 55 岁退休，退休后每月生活支出为 7000 元，85 岁终老。

（3）王女士目前与父母同住的房屋位于市中心，且能够满足全家人居住需要，王女士不考虑购买自住房，但王女士打算购买海景度假房，已经确定了具体房源，总价为 100 万元，想请理财师帮助确定全款还是贷款买房更合适。

（4）王女士对健康非常重视，考虑到自身面临的一些风险，还是希望能够建立完备的风险保障，以防万一。

（5）对财务资源进行合理配置，能够对现金等流动资产进行有效的管理。

**五、实训要求：结合实训指导书完成如下训练**

（1）客户财务状况分析：①编制客户资产负债表；②编制客户收入支出表；③客户财务状况的比率分析（至少分析四个比率，以百分数表示，保留到整数位）。

（2）确定理财规划目标。

（3）制定分项理财规划方案（请结合客户风险特征进行资产配置）。

（4）理财方案总结。

提示：①信息收集时间为 2020 年 1 月，资料截止时间为 2019 年 12 月 31 日。②保险规划中应按人分别列明保险种类，必要额度和保费支出，同时标明具体险种和保险产品。③银行贷款利率及公积金贷款利率参考当前水平确定（案例中已告知的除外）。④计算过程保留四位小数，计算最终结果保留到整数位。

## 实训案例三十　财务自由家庭规划案例

**一、家庭成员背景资料**

42 岁的高先生为某上市电子公司高管，太太林女士，40 岁，在一家私营企业工作，女儿 6 岁，目前上小学。高先生母亲已去世多年，父亲 70 岁，目前住在养老院，林女士父母现年 65 岁，身体健康，与林女士夫妇一同居住。

**二、家庭收支资料（收入均为税前）**

高先生年收入 65 万元，林女士年工资收入 12 万元，工作之余在外兼职年收入 10 万元，夫妻二人均有社保，高先生购买了 20 年期保额 100 万元的定期寿险，年缴保费 7000 元，还需缴纳 15 年。家庭日常生活开支每年 20 万元，女儿学费每年 2 万元，高先生父亲养老院费用每年 6 万元，林女士父母有退休金，不需要林女士额外支付费用。

**三、家庭资产负债资料**

夫妻拥有市中心的住房，市值 500 万元，自住，贷款已还清。家庭拥有活期存款 20 万元，定期存款 50 万元，银行净值型理财产品 50 万元，债券型基金 50 万元，股票市值 100 万元。前几年高先生听从朋友建议投资股市，没想到股市重挫，自己也没时间打理，资金亏损严重。虽然理财和存款有收益，但股市亏损，几年下来，总的投资收益几乎为零。

#### 四、理财需求

对投资屡次失败的情况，高先生认为专业的事还是要交给专业的人来做。因此，高先生想聘请理财师帮忙解决以下问题：

（1）高先生认为自己家庭投资性资产较多，如果全力投资，应该能够获得较多投资收益，希望理财师能够帮助自己进行投资，满足自身家庭生活、抚养子女和养老需要，早日实现财务自由的目标（高先生夫妇考虑1年后生二胎，需要继续抚养老大17年、老二24年，年抚养费各2万元。高先生夫妇退休后保持现有生活水平不变。）

（2）高先生对保险还是认可的，想为妻子林女士也投保100万元定期寿险，再为二人和孩子投保重疾险，当灾难、疾病和意外不幸降临，可以有所保障，家庭生活和子女教育不受太大影响，希望理财师能够推荐适合的保险产品。

（3）对家庭现在财务资源进行合理配置，能够对现金等流动资产进行有效的管理。

（4）高先生想知道自己能留下多少遗产，是否能满足两个孩子未来生活的需要，家庭财富能否传承下去。

#### 五、实训要求：结合实训指导书完成如下训练

（1）客户财务状况分析：①编制客户资产负债表；②编制客户收入支出表；③客户财务状况的比率分析（至少分析四个比率，以百分数表示，保留到整数位）。

（2）确定理财规划目标。

（3）制定分项理财规划方案（请结合客户风险特征进行资产配置）。

（4）理财方案总结。

提示：①信息收集时间为2020年1月，资料截止时间为2019年12月31日。②保险规划中应按人分别列明保险种类，必要额度和保费支出，同时标明具体险种和保险产品。③银行贷款利率及公积金贷款利率参考当前水平确定（案例中已告知的除外）。④计算过程保留四位小数，计算最终结果保留到整数位。

# 第六章　项目五　理财规划方案的执行与调整

## 第一节　基础知识

### 一、理财规划建议书的基本内容

理财规划建议书是在对客户的家庭情况、财务状况、理财目标和风险偏好等详尽了解的基础上，通过与客户的充分沟通，运用科学的方法，利用财务指标、统计资料、分析核算等多种手段，对客户的财务状况进行描述、分析和评议，并对客户财务规划提出方案和建议的书面报告。

理财规划建议书的写作要遵循一些基本原则：①要通观全盘，整体规划。理财方案不是一个单一性规划，而是一个综合性规划，每个单项规划可以具体解决某一方面的具体问题，但仅依靠单项规划并不能全面实现客户的理财目标，因此理财规划是一个全面综合的整体性解决方案。②不同家庭类型要采用不同理财规划核心策略。基本的家庭形态有三种——青年、中年和老年家庭。根据家庭收入主导者的生命周期而定，生理年龄在 35 周岁以下的家庭为青年家庭，55 周岁以上为老年家庭，介于两个界限之间的为中年家庭。三种不同类型的家庭所采用的理财规划策略也应有差异。③要建立现金保障。只有把现金保障建立起来，其他资产才能进行专项安排。现金保障主要有三个方面：日常生活保障、意外现金保障、家族支援现金保障。现金保障的额度视家庭主要劳动力的收入稳定程度和可能需要现金支出的范围和程度而定。④风险管理优先于追求收益。理财规划首先考虑的因素是风险而不是收益，因此，风险管理应该在整个理财规划方案中处于优先位置。⑤消费、投资与收入要相匹配，做好收入和支出预算，增加理财资源，引导客户建立投资意识，节省不必要的开支。⑥未雨绸缪，早作规划。投资理财规划致富，需要投资在高回报率的资产上，并经过漫长时间的复利作用来积累财富。能否通过理财规划达到预期的目的，与金钱多少的关联度不大，却与时间的长短有很大关系。

理财规划建议书的基本内容包括：封面及前言、理财规划方案的假设前提、正文三个部分，其中正文是综合理财规划建议书的核心内容，下面就逐一来进行学习。

（一）制作封面及前言

理财规划建议书的封面一般包括三个内容：标题、执行该理财规划的单位、出具报告的日期。标题通常包括理财规划的对象名称及文种名称两部分。比如，《某某家庭理财规划建议书》。单位名称为理财师所在单位的全称（也可以注明具体设定该项理财规划的理财规划师的名字）。日期应以最后定稿，经由理财师所在机构决策人员审核并签章同意向客户发布的日期为准。

前言部分的内容包括以下几点：

（1）致谢。具体的写法是，抬头内容为敬语＋客户的称谓，如"尊敬的某某先生、女士"。接下来换行并空两格开始写致谢辞，在致谢辞中可简要介绍公司的概况，如执业年限与经历、下属的理财师的资历，表达对客户信任本公司的感谢，最后可以提出与客户保持长期合作关系的愿望。

（2）理财规划建议书的由来及资料来源。这部分内容需要写明接受客户委托的时间，并简要告知客户本建议书的作用，以使客户知晓理财师的最终方案是可信的，而并非理财师凭空创造出来的。

（3）理财机构义务及客户义务。在建议书的前言里，有必要写明理财机构的义务和客户的义务。明确理财机构与客户双方的权利和义务，有利于在将来遇到矛盾或争端时，能够准确划分双方的责任。

（4）免责条款及费用标准，这部分内容的明示有助于减少后续矛盾，为争议的解决提供依据。

（二）提出理财规划方案的假设前提

理财规划方案是基于多个假设前提的，包括未来平均每年通货膨胀率、客户收入的年增长率、定期及活期存款的年利率、股票型基金投资平均年回报率、债券型基金投资平均年回报率、货币型基金投资平均年回报率、投资连结型保险投资平均年回报率、债券投资平均年回报率、房产的市场价值、汽车的市场价值、子女教育费的年增长率、个人所得税及其他税率、人民币对美元的汇率升值幅度等。

（三）编写正文

正文部分主要分为七大部分，包括客户关系的建立、客户家庭基本情况和财务状况分析、客户的理财目标、分项理财规划、调整后的财务状况、理财规划的执行与调整和附件及相关资料。

1. 第一部分：客户关系的建立

在这一部分的写作当中，主要通过沟通交流、问题设计、调查问卷等各种形式获得客户的财务、风险属性、工作情况等各种信息，该部分需包括如下内容：

（1）问题设计。

（2）客户风险属性调查问卷及评分标准，并根据客户的实际情况做该调查问卷，得到案例客户的风险承受能力和风险容忍态度。

2. 第二部分：客户家庭基本情况和财务状况分析

在这一部分的写作当中，可应用比率分析、图表分析、图形分析等方式，初步分析客户家庭的财务状况。该部分需包括三个内容：

（1）客户家庭资产负债表。

（2）客户家庭收入支出表。

（3）财务比率分析。

3. 第三部分：客户的理财目标

在全面理财规划中，制定的理财目标需包含诸如养老、保险、子女教育、投资、遗产等多方面因素。在这种规划中，理财目标可以分为几个阶段性目标：

（1）短期目标，如5年内的目标，如购买新房、新车、出国旅游等。

（2）中期目标，10年或20年内希望实现的任务，如子女教育计划、双方父母的养老安排、旅游安排、家庭固定资产置换计划等。

（3）长期目标，大约为20～30年考虑的理财任务，如夫妻双方的养老计划、对金融资产及实物资产的投资、出国旅游等。

4. 第四部分：分项理财规划

根据客户家庭实际状况以及宏观经济运行情况，为客户设计理财方案。

（1）现金规划。首先应列举出家庭现金储备的种类，即可能用到现金的各个方面。一般包括日常生活开支、意外事项开支等。其次应详细列明现金储备的来源，如定期存款、活期存款、股票套现、信用卡额度等。最后说明现金储备的使用和管理，如将其转化为活期存款、期限较短的定期存款和货币市场基金等。

（2）风险管理和保险规划。将客户家庭已有的保险种类列举出来，接下来就需要对每个家庭成员所需的保险种类进行具体分析，比如家庭的支柱成员应拥有什么样的保险，子女所需保险品种应如何设计，应该给老人们购买哪些保险。与现有的保险品种进行对比，得出应补充购买的保险品种。在本部分中还应告诉客户如何节约保险保障中的财务成本，以及如何控制保险保障规划中的风险，便于在将来的执行过程中达到较好的效果。

（3）教育规划。指在搜集客户的教育需求信息、分析教育费用的变动趋势并估算教育费用的基础上，为客户选择适当的教育费用准备方式及工具，制定并根据因素变化调整教育规划方案。在制定教育规划时须列明客户子女将来所需的各项教育费用。国外或者国内读书费用不同，分别汇总出各种方案的不同支出总额，设定教育储备计划（包括储备基金的投向及数额、收益率、年限等）。因为各项费用不同，还涉及不同区域学校选择的问题。

（4）退休养老规划。列出客户的预计退休年龄，退休后每月的退休金数量，每年的生活开支、医疗费用等，理财师通过计算得出客户退休后的支出总额及可从社保基金处得到的退休金总额，两者差额则是客户从现在开始需要建立的养老储备基金。为了帮助客户储备足够的养老基金，理财师须通过计算分析得出一个投资方案，并应写明这一投资方案的月供款、年回报率、投资时间等，便于客户充分掌握并较好操作。

（5）财产分配和传承规划。财产分配规划是指为了家庭财产在家庭成员之间进行合理分配而制定的财务规划。传承规划是指当事人在其健在时通过选择遗产管理工具和制定遗产分配方案，将拥有或控制的各种资产或负债进行安排、确保在自己去世或失去行为能力时，能够实现家庭财产的代际相传或安全让渡等特定目标。

5. 第五部分：调整后的财务状况

将按照调整后的财务状况编制的资产负债表、收入支出表列示于该部分，此表中可同时列示调整前的数字，使客户能够直观地看到理财规划给其财务状况带来的巨大改进。

在此部分中，还应给出调整后的财务比率数值，如资产负债率、负债收入比率、储蓄比率、流动性比率等，并同时列出国际通用的这些比率的合理数值范围以及调整前的比率，使客户得知通过调整，自身财务状况将达到怎样的水平。

6. 第六部分：理财规划的执行和调整

在理财规划建议书中还需向客户说明：公司将如何对执行人员进行分工和协作；如何依照设计好的理财规划方案，协助其购买合适的理财产品；当出现新产品时理财规划师承诺将主动提醒客户关注；理财师具有监督客户执行理财规划的义务；如果客户的家庭及财务状况出现变动，影响理财规划方案的正确性，则应按怎样的程序进行方案调整；调整的注意事项；在理财规划方案的具体实施过程中所产生的文件的存档管理；理财计划实施中的争端处理，如协商、调解、诉讼或仲裁等。

7. 第七部分：附件及相关资料

（1）投资风险偏好测试及表格，此处应附上公司自行设计、经客户填写的调查问卷。

（2）配套理财产品的详细介绍。此处可附上各大银行、基金公司、保险公司、证券公司等金融机构推出的适合本理财规划方案的理财产品目录及详细介绍。

### 二、理财产品和投资产品的基本类型及特点

在理财规划方案中应用的产品类型较多，通常会综合客户的需求和市场情况来进行选择，在可选的资产大类下确定具体投资产品。下面就介绍几种较为常用的理财产品和投资产品。

### （一）银行储蓄产品

商业银行传统的人民币储蓄业务根据存款期限不同，主要有活期存款和定期存款两大品种。活期存款是现金规划中经常用到的产品。个人定期存款可分为以下几种类型：整存整取、零存整取、存本取息、定活两便和通知存款。定期存款虽然在理财规划中不推荐使用，但创新型的储蓄产品仍然非常适合风险特征相对保守的客户群体，也很适合作为现金规划的补充。比如以整存整取业务为基础创新型储蓄产品——个人大额存单，它是向个人投资人发行的、以人民币计价的记账式大额存款凭证。与普通整存整取储蓄存款相比，它的主要优势在于利率高于同期同档定期存款利率，但个人大额存单的起存金额较高，通常在 10 万～30 万元，较适合于厌恶风险的投资者，即能获得高于同期普通存款的利率，又能享受到普通存款的安全性。另一种以整存整取业务为基础的创新型储蓄产品是一种比普通整存整取更灵活的储蓄存款，它具有存期灵活、可多次提前支取的特点。可在借记卡、定期存折存单上开立，无须约定存期，按定期存款向下靠档计息，因其随用随取的特点，能够兼具流动性和收益性，收益不仅高于活期存款且高于普通整存整取存款利息。此外，以定活两便业务为基础一种新型的储蓄产品继承了定活两便的传统优势，又增加了便捷性，当活期账户余额达到某一特定标准时，高出部分即自动开立定期存款账户，且可约定存期，利率也较定活两便存款利率高。这样的银行账户在普通借记卡中均可开立，但常常与工资账户相伴，解决了暂时不用资金的收益问题又有一定金额的灵活可用资金。在 7 天通知存款的基础上附加自动通知、自动转期、约定互转功能的存款产品也非常适合在理财规划中使用，该产品既具有活期存款的便利，又能获得较高的收益，实现滚动复利，很好地平衡了客户的流动性和收益性需求。

不难发现，银行创新型储蓄产品兼具风险低、流动性强的特点，能够同时满足短期和中长期理财需求，对于投资经验较少的人群及风险容忍度较低的人群而言，银行储蓄产品是理财规划中不错的选择。在财富管理中银行储蓄产品也是现

金规划中的主要配置产品。

（二）银行理财产品

银行理财产品，是由商业银行自行设计并发行，将募集到的资金根据产品合同约定投入相关金融市场及购买相关金融产品，获取投资收益后，根据合同约定分配给投资人的一类理财产品。收益一般高于银行存款利率，风险由客户或客户与银行按照约定方式承担。常见的银行理财产品主要有货币型理财产品、债券型理财产品、信贷资产类理财产品、组合投资类理财产品、结构性理财产品几种类型，其中结构性理财产品是我们见到最多的银行理财产品，也是普通客户在理财规划方案中应用最多的产品。它是运用金融工程技术，将存款、零息债券等固定收益产品与金融衍生品组合在一起而形成的一种金融产品。在众多的银行理财产品中选择适合理财目标需求的产品需要分成两步走：第一步确定要投资的理财产品的种类；第二步在相应的产品类型下进行比较分析确定具体投资的产品。首先，投资者要根据自身理财目标和风险特征来选定不同的理财产品类型。不同类型的理财产品所蕴含的风险不同，适应的投资人群也就不同。较偏好风险且风险承受能力较强的客户可以选择组合投资类理财产品，结构性理财产品和基金挂钩类理财产品。然而风险承受能力较弱或厌恶风险的客户可以选择货币型理财产品、债券型理财产品、信贷资产类理财产品及部分结构性理财产品。同样，相对于理财目标而言，长期目标则适合选择流动性较差但收益性较好的产品，短期目标则适合选择流动性较强的产品。确定了产品大类之后我们就可以在相应的产品类型下进行比较分析，主要需要比较的是具体产品的预期收益、风险和期限，使产品收益与投资者的期望收益相符，产品期限与理财目标期限相符，风险状况与投资者的风险特征相符。

这里我们要弄清楚以下两个问题：一是银行理财与储蓄存款是银行的两种不同产品，在购买理财产品时要认真阅读理财产品说明书和理财产品购买合同。二是要依据理财目标需求来选择适合的产品，银行理财产品能够带来较高的投资收益，但想要依靠投资理财产品来投机发财是不现实的想法。在理财规划方案中，银行理财产品是客户接受度较高的一种产品选择，较适合作为短期理财目标的产品选择。

在选择银行理财产品时要仔细阅读理财产品说明书。完整的理财合同由产品合约和理财产品说明书组成。一般来讲，产品合约在真正购买时才能看到，因此理财产品说明书对投资者的投资决策起着关键性的作用。

关键词 1：投资方向和风险等级

理财产品的收益情况实际上是基于投资环境和投资方向而言的需要客观看待收益率的高低。一般在相同投资期限和投资环境下，可以遵循"风险与回报成正比"的常识，根据"投资方向"和"风险等级"综合选择适合自己的理财产品。

例如：在全球资本市场大幅震荡的市场条件下，某理财产品选取与证券关联不大、抗通货膨胀商品为投资标的，且投资方向较稳定，风险等级为中等，就是一种较为稳妥的投资选择。

关键词2：预期收益率与预期最高收益率

一是预期最高收益率不代表实际收益率，一切还要视产品投资方向的相关表现及产品的设计情况而定；二是关注收益率是否为年化收益率，例如：某理财产品期限为18个月，到期可获得18%的收益，则年化收益为12%；三是应该详细阅读产品预期收益率的测算数据、测算方式和测算的主要依据，关注收益率预测模型中有关外生变量的相关变化；四是关注投资的币种引起的汇率损失，投资者有可能要承担相应的汇率损失，从而削减真正的收益。

关键词3：认购期

通常一款产品的认购期约为20天左右，投资者可以不急于购买。一是可以有更多时间斟酌一下产品的适合程度；二是可以进一步观察其投资方向的市场走势；三是可以在认购期内先将资金投入到超短期理财产品或货币市场基金中，利用时间差赢得一笔不错的投资收益，认购期结束前再赎回。

关键词4：终止条款

银行的提前终止权相当于投资者卖给银行一个期权。因为投资者放弃了根据市场状况调整资金投向的权利，因此投资者在卖出期权后，享受到比无银行提前终止权的同类产品更高的收益率，高出的部分实际上就相当于期权费。有极少数理财产品设计了投资者的提前终止权，这相当于银行向投资者出售了一个期权，但投资者因为享受这项权利需要支付一笔期权费，收益率也会相应变低。在阅读理财产品说明书时，要留意关于这方面的信息。

关键词5：提前赎回

理财产品的提前赎回，一般分两种情况：一是投资者与银行均无提前终止权，因此不能提前赎回；二是客户可以提前赎回，这种赎回权利还进一步细分为随时支持赎回和只可以在某一规定时间内赎回。通常来讲，提前赎回都需要支付相关费用，同时不再享受到期保本或保证收益的条款。如果这笔费用的成本过高，甚至超出了投资期内的投资收益，建议投资者慎重考虑。

关键词6：到期日、到账日和相关费用

到期日意味着产品到期、停止运行，而理财产品发行机构要在"到账日"才会把投资者的本金和投资收益返还到投资者账户，到期日和到账日并非完全一致。与此同时，投资者还应该全面了解产品涉及的认购费、管理费、托管费、赎回费等等的计算方法、实际收取人和收取时间，结合费用、可能收益和服务的综合情况，判断成本的高低，而不简单以某项费用衡量产品的成本。

（三）保险产品

理财规划中应用的保险产品主要是指商业保险产品，商业保险是指以商业原则经营，以盈利为目的的保险形式，一般由专门的保险机构经营。个人/家庭理财规划中应用的主要保险产品类型是人身保险，人身保险是给付性保险，保险金额是根据被保险人对风险保障的需求及经济上的缴费能力来确定的，并且大部分人身保险具有储蓄性质，因此可以作为投资产品来运用。在理财规划方案中主要会应用到两种类型的人身保险——储蓄型保险和保障型保险。

在理财规划的分项规划中几乎处处都可以出现保险产品的身影，在保险规划中，主要应用的是保障型保险，其目的是发挥保险的保障功能，也是保险最核心的部分。比如：在三口之家中，通常要区分谁是家庭经济支柱、谁没有社会保险、谁的风险敞口最大、谁的身体最不好等情况，根据家庭保费规模，决定每个家庭成员都买还是先给某人买。一般来说，一个普通收入家庭，每年保费支出有限，通常为家庭收入的10%～20%，家庭主要经济来源人应该处在购买保障型保险的优先位置，为保障一家之主在遭受意外的情况下，家庭其他成员的生活不会受到太大影响，家庭理财目标需求仍然可以通过保险金得到满足。然而储蓄型保险具有投资品的性质，可以应用在教育规划、养老规划等分项规划中，教育保险可以满足子女从小学到大学甚至结婚创业的需求，而养老保险可以为退休后的生活提供除社保外的补充现金流。在遗产规划中，终身寿险也是最为常用的保险产品，因为保险赔偿金具有避税避债的特征，因此是非常好的财产传承工具。

（四）股票

股票的收益来自于股份公司的经营收入和股票流通过程中的差价收入。对于个人来说，投资股票的收益主要由股息收入、资本利得组成。这些都与股票市场的变化情况密切相关。相较于前面三种常用产品，股票的收益性较强，风险性也较高。在本书有关资产配置的讲解中我们已经了解到股票在理财规划中是非常重要的一种投资选择，不论是退休养老需求还是日常现金流需求都可以通过投资股票获得满足。但其风险性并不是所有的客户都可以接受的，在选择股票产品前，一定要对客户的风险特征有全面的了解和评价。其实，除了风险特征非常保守的客户，其他类型的客户都可以在理财规划方案中接受和使用股票产品。但有很多客户可能需要对股票的风险性进行反复的说明，才能接纳。

股票涉及的范围很广，类型丰富，因此在理财规划方案中选择股票作为投资产品选择，可以有效地实现风险的分散，收益性也较高。虽然股票的流动性不及银行储蓄产品，但与银行理财产品、保险产品和债券类产品相比，其流动性较强，如果考虑到波动性，股票的流动性选择范围则更为广泛，是理财规划方案中非常理想的产品选择。

（五）证券投资基金

证券投资基金是一种利益共享、风险共担的集合投资工具，是通过发行基金份额，募集社会公众资金，以资产组合方式进行证券投资活动，获得的收益按基金份额分配给投资者的一种证券投资工具。根据投资对象的不同，可以分为股票型基金、债券型基金、货币市场基金和混合型基金。在理财规划方案中，也会配置较多基金类产品，主要原因是：第一，部分客户无法接受股票产品的风险，而基金产品虽然大部分也是投资于股票，但由于是集合投资并由专门的基金经理进行管理，相对分散了风险，是更适合于普通人的投资选择。第二，基金产品的选择也较为广泛，货币市场基金可以每个开放日进行交易，且没有申购赎回费用，可以作为现金规划工具；股票型基金同样具有类似股票高收益的特征，并且不必费心选股，受到很多客户的青睐；债券型基金虽然收益不及股票型基金，但安全性较高，对于风险特征相对保守的客户来说也是不错的选择。第三，基金定投是在教育规划中常用到的投资安排，具有积少成多，能够充分体现货币时间价值的特征，投资起点低且安全性较一次性投资高，可以均衡成本，收益性也较高，得到客户的普遍认可，尤其是对于可用资产较少，主要依靠年金形式投资理财资源的家庭来说，基金产品在理财规划方案中出现的频率很高。

产品是投资的最终对象，投资产品的选择是理财规划最后的落脚点和核心。在现代金融条件下，投资产品和投资工具种类繁多，我们可以将主要的投资工具总结为以下几种类型：短期投资工具、固定收益类、基金类、股权类、衍生工具、实物及其他，如表6-1所示。我们所接触到的银行储蓄产品及银行理财产品基本属于短期投资工具及固定收益类投资工具；股票和基金产品也是满足资本增值需求的不错选择；然而衍生工具和实物类投资由于风险较高且专业度要求也较高，在个人和家庭理财规划中使用较少。

**表6-1 理财规划常用投资工具特点**

| 类型 | 投资工具 | 特点 |
| --- | --- | --- |
| 短期投资工具 | 短期存款、货币市场基金、国库券、短期银行理财产品等 | 风险低，流动性强，通常用于满足紧急需要和日常开支周转 |
| 固定收益 | 中长期存款、公司债券，保证收益类理财产品等 | 风险适中，流动性较强，通常用于满足当期收入和资金积累需要 |
| 股权类 | 股票等 | 风险高，流动性强，用于资本增值需要 |
| 基金类 | 开放式基金、封闭式基金、ETF和LOF等 | 专家理财集合投资，风险适中，用于获取平均收益 |
| 衍生工具 | 期权、期货、远期互换等 | 风险高，个人参与度较低 |
| 实物及其他 | 房地产、艺术品、黄金等 | 具有行业和专业特征 |

此外，如表 6 - 2 所示（★越多，相应指标越好），银行储蓄产品及理财产品具有风险适中、流动性较强的特点，通常用于满足紧急需要、日常开支周转及满足当期收入和资金积累需要，安全性和流动性特征突出。银行理财产品因为具有高于储蓄产品的收益，因此丧失了部分变现性，但获利性高于储蓄产品。股票和基金产品的变现性和获利性都较好，在可接受的风险范围内也是理财规划中的明星产品。

表 6 - 2    中国家庭常用投资工具"三性"比较

| 投资工具 | 安全性 | 获利性 | 变现性 |
| --- | --- | --- | --- |
| 储蓄 | ★ ★ ★ ★ ★ | ★ | ★ ★ ★ ★ ★ |
| 银行理财产品 | ★ ★ ★ ★ | ★ ★ ★ | ★ ★ |
| 国债 | ★ ★ ★ ★ ★ | ★ ★ | ★ ★ ★ |
| 基金 | ★ ★ ★ | ★ ★ ★ | ★ ★ ★ ★ |
| 股票 | ★ ★ | ★ ★ ★ ★ ★ | ★ ★ ★ ★ ★ |
| 房产 | ★ ★ ★ ★ | ★ ★ ★ ★ | ★ |

最后，我们也可以把各种理财规划中常用的投资产品进行综合比较，如表 6 - 3 所示，从投资周期、投资费用、套现能力、获利机会、投资风险和投资机会几个方面进行比较。从投资周期来看，短期银行理财产品种类丰富，流动性较强，而银行储蓄则能够满足中长期理财需求，两者搭配基本可以满足普通理财需求，并且投资费用和投资风险在几种投资工具中是较低的，但其投资机会固定，不能随时根据市场变化进行调整，对投资者来说省心省力但获利能力及套现能力较股票、基金、外汇等产品而言较小也较为固定。股票和积极产品投资周期短，投资费用也较少，投资机会和获利机会也较大，但基金产品的风险较股票低，因此是理财规划中更为常用的投资产品选择。

表 6 - 3    投资工具综合比较

| 投资工具 | 基金 | 股票 | 银行理财 | 储蓄存款 | 债券 | 外汇 | 黄金 |
| --- | --- | --- | --- | --- | --- | --- | --- |
| 投资周期 | T + 1 或 T + 3 | T + 1 | 1 年以内 | 1 ~ 8 年 | 债券期限 | 反复进出 | T + 0 |
| 投资费用 | 一般 | 较少 | 较少 | 较少 | 一般 | 一般 | 最少 |
| 套现能力 | 1 ~ 3 日套现 | 隔天套现 | 期满后 | 期满后 | 期满或贴现 | 随时套现 | 随时套现 |

续表

| 投资<br>工具 | 基金 | 股票 | 银行<br>理财 | 储蓄<br>存款 | 债券 | 外汇 | 黄金 |
|---|---|---|---|---|---|---|---|
| 获利机会 | 上涨获利 | 上涨<br>获利 | 依产品实际<br>情况而定 | 固定 | 依产品实际<br>情况而定 | 风险<br>较高 | 涨跌<br>皆可 |
| 投资风险 | 一般 | 较大 | 一般 | 较小 | 一般 | 较大 | 一般 |
| 投资机会 | 较多 | 较多 | 固定 | 固定 | 一般 | 较多 | 最多 |

### 三、理财规划方案的推荐与营销

在理财规划服务中，理财师和财富经理在向客户提供理财规划方案时，如果已经确定好了各分项规划的投资产品，这些产品既能满足客户的理财目标需求，又与客户的风险特征相符，但在向客户介绍理财规划方案和推荐所选投资产品时，往往会出现一些争议，这些争议可能是客户对于理财方案的不理解，需要理财师进一步解释，也有可能是客户自身的情况发生了变化需要修正方案。如果是后者，理财师和财富经理需要针对客户实际情况重新开展信息收集和分析，并修改理财规划方案。如果是前者，则可能是理财师和财富经理在推介理财规划方案时缺乏推荐与营销的技巧导致客户出现认知偏差，这种情况在实际中经常会出现，因此需要学习如何使客户接纳和认可理财规划方案，如何对理财规划方案中的产品进行有效推荐以及如何引导客户顺利实施理财规划方案。

（一）如何使客户接纳和认可理财规划方案

每一份理财规划建议书都是针对某一具体客户（家庭）做出的，是一份极具个性化的产品，是依据客户（家庭）的理财资源、风险特征、理财目标需求制定的具有可操作性的方案，是适合于客户（家庭）的一份合理化建议。因此，在推荐理财规划方案时需要让客户充分理解这些特点，从客户角度进行推荐。

在首次向客户介绍和解释理财规划方案时，要利用好面谈的第一印象，提升客户对理财师和财富经理的信赖水平。在面谈前要做好充分的准备，特别是相关材料的准备，包括完整的理财规划建议书、相关产品的介绍说明文件、向客户进行展示说明的文件、后续执行文件等。这些文件务必从专业角度出发进行整理，内容规范，并按照向客户展示的顺序排放，在开始面谈时交给客户，树立专业形象，进一步提升客户的信任度。

从面谈开始，理财师和财富经理就要始终保持积极的态度，积极的态度实际上就是一种信念，相信自己具备成功的能力。情绪是可以相互传染的，只有你自己相信才能让客户相信你行。积极的态度最主要的表现就是真诚微笑，微笑可以淡化敌意，消除客户的戒备心理，化解尴尬，也可以使面谈的气氛更加和谐，但一定要发自内心、真诚，这当然也需要练习。不过我们所说的积极的态度，并不是要"假装"，而是要保持自己的本色。理财师和财富经理不用去扮演某个形象角色，每个人都有自己的特点，每个客户的喜好也不相同，要懂得发挥自己的长处。了解自己和把握自己的特点，客户就会喜欢和你在一起，并且可以给客户带来益处。因此，成功的经验可以借鉴，但不能盲从，取得客户的理解和信任才是推荐成功的基础。

在面谈中要始终明确和突出面谈的目的——让客户接受和认可理财规划方案。要达到这一目的的前提是达到客户认为的沟通目的，充分了解客户的需求和疑问。要投其所好，跟客户讨论他对理财规划方案的关注点，并详细解释，激发客户对该方案的兴趣。在介绍过程中要时刻设身处地关心客户的利益，从客户理财目标需求出发为客户介绍方案和投资策略，使其感受到理财规划的真正受益者是自己。对于客户的疑问，要主动帮助客户解决问题，提供解决方案和备选方案，给客户提供有价值的信息，对症下药，深度挖掘。

在面谈结束后，关于客户对理财规划方案提出的修改意见要及时进行修正，特别是针对客户自身情况的变化而产生的问题要逐一核对，并在后续服务中与客户进行沟通，为理财规划方案的顺利执行打下良好基础。

（二）如何对理财规划方案中的产品进行有效推荐

客户在对理财规划方案有了初步的认知和接纳后，通常会把问题主要集中在产品的选择方面，毕竟客户更关心的是自己家庭的资产到底何去何从，是否会出现亏损等。因此，要让客户真正接受理财规划方案最关键的就是认可其中的产品。

第一，了解客户的真正需求，是产品有效推荐的基础，不能单纯介绍产品的特征和优势，一定要考虑到客户的需求。对于客户需求的了解程度来源于许多不起眼的细节或习惯。虽然在理财规划的过程中理财师和财富经理已经与客户有过多次交流，并且对客户的基本情况和基本需求有了较全面的了解，但在真正要开始理财行动时，客户往往会有很多顾虑，要了解这些顾虑就需要进一步了解客户的真实需求。通常在面谈中是通过提问实现的。这里需要理财师和财富经理掌握提问的技巧。提问是营销中的一个重要技巧，提问的目的主要就是了解客户的需要，并引起客户的注意，用有效的问题来引导客户说出更多，刺激客户的心理状态，使客户在回答中将潜在需求逐一说出，使理财师和财富经理了解更多，从而能够更有目的性地进行产品的选择和推荐，比如可以依据客户的喜好，举例说明理财规划方案中的产品或服务怎样满足了客户的需求，这比直接介绍要好得多，由于针对性更强，因此也有效得多。

问题的设计主要有三种类型：有关基本状况的询问、有关问题的询问和暗示询问。

对于客户的基本理财需求在理财规划开始时就进行了有关基本状况询问，并将客户的基本情况和理财目标整理在了理财规划方案中，此时的询问更多是有关问题的询问和暗示询问。

有关问题的询问是得到客户对基本状况认可的回答后，为了探求客户是否存在不满、焦虑或抱怨而提出的问题，也是为了发现客户的需求而进行的询问。例如：客户的理财规划方案中推荐了较多的基金类产品，客户表示可以接纳，此时，理财师可以接着问"您平时购买基金时是自己选择的吗？会去研究基金投资风格吗？"根据客户的回答可以了解客户是否对这样的投资安排感到担心，并进一步解除这种担忧，可以向客户提供一些案例或所选基金产品的历史数据等。

暗示询问就是在了解客户的潜在需求后，提出解决客户不满意的地方的具体解决方案。例如：在有关问题的询问中，客户表示自己以前购买基金都是听朋友的推荐，根本不懂什么投资风格，此时就可以应用暗示询问的方式"您平时没有时间研究基金投资风格，我们会对您理财规划方案中投资组合产品情况提供动态的跟踪服务，我可以为您关注您持有基金的信息并及时通知您，您认为如何？"或者"您希望得到一些个性化的跟踪服务，我现在可以向您提供这样的服务，为您关注您持有基金的信息并及时通知您，由我来负责，您看这样行吗？"并进一步说明后续的跟踪服务安排。

一般来说，理财师和财富经理通过交替使用以上三种询问方法，就可以引导客户将潜在需求不知不觉地表达出来。通过问题的设计还能使客户因充分地表达意见而产生参与感，拉近双方的距离。

第二，细心设计产品资料。通常在向客户介绍相关投资产品和理财产品时，理财师和财富经理都会事先准备好产品资料，包括产品的名称、基本风险属性、收益的说明、产品优势等，但这些资料不能仅仅是简单的罗列，需要精心的设计才能被客户看到和接受。①增加一些内容，比如设计一个产品说明的封面，给客户耳目一新的感觉，也可以增加理财机构的专业性介绍和实力说明，增加客户对于机构的信任感。②要对不同类型的产品或不同分项规划中所推荐的产品进行分类介绍，制作简单的目录，便于客户查找。③在产品说明中要重点突出，比如客户较关心的收益问题、客户容易忽视的风险提示、与同类产品的比较等。④还要重点说明该产品在理财规划中的作用和价值，让客户认识到选择该产品的合理性和科学性，并再次说明后续服务，真正体现理财规划的全面性。

第三，有针对性地列举成功案例。列举与客户情况相当的成功案例，或者客户认识的人的投资案例，用这样的成功案例来推荐产品，能收到事半功倍的效果。比如："您知道某某吧，他也购买了这种类型的产品来为孩子准备教育金，现在的投资回报率也达到了预期效果"。列举的那些购买过该产品并获利的成功案例，这些案例的主角最好是名人、专家等具有号召力的人群。但面对具体客户时，也要考虑针对性，比如：对教师可以讲专家，对公务员可以讲领导，对年轻人可以讲明星等，选择一个客户会相信的人的案例来做现身说法，会使客户产生从众心理，让产品的推荐更有效。

（三）如何引导客户顺利实施理财规划方案

在客户对理财规划方案和投资产品都表示接受之后，就到了执行的阶段。理财规划的顺利实施是最终能否实现理财目标的关键，这一过程会持续很长时间，甚至贯穿整个生命周期，客户的配合是顺利实施理财规划方案的保障。理财师和财富经理要激发客户对于理财和投资的关注。激发客户兴趣的方法是多种多样的，能吸引客户的一定是对客户有好处的东西，对于理财规划而言，最能吸引客户的就是能满足他需求的投资以及能帮助他实现目标的服务，这是所有理财客户都需要的。通过前期的频繁接触，理财师和财富经理已经对客户有了较全面的了解，只要找到能打动客户的地方，就可以提升客户的配合度。

具体操作来看，①以更直观的方式让客户看到效果。可以从成功执行的案例入手，向客户介绍坚持执行的案例，给予客户正面鼓励，或者将客户理财规划中某一投资组合做执行模拟，用数据和图表来说明执行的价值和作用，让客户对前景充满信心。特别是在市场行情低迷时，同样可以与客户交流对行情的看法，做长期模拟，使客户能在低迷市道中看到未来机会，将会给客户以极大信心和希望。②指出客户的利益所在，每个人都最关心自己能获得哪些好处。因此，迅速指出客户能获得哪些重大利益，是吸引客户注意力的好方法。时间在理财规划中的作用不言而喻，因此客户开始执行计划的时间对理财规划的成功至关重要。理财师和财富经理能够向客户说明现在就是最好的投资机会以及所能提供的服务的好处，就能有效促使客户行动起来。为了增加说服力，还要准备相关的数据材料来证明可信度，研究报告、权威的公司、研究所的投资建议书都可以用来向客户展示。③让客户发现自己的需求。理财目标是对客户理财需求的科学合理的总结，理财规划的目的就是要实现理财目标。客户也许还不是特别清楚这一点，在执行开始前就要让客户自己去发现理财规划需要配合执行的部分其实正好可以满足他的需求。理财师和财富经理可以从提问开始，引导客户逐渐确认他是有投资需求的，之后引导客户发现按照理财规划去执行是让他既省心又安全的投资途径，并且在理财规划方案中通常都有不止一种投资组合选择，客户会发现原来投资也是可以有多种选择的。此时，客户也许就会马上选择执行方案了。

在理财规划的执行过程中，客户随时都需要理财师和财富经理的帮助，这就需要理财师和财富经理掌握足够的专业知识，比如：时刻提醒客户市场存在的风险，并告诉他如何防范和回避这些风险；对于那些有投资经验的客户，可以和他们讨论一下投资技巧，对于正处于迷茫期的客户而言，最需要有人来帮助他或给他做参谋；在需要对投资组合做调整时，除了提供调整建议，还可以向客户提供各方面的信息，供他决策参考，从而让客户感受到理财服务是非常个性化的，也是客户非常需要的。当然，客户最需要理财师和财富经理帮助的时候是客户产生退缩心理、不想继续执行或拒绝执行的时候。反对或拒绝表达了客户的担心和忧虑。拒绝的意思是，客户还没有足够的信心来决定是否现在就执行投资，理财师和财富经理应该把客户的拒绝视为一项考验，不断积累处理各种拒绝的经验，应抱着专业诚恳的态度去协助客户解决他的疑问，这将会增加客户对理财师的信任，有助于客户更有信心执行理财规划方案。处理客户拒绝的步骤大致分三步。

第一步：探究拒绝的原因。可以用提问的方式，比如："让您担忧的还有什么事情？""是什么原因让您犹豫呢？""看起来您这样做出决定是有您的道理的，您的道理是……"通常在理财规划执行中的犹豫和担忧主要来自于风险，如果是关于风险的问题，理财师和财富经理就可以应用之前的投资者教育的内容重复向客户解释风险，消除客户的疑虑。

第二步：用语言缓和客户的担忧。了解了客户拒绝的原因后不要立刻表示反对，而应以同理心来对待，先用语言来缓和客户的担忧，表示理解客户的忧虑。比如"我理解您的感受……""当我第一次听说时也非常担心，直到……""开始其他人也有这种感觉……"然后再慢慢讲明其中的道理。

第三步：解释说明，消除误解。理财师和财富经理在回答客户的拒绝时，避免开始就说"是的，但是……"，因为这是在对他人的道理打折扣，是具有争论性的话语。"不要与客户争论"在理财规划一开始的沟通环节就已经提到过了，这里也是一样，因此解释说明也需要技巧，这些技巧在本书前面已经讲过，但并不是孤立的，而是应该融会贯通、举一反三的，用在这里也很合适。比如：客户的理财规划方案中存在高风险产品，客户不愿接受这些高风险产品，迟迟不执行，并表示不愿投资这些产品，该如何解决？理财规划中提供的投资组合都是符合客户风险特征的，客户在执行过程中提出这样的问题意味着前面的投资者教育还没有做好，客户的风险承受能力没有问题，只是还不习惯风险，对风险的认知不充分。此时如果告诉客户选择他喜欢的产品根本不挣钱，一半拿出来投理财方案中的产品，可以挣更多钱，客户会表示不在乎钱，这样的解释就失败了。换一种方式可以这样说："为了避免您的生活方式和生活水平在未来受到影响，需要改变现有的投资方向"，同时可以从损失角度去提建议，帮助客户认知其中的风险，了解风险与收益的关系，此时同样的投资建议就会被接受。

# 第二节 实训任务及具体步骤

在本项目的实训过程中，理财师在完成理财规划建议书的制作之后，还需要向客户讲解理财规划方案的具体内容，包括投资策略、投资产品选择等，并帮助客户确认理财规划方案的执行顺序、时间点等，主要训练理财规划建议书的制作、金融营销能力、投资产品的分析能力等，需完成以下几个任务，使客户充分理解理财规划方案并配合执行。

## 一、实训任务

任务一　向客户推介及解释理财规划方案

【训练目的】客户对理财规划方案的充分理解，将有助于理财规划方案的有效执行和最终理财目标的达成。通过本任务的训练，需要掌握理财规划建议书的制作要求和主要内容，了解引起客户对理财规划方案兴趣的方法，充分理解客户对理财规划方案的顾虑并消除这些担忧，取得客户对方案的认可，确保方案的顺利执行。

【训练学时】2 学时

【训练形式】分组训练

【训练内容】训练内容可依据教学对象和教学活动组织选择方案，以下训练方案仅供参考。

方案一：在制作完成理财规划建议书后，准备相关材料并设计客户展示PPT，现场模拟向客户讲解理财规划建议书。

针对这一方案，教学中需要融入情景模拟和角色扮演。需要准备的资料包括：完整的理财规划建议书、产品说明文件（产品的名称、基本风险属性、收益的说明、产品优势等）、理财规划方案现场展示 PPT。

方案二：设置具体情景，解决客户对理财规划方案提出的问题，比如认为方案设计与自身需求不符，对理财规划方案存在抵触情绪等。

针对客户这一问题，首先应把握两个原则：一是不要怕，二是不要急。注意引导客户，通过精心设计问题引导客户认知自身理财需求，深入了解理财方案，激发客户对理财方案的兴趣。可以从理财目标入手，逐个征求客户意见，使客户充分认识到理财目标与自身需求是相符的，并突出该目标达成后的美好愿景。也可以从客户感兴趣的方面出发，比如："张先生，我们在理财规划方案中为您设计了一个新的投资组合，现在它非常符合您目前的投资风格。我能为您详细介绍一下吗"？

方案三：向客户详细解释理财方案执行过程的重要性，为客户提供执行的时间顺序表，解决客户对理财规划方案执行过程的担忧。

针对这一方案，需要从客户角度出发为客户执行理财方案提供便利服务。将理财规划中各分项规划具体投资及购买的大致顺序以表格的形式呈现，对每一笔资金的使用流向进行详细说明。由于理财规划方案的执行是一个长期过程，客户主要担忧是否能够获得持续的服务，关于后续跟踪服务的情况也需要详细说明，可以后续服务说明文件的形式呈现，并向客户进行解释。

【注意事项】

（1）理财规划建议书的制作内容要完整，可参考理财方案模板。

（2）情景模拟过程可提前制作脚本，设计具体问题和流程。

（3）客户展示材料的形式不限，可自由设计。

任务二 理财产品及投资产品营销能力训练

【训练目的】在理财规划方案的执行中，客户对理财规划中投资组合产品选择产生的异议最多，本任务要求掌握常见理财产品及投资产品的特点，做好产品营销前的准备工作，掌握金融产品营销技巧，通过灵活运用营销话术和营销方法，使客户接纳理财规划方案中提供的投资组合。

【训练学时】2 学时

【训练形式】分组训练

【训练内容】训练内容可依据教学对象和教学活动组织选择方案。

方案一：设置情景问题，按要求设计解决方案和营销话术。

参考例题 1：客户认为理财规划中投资组合产品风险过高，自己难以接受，不愿投资。

心理学中有"门槛效应"，是指一个人一旦接受了他人无关紧要的要求，接下来往往会接受更大的甚至不合心愿的要求。因此，在这种情况下可以先将异议分解，开展说服性工作，不断积累共识，缩小异议，成功的可能性就会增加。大部分客户都会在投资产品的价格和风险上提出反对意见，而实际上客户更关心的是产品价值，在这种情况下最好不要先谈论风险，而应首先突出收益和对客户理财目标需求的满足，当客户意识到该产品符合自己的预期时，就会提升该产品在客户心中的价值。接下来再介绍投资组合产品的风险与客户风险的匹配程度，可以拿出客户风险特征资料和产品的资料进行对比，用数据进一步打消客户疑虑。此外，要充分考虑客户的心理需求，参考话术如下："的确，和银行储蓄存款相比，这个产品的风险是高了些，但是您也知道储蓄存款的利息再高也难抵得过通货膨胀，理财也不能把钱越理越少吧。您看，理财规划方案中为您选择的理财产品，收益都比普通存款高。您要是担心风险，这里还有几款风险稍低的产品，您也可以试试，也可以满足您的理财需求。其实我们这里还有一位客户，和您年龄差不多，她也是从低风险的产品开始，现在有些理财目标都已经达成了。而且现在也在她的理财规划中加入了您这款产品，要不，我也给您介绍一款她买过的理财产品？"

**参考例题 2**：客户看到理财规划方案中的投资产品后非常犹豫。

此时，首先排除客户对产品风险和收益方面存在的异议，如果不存在对产品风险和收益的疑虑，客户其实只是需要一个选择权。理财师和财富经理通常会给客户提供一些备选方案，也就是在每一个分项规划中都有两组以上的投资组合方案可供客户选择，即使是应用原有投资组合，也可以为客户提供其中一两个产品的选择权，此时不要问客户要不要，要给客户选择权，参考话术："某某先生，这两款产品在风险和收益上都非常适合您，而且也是理财规划中常用的明星产品，一直以来的表现都很好，未来预期也可以满足您的理财需求。您选哪个都不会错，或者您也可以同时投资于两个产品？分散投资也是我们推荐的投资理财方式。"

方案二：通过网络查询和实际调研的方式，了解最新理财产品及投资产品，特别是互联网理财产品，总结其风险和收益特征，与理财规划中常用投资产品进行比较分析，并指出其在理财规划中的适用性和主要优势。

方案三：结合专业实习或单独安排实践活动，调查客户对于理财规划方案的认知程度、理财需求和产品偏好，可撰写调研报告或案例分析报告。

【注意事项】

（1）灵活运用多种营销技巧解决实际问题。

（2）在理财规划方案中推荐使用更多创新型金融产品。

（3）实践活动的安排需结合教学实际情况。

任务三　理财规划执行中客户争议解决训练

【训练目的】在理财规划方案执行过程中，由于市场环境的变化和客户自身情况的变化，客户会对理财规划方案中的很多具体问题产生争议，通过本训练任务，要求掌握解决客户争议的方法，依据客户需求调整理财规划方案，通过与客户的相互配合，引导和鼓励客户顺利实现理财目标。

【训练学时】2 学时

【训练形式】分组训练

【训练内容】训练内容可依据教学对象和教学活动组织选择方案。

方案一：模拟理财规划方案执行一年、三年或五年后的情况，编制案例家庭财务报表，发现其中问题，并通过调整方案解决问题。

针对此方案，可以采用组间交换提问和检查的方式，由理财规划方案制定组来解答其他组提出的质疑，并做出必要调整。

方案二：对原有案例中客户及家庭情况做少量调整，可设置一些常见情况，比如：客户家庭生育"二孩儿"、客户风险特征发生变化、客户希望更换投资产品等，根据情况不同有选择性地采用与客户沟通和调整理财方案等方式。

针对这一方案，首先要分析这些情况的变化会影响到理财规划中的哪些方面，比如客户家庭生育"二孩儿"会影响到家庭的支出，进而影响理财资源投入，此外还可能会增加"二孩儿"养育和教育需求，这些都需要考虑。其次要再次核对客户需求，确定可以不予调整的方面，比如：客户风险特征的变化有可能是客户风险容忍态度的变化，可以通过与客户反复沟通，进行投资者教育来改变，尽量不对理财规划方案做大的调整。最后针对具体情况变化和实际理财需求对理财规划做出必要调整。

方案三：设置在理财规划执行中常见的客户争议问题，准备解决方案和话术，采用现场模拟的方式，也可结合视频教学案例。

**参考例题 3**：客户对理财机构的服务和诚信有所怀疑，不想再继续理财活动。

面对这种情况，可能是客户听信了一些传言或不实事件，此时必须针锋相对、态度诚恳地澄清事实。因为客户若对理财服务的诚信有所怀疑，理财规划可能面临彻底失败，客户的利益和机构的声誉都会受到损害。可以用正确的资料或事实佐证说法，客户会很容易接受，反而对你更加信任。在沟通中遣词用句要特别注意，对事不对人，切勿伤害了客户的自尊心，最重要的是要让客户感受到你的专业与敬业。

**参考例题 4**：经过一段时间理财规划的执行，客户认为自己家庭的收入不高，资产也不多，这样"小规模"的理财是不会有什么效果的，也赚不到什么钱，不愿再继续。

面对这种情况，可以从两个方面来向客户解释：一方面要告诉客户，理财并不是有钱人的专属，正是因为现在钱不多，才要去寻找投资途径，让小钱变成大钱，实现家庭理财目标；另一方面可能是受到市场情况影响，客户短期收益不理想有些丧失信心，此时要鼓励客户，参考话术："平心而论，在现在的市场状况下，你说的都非常正确，如果状况变成这样，你看我们是不是应该……"接下来重申长期投资的理念和时间在理财规划中的作用，进行反复的投资者教育，具体做法可参考本书第二章的内容。

【注意事项】

（1）本部分训练项目采用现场教学和模拟教学方式效果较好。

（2）灵活运用争议处理技巧，做到举一反三。

（3）在对理财规划方案进行调整时注意结合本书前几部分的内容。

**二、实训具体步骤**

第一步：结合理财规划建议书模板，将全部内容制作完整，准备客户展示资料，包括投资及保险产品说明文件、PPT展示文件、相关数据资料图表等。

第二步：采用现场模拟教学方式，分组角色扮演，进行理财规划方案的推荐与讲解，问题提出与解答，情况变化与分析。灵活应用理财规划知识和金融营销技巧解决现场设置的问题。

第三步：结合项目一、项目二、项目三、项目四的学习内容对理财规划方案进行调整。

# 第三节　案例演示

客户对理财规划方案提出异议的解决方法。

在理财规划的实际操作中，理财师和财富经理会遇到各种各样的情况，下面介绍一些比较行之有效的异议处理方法，在运用时还应该根据实际情况，举一反三，促进理财规划方案的顺利执行，最终帮助客户实现理财目标。

## 一、处理客户对于费用的异议

客户："我觉得你们这里收取的服务费太高了，某某机构只收80%，我希望你们也能再降20%！"

客户："在最近的投资和赎回交易中，我付出的手续费太高了！"

有关费用方面的异议，实际中出现较多，面对客户这样的异议不要直接反驳，最好使用间接否定的方法，不直接说明客户错了，而是先表示赞同客户的观点，消除客户的戒备心理，然后再纠正异议。尽量软化不同意见的口语，比如：使用"是的……如果……"的句型，用"是的"表示肯定客户的意见，用"如果"表达另外一种观点。尽量不要使用"但是"，因为"但是"很容易让客户感觉到前面的肯定并没有多大的诚意，更强调的是"但是"后面的说法。也可以使用询问的语气，通过询问找到客户真正的想法。针对上述客户的争议可以采用如下话术：

"王先生，我相信您一定对我们机构的信誉和能力有所了解，也希望我们为您提供的理财服务是100%的优质服务，难道您希望我们给您的服务也打折吗？"

"是的，王先生，我能理解。最近市场变动频繁，按照您理财规划方案中的资产配置方案，我们进行了多次再平衡的调整，手续费稍高了一些。我向您保证，我们在做调整时也充分考虑了手续费的问题，您的资产配置目前处在非常良好的状态，收益水平也比预期稍高，完全可以包含这部分手续费的支出，您可以放心！这里是相关收益测算数据和费用明细，您可以看一下。"

## 二、处理客户对于产品选择的异议

客户："我不喜欢投资基金产品，我觉得不靠谱。"

客户："你们推荐的投资产品我都没听说过，真的能行吗？"

在考虑了客户风险特征与产品匹配程度的前提下，客户对于产品的不接受往往只是心理上的问题，比如听说别人买赔过，或者自己曾经在这个投资产品上有过损失。在这种情况下最好能拿出实际数据或案例，让客户加深对自己得到益处的印象。可以拿以前成功的案例作为引子，由这个引子得到该产品是实现客户理财目标的可选配置方案，然后再为客户分析当前的市场情况，该产品配置方案仍然可以为客户提供获利的机会。这样有理有据的说明，更容易让客户接受产品。

有些情况下客户确实提出了某产品的不足之处，对于这样的异议可以采用重要性排序的方法。对于客户来说，永远都会有很多问题，但有些问题是比其他问题更重要，可以根据客户提出问题的重要性，排出先后次序，谨慎地对比选择产品和不选择产品的优劣，以便确定关键问题，帮助客户最终做出决定。在运用重要性排序的方法时，可以帮助客户列举选择该产品的理由，突出其对理财目标达成的重要作用，再让客户列举不选择的理由，通过对比，向客户明确列出该产品需要分析的各个方面，让客户自己选择对他来说更重要的，其实，在理财规划中客户非常清楚自身理财需求的满足是最重要的目标，因此不会因为某产品有些不足就放弃对自身有利的方面。

## 三、处理客户对于风险的异议

客户："这只股票的风险太大了，最近都损失了这么多，我不想再买入了。"

客户："我觉得你们为我推荐的投资产品组合的风险挺大的，未必能实现预期收益吧？"

客户对于风险的异议主要来自于客户对风险认知的不充分。理财规划是在管理客户的资产，更是在管理客户的风险，理财师和客户对于风险的认知是不同的，为了让客户能够正确认识风险并接受风险，在理财规划的整个过程中都贯穿了有关风险问题的投资者教育内容。面对在理财规划方案执行过程中客户提出的有关风险的异议，需要结合前面已经对客户讲解过的内容，通过连续提问，引导客户对一系列问题做习惯性的肯定回答，进而促使客户认可现在的操作。向客户提出的问题应该综合各方面的要点，并对每一个问题精心组织，让客户一定是做出肯定而不是否定回答，最后一个提问归结到关于认可现有方案的目的。比如：

提问：您是否认为投资都是有风险的？

客户回答：是的。

提问：您是否认为多样化投资可以分散风险？

客户回答：是的。

提问：您是否认为现有的资产配置方案是进行了风险分散的方案？

客户回答：是的。

提问：您是否认为现在的操作是按照既定的资产配置方案执行的？

客户回答：是的。

提问：我想您已经做好了再次购买这只股票的准备了，是吗？

不断引导客户做出肯定的回答是以切合实际的理性行为为基础的。有明确事实依据的问题，会让客户感到坦然，从而极容易得到肯定回答。客户做出的肯定回答越多，就越有可能继续表示认同。当然，提问方式有很多种，例如："您同意我的观点吗？""您以前是否听说过？"在提问过程中，客户也有可能对某些问题做出否定回答，这时应该立即做出相应的解释，并提出新的问题。在运用引导肯定回答法时，必须十分谨慎。在提问的过程中，应仔细观察客户回答时的语气和神态的变化。

另外可以事实为依据，证明客户对风险的认知不正确。比如在前面的例子中，客户认为"投资组合风险大所以不能实现预期收益"，这就是不正确的观点，需要帮助客户澄清，正是因为有风险的存在才能产生收益，高风险的产品自然会需要更高的收益来补偿，这一观点可以找到很多案例和佐证，应用事实来说明客户认知中存在的问题是解决客户异议很有效的方法。但在运用这一方法时，需要仔细观察客户的行为和准确了解客户的真实意愿。

对于客户确实表示无法接受理财规划中既定投资组合风险时，也可以对理财规划方案进行调整，可以在不影响整体方案执行的前提下，对某些分项规划中的具体产品进行调整，可以推荐类似产品替换，比如"好，我知道您认为股票的风险较大，也许风险较小的开放式基金更适合您。"

最后，对于与理财规划没有关联的客户异议，要尽量避开，提高效率，同时减少不必要的麻烦，因为此类异议并不是成交的直接障碍。如果客户存在偏见，我们的任务不是去改造他，而只是注意客户对理财规划方案的意见就足够了。

# 第七章　理财规划案例实操

## 第一节　案例基本情况

### 一、家庭成员背景资料

李先生与李太太生活在一个规模中等城市，今年均 32 岁，李先生在外资企业做管理工作，李太太是某大学副教授，2016 年夫妇二人喜得贵子，一家三口生活幸福。

### 二、家庭收支资料（收入均为税前）

李先生月薪 12000 元；李太太月薪 8000 元。李先生家庭财务支出比较稳定，除了每月基本的伙食、交通通信费用 4000 元外，就是不定期的服装购置和旅游支出每年 20000 元，儿子出生后每月需各种营养、衣物用品费用 1500 元，每月各种养车费用约 1500 元。

### 三、家庭资产负债资料

2016 年儿子出生后，为了获得更大的生活空间，李先生 2018 年 1 月初首付 45 万元，贷款购买了一套价值 150 万元的 120 平方米住房一套，贷款当月开始还款，采用等额本息还款法，贷款期限为 20 年，贷款利率为 4%。2018 年房产价格变动不大，该房产目前市值仍为 150 万元。夫妇二人对金融投资均不是十分在行，五年前经人介绍购买了 20 万元的股票，一度增值到 40 万元，因此李先生 2016 年初又追加投资 20 万元，结果经历了股市暴跌，目前市值仅余 25 万元。除股票外，李先生家里有即将到期的定期存款 10 万元，活期存款 5 万元。此外，二人有一辆市值 20 万元的中档汽车。

### 四、理财需求

目前，李先生夫妇想请理财师通过理财规划为其解决以下问题：

（1）李先生想知道目前只依靠单位福利的风险保障是否完备，如果不足，还需要补充哪些保险。

（2）李先生夫妇二人都曾在海外留学，因此，也计划在儿子长大后可以将孩子送往国外读大学，综合考虑国外大学教育费用和生活费的增长情况及汇率变化。预计届时需要 120 万元的留学费用，这笔钱需要提前进行准备。

（3）李先生夫妇均打算 60 岁时正常退休，希望退休后，可以有时间一同走走各地的风景名胜，综合考虑各种休闲费用和医疗支出，二人预计以 85 岁为生存目标，至少需要 180 万元的养老费用。

（4）李先生想换一辆三厢的家庭用车，预计花费 35 万元。

（5）能够对现金等流动资产进行有效管理。

# 第二节　实训要求

依据案例基本情况和案例理财需求，主要完成以下训练要求：

（1）客户风险特征分析：需考虑风险承受能力和风险容忍态度。

（2）客户财务状况分析：①编制客户资产负债；②编制客户收入支出表；③客户财务状况的比率分析（至少分析四个比率，以百分数表示，保留到整数位）。

（3）确定理财规划目标：目标优先排序、目标需求值、目标实现时间点等。

（4）制定分项理财规划方案（请结合客户风险特征进行资产配置）。

（5）理财方案总结。

提示：①信息收集时间为 2019 年 1 月，资料截止时间为 2018 年 12 月 31 日。②保险规划中应按人分别列明保险种类、必要额度和保费支出，同时标明具体险种和保险产品。③银行贷款利率及公积金贷款利率参考当前水平确定（案例中已告知的除外），其他条件可自行假设。④计算过程保留四位小数，计算最终结果保留到整数位。

# 第三节  项目教学法解决案例问题

## 一、项目一  客户信息获取及风险特征分析

依据实训指导书实验项目一理财规划的准备流程的要求，分角色开展理财实训活动，每组由 1 位同学扮演客户，其他同学扮演理财师或财富经理，通过沟通的方式了解客户基本信息。

本案例中客户财务信息的收集采用信息调查表的形式：通过提问获取相关信息并记录或由客户自行填写（见表 7 – 1、表 7 – 2）。

**表 7 – 1  李先生夫妇现有资产信息调查表**

| 资产类别 | 是否持有 | 持有数量或金额（万元） |
|---|---|---|
| 股票 | 是 | 25 |
| 证券投资基金 | 否 | 0 |
| 债券 | 否 | 0 |
| 理财产品 | 否 | 0 |
| 银行定期储蓄存款 | 是 | 10 |
| 银行活期储蓄存款 | 是 | 5 |
| 房产 | 是 | 150 |
| 自用汽车 | 是 | 20 |
| 保险投资账户价值 | 否 | 0 |
| 其他投资性资产（列明种类） | 否 | 0 |
| 合计 | | 210 |

注：所有资产均以市价列入。

**表 7 – 2  李先生夫妇家庭收支信息调查表（月度）**

| 收入情况（税前） | | 支出情况 | |
|---|---|---|---|
| 工资薪金收入合计 | 20000 元 | 家庭基本生活支出 | 4000 元 |
| 本人收入 | 12000 元 | 子女抚养及教育支出 | 1500 元 |
| 配偶收入 | 8000 元 | 养车支出 | 1500 元 |
| 其他家庭成员收入 | 0 | 旅游娱乐支出 | 20000 元/年（折合每月为 1667 元） |

| 收入情况（税前） | | 支出情况 | |
|---|---|---|---|
| 财产性收入合计 | 0 | 其他支出 | 0 |
| 经营性收入合计 | 0 | | |
| 其他收入合计 | 0 | | |
| 合计 | 20000 元 | 合计 | 8667 元 |

表 7－1 和表 7－2 未计入负债及房屋贷款还款支出，通过与客户沟通及调查客户贷款相关凭证，了解客户负债情况：2018 年 1 月初贷款 105 万元购买了一套价值 150 万元的 120 平方米住房一套，贷款当月开始还款，采用等额本息还款法，贷款期限为 20 年，贷款利率为 4%，截至 2018 年底共还款 12 个月，每月还款额为 6363 元。

客户风险特征信息的获取采用风险特征测评问卷的形式（本问卷可以作为理财规划方案附件的一部分，不出现在项目一中）：

## 风险特征测评问卷

您的姓名：

填写日期：

身份证号码：☐☐☐☐☐☐☐☐☐☐☐☐☐☐☐☐☐☐

尊敬的理财客户：

您好！为了给您提供更优质的服务，请您花费几分钟的时间，如实填写以下问卷，本问卷可协助评估您的风险特征，进而为您提供更优质的理财服务。

特别提示：您应当如实提供相关信息及证明材料，并对所提供的信息和证明材料的真实性、准确性、完整性负责。当您的各项状况发生重大变化时，需对您理财规划方案及时进行重新审视，以确保您的资产配置与您风险特征等实际情况一致。

郑重承诺：对于您在本问卷中所提供的一切信息，本理财机构将严格按照法律法规要求承担保密义务。除法律法规规定的有权机关依法定程序进行查询以外，本机构保证不会将涉及您的任何信息提供、泄露给任何第三方，或者将相关信息用于违法、不当用途。

风险容忍态度调查问卷

1. 您打算重点投资于哪些种类的投资品种：（B）

A. 债券、货币市场基金、债券基金等固定收益类投资品种

B. 股票、混合型基金、股票型基金等权益类投资品种

C. 期货、期权等金融衍生品

D. 其他产品

2. 以下哪项描述最符合您对于投资的态度：（C）

A. 厌恶风险，不希望本金损失，希望获得稳定回报

B. 保守投资，不希望本金损失，愿意承担一定幅度的收益波动

C. 寻求资金的较高收益和成长性，愿意为此承担有限本金损失

D. 希望赚取高回报，愿意为此承担较大本金损失

3. 有一位投资者一个月内做了 15 笔交易（同一品种买卖各一次算一笔），您认为这样的交易频率：（C）

A. 太高了

B. 偏高

C. 正常

D. 偏低

4. 您是否曾经在一个极具风险的投资中投入一笔钱，且主要是为了体验它价值升高或降低所带来的"刺激"？（B）

A. 没有

B. 有，较少

C. 有，较频繁

D. 有，很频繁

5. 您投资发生损失后的心理：（D）

A. 寝食难安

B. 对情绪影响大

C. 对情绪有些影响

D. 学习经验，照常生活

6. 您的投资目的是？（B）

A. 资产保值

B. 资产稳健增长

C. 资产迅速增长

D. 资产疯狂增长

7. 当您进行投资时，您的首要目标是：（C）

A. 资产保值，我不愿意承担任何投资风险

B. 尽可能保证本金安全，不在乎收益率比较低

C. 产生较多的收益，可以承担一定的投资风险

D. 实现资产大幅增长，愿意承担很大的投资风险

8. 当您面对投资形势恶化时，您是否容易做出改变以适应形势？（C）

A. 不容易

B. 一般

C. 较容易

D. 非常容易

9. 当您接触到"风险"这个词语时，以下哪个词语最先浮现在您的脑海中？（B）

A. 损失

B. 不确定性

C. 机会

D. 刺激、快感

10. 想象您正在参加一个电视节目，并且可以做出如下选择，您会？（B）

A. 得到 5000 元现金

B. 50% 的机会赢得 25000 元

C. 25% 的机会赢得 50000 元

D. 5% 的机会赢得 50 万元

风险承受能力调查问卷

1. 您的主要收入来源是：（D）

A. 无固定收入

B. 出租、出售房地产等或利息、股息、转让证券等金融性资产收入

C. 生产经营所得

D. 工资、劳务报酬

2. 您家庭进行投资的资金占家庭现有总资产（不含自住、自用房产及汽车等固定资产）的比例是：（C）

A. 70% 以上

B. 30% ~ 70%

C. 10% ~ 30%

D. 10% 以下

3. 您是否有尚未清偿的债务，如有，其性质是：（可多选）（B）

A. 有，亲朋之间借款

B. 有，住房抵押贷款等长期定额债务

C. 没有

D. 有，信用卡欠款、消费信贷等短期定额债务

4. 您可用于投资的资产数额（包括金融资产和不动产）为：（A）

A. 不超过 50 万元人民币

B. 50 万 ~ 300 万（不含）人民币

C. 300 万~1000 万（不含）人民币

D. 1000 万元人民币以上

5. 您的职业为：（C）

A. 无固定职业

B. 专业技术人员

C. 一般企事业单位员工

D. 金融行业一般从业人员

6. 您的投资经验可以概括为：（C）

A. 有限：除银行活期账户和定期存款外，我基本没有其他投资经验

B. 一般：除银行活期账户和定期存款外，我购买过基金、保险等理财产品，但还需要进一步指导

C. 丰富：我是一位有经验的投资者，参与过股票、基金等产品的交易，并倾向于自己做出投资决策

D. 非常丰富：我是一位非常有经验的投资者，参与过权证、期货或创业板等高风险产品的交易

7. 您家庭中现有家庭成员有几位？（B）

A. 2 人

B. 3 人

C. 4 人

D. 5 人及以上

8. 您家庭中有固定收入的家庭成员有几位？（B）

A. 1 人

B. 2 人

C. 3 人

D. 4 人及以上

9. 过去一年时间内，您购买的不同金融产品（含同一类型的不同金融产品）的数量是：（A）

A. 5 个以下

B. 6~10 个

C. 11~15 个

D. 16 个以上

10. 您家庭的年收入大概是多少？（B）

A. 10 万元以内

B. 10 万~30 万元

C. 30 万 ~ 100 万元

D. 100 万元以上

评价标准：满分 80 分 A = 1 分；B = 2 分；C = 3 分；D = 4 分；

风险特征测评得分区间评析：

保守型（1 ~ 25 分）属于可以承担低风险且作风谨慎的投资者，适合投资于保本为主的投资工具，但您因此会失去资产升值的机会。

稳健型（26 ~ 50 分）属于可以承担较低风险至中等风险的投资者，适合投资于能够权衡保本且有一定升值能力的投资工具。

成长型（51 ~ 60 分）属于可以承担中等风险至高风险的投资者，适合投资于有较大升值能力且投资价值有波动的投资工具。

进取型（61 ~ 80 分）属于可以承受高风险类型的投资者，适合投资于能够为升值能力强且投资价值波动大的投资工具，最坏的情况下，可能失去全部投资本金并需承担投资所导致的任何亏损。

注：风险特征测评问卷评价标准及相关评析仅供参考，请结合客户实际情况进行评判。

通过对李先生进行风险特征的测评，其得分为 49 分，属于稳健型投资者，属于可以承担较低风险至中等风险的投资者，适合投资于能够权衡保本且有一定升值能力的投资工具。其中，李先生风险容忍态度测评得分较高，为 26 分；风险承受能力测评得分为 23 分，说明李先生具有较强的风险投资意愿，通过进一步沟通可以了解到李先生属于理性且偏好风险的投资者，综合考虑其家庭实际情况，可在部分分项理财规划中推荐升值能力较强的投资工具，以更好地实现家庭理财目标。

## 二、项目二　家庭财务分析

李先生的家庭资产负债表、收支储蓄表和财务状况基本指标如表 7 - 3、表 7 - 4 和表 7 - 5 所示。

表 7 - 3　李先生家庭资产负债表　　　　　　　　单位：元

| 资产 | 金额 | 负债 | 金额 |
|---|---|---|---|
| 住房 | 1500000 | 贷款 | 1015007 |
| 汽车 | 200000 | | |
| 股票 | 250000 | | |
| 定期存款 | 100000 | | |
| 活期存款 | 50000 | 负债合计 | 1015007 |
| 合计 | 2100000 | 净资产 | 1084993 |

表7-4 李先生家庭收支储蓄表 单位：元

| 收入 | 金额 | 支出 | 金额 |
|---|---|---|---|
| 先生收入 | （12000－1145）×12＝130260 | 利息支出 | 41363 |
| 太太收入 | （8000－345）×12＝91860 | 伙食、交通通信费用 | 4000×12＝48000 |
| | | 营养、衣物用品费用 | 1500×12＝18000 |
| | | 旅游娱乐支出 | 20000 |
| | | 养车费用 | 1500×12＝18000 |
| 合计 | 222120 | | 145363 |
| 储蓄 | 76757 | | |

表7-5 李先生家庭财务状况基本指标（至少4个指标）

| 序号 | 指标 | 数值（％） |
|---|---|---|
| 1 | 储蓄比率 | 34.56 |
| 2 | 资产负债比率 | 48.33 |
| 3 | 流动性比率 | 4.13 |
| 4 | 投资与净资产比率 | 23.04 |

李先生家庭财务状况分析：

李先生家庭目前的储蓄比率为34.56％，即每年的税后收入有34.56％可以用来增加家庭投资或用于理财，相对于30％的标准值来说，其比例正常，说明家庭收入较多，可以用于投资理财的资金较充裕，具备较大的理财空间。50％以下的资产负债比率即为合理，李先生家庭负债比率为48.33％，说明张先生家庭负债已接近上限，不宜再通过增加负债来实现理财目标。李先生家庭的流动性比率为4.13，说明家庭现有流动性资产可以满足4个月左右的家庭支出，该比率的正常值在3到6，因此目前的比率较为合理，但考虑到李先生家庭还有10万元的定期存款，因储蓄存款利率较低，可以适当调整为现金准备和转化为投资。李先生家庭的投资与净资产的比率为23.04％，从理财规划的角度来看，投资性资产与净资产的比率达到50％左右是比较合适的，因此从该比率上来看家庭投资性资产较少，家庭主要资产为自用房产，不利于家庭资产的增值，还需要通过投资积累更多投资性资产。

附：计算过程

（一）房贷计算

本案例采用HP12C财务计算器进行计算。

依次键入105，PV，20，g，N，4，g，I，0，FV，按PMT键则显示－0.6363（见图7-1）。

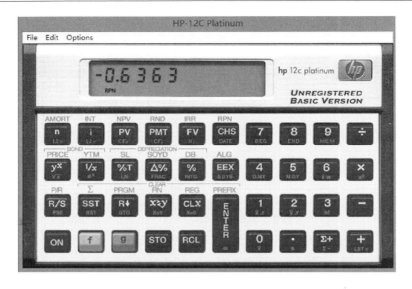

图 7 - 1　房贷每月还款额计算

在此基础上，继续键入 12，f，AMORT，则显示 – 4.1363（见图 7 – 2），即为已还款的 12 个月共偿还了 4.1363 万元利息。

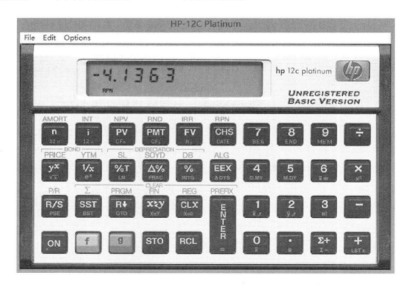

图 7 - 2　2018 年度偿还贷款利息

继续键入 RCL，PV，则显示 101.5007（见图 7 – 3），即为截至 2018 年 12 月 31 日尚欠银行贷款 101.5007 万元。

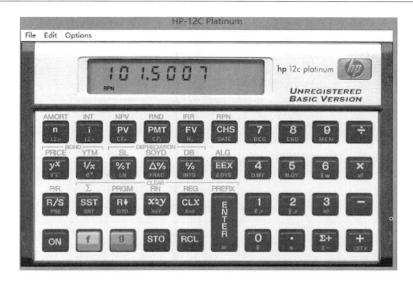

图 7 - 3  尚欠银行贷款

此案例也可采用普通公式计算方法：

每月还款额 $= \dfrac{M \times r \times (1+r)^N}{(1+r)^N - 1} = 105 \times 4\% \times (1+4\%)^{240} / (1+4\%)^{240} - 1$

$\qquad = 0.6363$ 万元

还了 n 期后剩余的本金 $= \dfrac{M \times [(1+r)^N - (1+r)^n]}{(1+r)^N - 1}$

本案例中已还款期数为 12 期，则还了 12 期后剩余本金为：

$105 \times [(1+4\%)^{240} - (1+4\%)^{12}] / (1+4\%)^{240} - 1 = 101.5007$ 万元

2018 年度偿还银行贷款利息总额为：

$0.6363 \times 12 - (105 - 101.5007) = 4.1363$ 万元

即为全年偿还贷款总额与全年偿还贷款本金额之差。

（二）税后收入计算：

因本案例所采用收入支出数据为李先生家庭 2018 年度的情况，因此按照 2018 年度个人所得税制度进行计算。

$(12000 - 3500) \times 20\% - 555 = 1145$ 元

$(8000 - 3500) \times 20\% - 555 = 345$ 元

$(12000 - 1145) \times 12 = 130260$ 元

$(8000 - 345) \times 12 = 91860$ 元

$130260 + 91860 = 222120$ 元

（三）财务比率计算

储蓄比率 = 当期储蓄/当期税后收入 × 100% = 76757/222120 × 100% = 34.56%

资产负债比率 = 负债/总资产 × 100% = 1015007/2100000 × 100% = 48.33%

流动性比率 = 流动性资产/每月支出 = 50000 × 12/145363 = 4.13

投资与净资产 = 投资资产总额（也叫生息资产）/净资产 × 100% = 250000/1084993 × 100% = 23.04%

### 三、项目三 理财规划目标的确定

表 7－6 理财目标整理表

| 理财目标 | 优先次序 | 目标基准点年份 | 目标总需求（元） |
|---|---|---|---|
| 流动性目标 | 1 | 当年（第 0 年） | 36340 ~ 72681 |
| 保险规划目标 | 2 | 当年（第 0 年） | 李先生：1000000<br>李太太：860000 |
| 教育规划目标 | 3 | 2034 年（第 15 年） | 1200000 |
| 购车目标 | 4 | 2022 年（第 3 年） | 350000 |
| 养老规划目标 | 5 | 2047 年（第 28 年） | 1800000 |

理财目标优先次序主要依据目标实现的期限长短来进行排序，其中因教育规划目标对李先生家庭来说较为重要，且时间弹性和金额弹性都较低，故排序在购车目标之前。李先生家庭购车目标主要为了满足家庭出行及接送儿子上下学，故选择儿子上学那年（第 3 年）作为目标基准点年份，后续可适当调整。

附：计算过程

流动性目标总需求以家庭合理的流动性比率为基础进行计算，李先生家庭每月支出约为 12114 元（145363/12 = 12113.5833），以每月支出的 3 ~ 6 倍来计算合理的紧急备付金数额，则为 36340 ~ 72681 元。考虑到李先生家庭现有流动性资产为 5 万元，故可以直接保留 5 万元活期存款，具体现金规划方案在项目四中详细说明。

保险目标总需求测算：

保险规划目标主要考虑应用保险的保障性功能，因此保险目标总需求主要采用遗属需求法来进行测算。遗属需求法即当事故发生时，可确保至亲的生活准备金总额。将在生至亲所需生活费、教育费、供养金、对外负债、丧葬费等，扣除既有资产，所得缺额作为保额的粗略估算依据。这样的测算方法能够更加全面地保障家庭成员的生活，对家庭理财规划来说更可靠。测算中需要分人进行，也就是以家庭中每一个有收入的家庭成员为被保险人进行单独测算。

以李先生为被保险人，李先生身故后家庭其他成员（李太太及儿子）所需生活费和教育费的测算（假设折现率为3%）：

李先生家庭原基本生活支出为每月4000元，儿子抚养及教育支出为每月1500元，在李先生身故后，其妻子和儿子每月生活支出需3500元（因李先生身故，家庭生活费减半处理，2000＋1500＝3500），全年生活费为42000元（3500×12＝42000），考虑到李太太有稳定收入，可适当减少需求，以每年40000元生活费计入，预计需提供20年至李先生的儿子自立为止。假如不考虑通货膨胀的影响，则应用Excel财务函数来计算PV（其中生活费支出为期初）：

PV（3%，20，－40000，0，1）＝612951.9643

如图7－4所示。

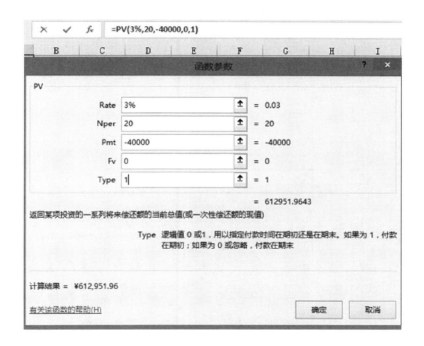

图7－4　李太太及儿子生活费需求

则李太太及儿子的生活费约需60万元。

教育费为教育规划目标需求的现值，即

$PV = 1200000/(1+3\%)^{15} = 770234.3369$

则目前儿子的教育费约需77万元。

此外，李先生家庭对外负债仅有房屋贷款，目前尚欠银行贷款本金余额101.5007 万元。丧葬费预估 3 万元，家庭全部资产中扣除自用性房产和汽车后既有资产为 40 万元（25 + 10 + 5 = 40）。因此，应用遗属需求法测算出李先生的保额约为：

60 + 77 + 3 - 40 = 100 万元

即李先生保险规划目标总需求为 100 万元。

同理，以李太太为被保险人，李太太身故后家庭其他成员（李先生及儿子）所需生活费和教育费的测算（假设折现率为 3%）：

李先生家庭原基本生活支出为每月 4000 元，儿子抚养及教育支出为每月1500 元，在李太太身故后，李先生和儿子每月生活支出需要 3500 元（因李太太身故，家庭生活费减半处理，2000 + 1500 = 3500 元），全年生活费为 42000 元（3500 × 12 = 42000），考虑到李先生有稳定收入且收入高于李太太，可减少生活费需求，以每年 30000 元生活费计入，预计需提供 20 年至李先生的儿子自立为止。假如不考虑通货膨胀的影响，则应用 HP12C 财务计算器来计算 PV（其中生活费支出为期初）：

依次键入 g，BEG，30000，PMT，20，N，3，I，0，FV，按 PV 键显示459713.9732（见图 7 - 5）。

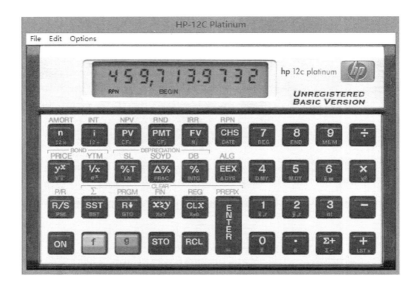

图 7 - 5　李先生及儿子生活费需求

则李先生及儿子的生活费约需 46 万元。

教育费仍为教育规划目标需求的现值，即 77 万元；家庭对外负债为尚欠银行贷款本金余额 101.5007 万元；丧葬费预估 3 万元；家庭全部资产中扣除自用性房产和汽车后既有资产为 40 万元。因此，应用遗属需求法测算出李太太的保额约为：

46 + 77 + 3 − 40 = 86 万元

即李太太保险规划目标总需求为 86 万元。

在本案例中，也可在测算保险需求时适当宽松处理，增加保额，做到应保尽保，此时可以不考虑李先生夫妻自身的收入，仅依靠保险金满足所有需求，即李先生和李太太的保险规划目标总需求相同，计算如下：

全年生活费以 42000 元计入，预计需提供 20 年至李先生的儿子自立为止。假如不考虑通货膨胀的影响，则应用 HP12C 财务计算器来计算 PV（其中生活费支出为期初）：

依次键入 g，BEG，42000，PMT，20，N，3，I，0，FV，按 PV 键显示643599.5625（见图 7 − 6）。

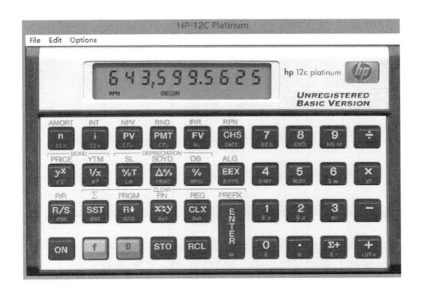

图 7 − 6 至亲生活费需求

即至亲生活费约需 65 万元；教育费仍为教育规划目标需求的现值，即 77 万元；家庭对外负债为尚欠银行贷款本金余额 101.5007 万元；丧葬费预估 3 万元；家庭全部资产中扣除自用性房产和汽车后既有资产为 40 万元。因此，应用遗属需求法测算出李先生和李太太的保额均为 105 万元（65 + 77 + 3 − 40 = 105 万元）。

教育规划目标总需求、购车目标总需求和养老规划目标总需求为案例已知条件，故不需测算。如客户对目标需求不清晰，还需进一步沟通和测算，包括对子女将来出国留学国家的选择、目前留学费用和留学费用增长率的预估、退休后生活水平、退休后休闲及医疗支出等。

## 四、项目四　分项理财方案的制定

（一）现金规划（流动性目标规划）

依据项目三中流动性目标总需求为 36340～72681 元，综合考虑李先生家庭收入情况和收入稳定性，紧急备付金形式可选择投资工具和融资工具两种，具体而言，活期存款可在原有 5 万元的基础上减少为 2 万元，同时选择投资 2 万元货币市场基金，在兼具流动性的基础上提高收益，具体产品推荐开放型货币市场基金。融资工具可以选择信用卡或短期银行小额贷款，具体信用额度在 4 万～7 万元，推荐李先生和李太太单位工资卡开卡行信用卡产品和短期银行小额贷款产品。

（二）保险规划

根据李先生家庭收入情况，家庭年度税后总收入为 222120 元，家庭年度保费支出约占年度总收入的 10%～20%，即 22000～45000 元，考虑到李先生家庭实际支出情况，选择拿出 20000 元左右作为保费支出。

依据项目三中保险目标总需求确定李先生和李太太所需保障型保险的保额，在具体保险产品选择中推荐定期寿险产品（见表 7-7）。

**表 7-7　李先生和李太太保险规划**

| 被保险人 | 保险产品 | 保费 | 保额 |
|---|---|---|---|
| 李先生 | 定期寿险 | 3200 元 | 100 万元 |
| 李太太 | 精心优选定期寿险 | 2400 元 | 86 万元 |

考虑到李先生家庭实际需要，均选择保障至 60 周岁，其子女届时已经自立。李先生的×××定期寿险选择期缴 20 年的方式，年缴保费 3200 元，保障范围除了身故责任，还包含全残责任。李太太的精心优选定期寿险年缴保费 2400 元，除了 86 万元的身故及全残保额外，还包含 20 万元的重大疾病保额（含 30 种重大疾病）。此外，本案例中可以考虑为李先生及其儿子购买健康险，如重大疾病保险和住院保险等。李先生家庭的实际保费支出为 5600 元（3200 + 2400 = 5600）。

（三）教育规划

由于李先生家庭目前的投资性资产仅有定期存款 10 万元和股票 25 万元，且股票投资并不成功，家庭投资收益较差，因此在投资规划中考虑对现有投资性资产进行重新安排。在教育规划中考虑将 10 万元定期存款作为初始投资，对于尚欠缺的部分采用年金的方式进行投资，考虑基金定投的方式。综合考虑李先生家庭风险特征，其属于稳健型投资者，开放式基金可作为投资可选产品。具体测算如下（应用 HP12C 财务计算器进行计算）：

依次键入 15，N，10，I，10，CHS，PV，0，PMT，按 FV 键显示 41.7725（见图7－7）。

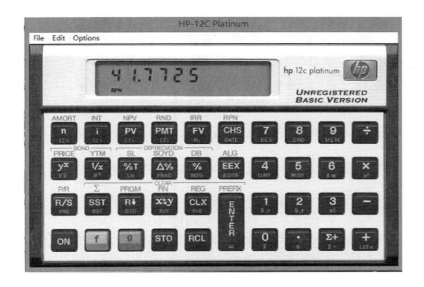

图 7－7　可获得的教育金

将 10 万元定期存款投入投资回报率为 10% 的投资产品中，15 年后可获得 41.7725 万元教育金，与教育目标总需求 120 万元相比尚缺少 78.2275 万元，需通过基金定投的方式获得。李先生家庭年储蓄为 7.6757 万元，扣除全年已偿还银行贷款本金 3.4993 万元（105 - 101.5007 = 3.4993）及保费支出 0.56 万元，全年可进行投资的资金为 3.6164 万元（7.6757 - 3.4993 - 0.56 = 3.6164 万元），每月投入 0.15 万元进行基金定投，全年投入 1.8 万元。

具体测算如下（应用 HP12C 财务计算器进行计算）：

依次键入 15，g，N，0.15，CHS，PMT，0，PV，78.2275，FV，按 I 键显示 1.0376（见图 7－8）。

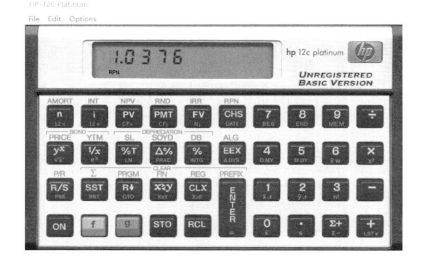

图 7-8    月投资收益率

1. 0376% 为月投资收益率，则年化收益率为 12. 4512% （1. 0376 × 12 = 12. 4512），需选择年化收益率在 12. 4512% 以上的基金定投产品。

因此，为李先生推荐将 10 万元资金一次性投入灵活配置混合型证券投资基金，其收益率预期在 10% 左右，且表现稳健评级较高，适合于作为教育规划投资产品。另外每月投入 1500 元以基金定投的方式投资于 A 证券投资基金，其近三年的定投收益均在 13% 以上，近几年表现优秀，可以满足李先生的投资需求。

（四） 购车规划

李先生家庭的购车规划主要是要置换一辆新车以满足家庭生活需要，总需求为 35 万元。目前李先生家庭所使用的自用汽车市值为 20 万元，以年折旧 10% 来计算，3 年后市值约为 14 万元，届时可卖出并变现，现有资产股票 21 万元用于购车。李先生也可以考虑现在就进行换车规划，将市值 20 万元的自用汽车出售获得 20 万元资金，同时卖出股票 15 万元以购置新车。

（五） 养老规划

李先生家庭全年储蓄为 7. 6757 万元，扣除全年已偿还银行贷款本金 3. 4993 万元及保费支出 0. 56 万元，教育规划目标全年投入 1. 2 万元，全年可进行投资的资金为 1. 8164 万元 （7. 6757 - 3. 4993 - 0. 56 - 1. 8 = 1. 8164 万元）。将这些资金全部用于养老规划，采用年金的方式投资资产组合中，具体测算如下 （应用 Excel 财务函数进行计算）：

结果如图 7-9 所示。

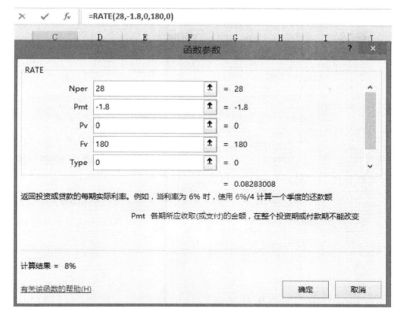

**图7-9 适合李先生的年投资回报率**

RATE(28, -1.8, 0, 180, 0) = 8.2830%

可知，李先生以8.2830%的年投资回报率每年投资1.8万元即可满足养老目标总需求。本案例中推荐投资产品组合如下：

（1）债券A，年化收益率约为8%，每年投资1万元；

（2）ETF联结基金B，年化收益率约为10%，每年投资0.4万元；

（3）股票C年化收益率约为10%，每年投资0.4万元；

投资组合的期望收益率为：

E(r) = 1/1.8×8% + 0.4/1.8×10% + 0.4/1.8×10% = 8.88%

可以满足李先生家庭养老规划目标。

资产配置完成后，李先生家庭年储蓄已全部分配使用，可投资资产还有剩余。如果李先生选择现在就完成购车目标，则可投资资产剩余为11万元（5+10+25-2-2-10-15=11），此部分剩余资产可进行投资调整，并推荐李先生用于构建家庭旅游计划及教育规划养老规划的补充，同时可以考虑增加家庭保险投入。

**五、项目五 理财方案的执行与调整**

（一）理财方案的执行

本案例理财方案的执行采用目标并进法，即现在就开始各项投资活动并购买相应保险产品。具体执行表见表7-8。

表7－8　理财方案执行表

| 理财目标 | 具体金额（元） | 推荐产品 |
|---|---|---|
| 流动性目标 | 20000 | 活期储蓄存款 |
| | 20000 | 货币型基金 |
| | 授信额度50000 | 信用卡或信用额度 |
| 保险目标 | 3200（年缴） | 定期寿险 |
| | 2400（年缴） | 优选定期寿险 |
| 教育目标 | 100000 | 灵活配置混合型证券投资基金 |
| | 1500（每月） | A证券投资基金 |
| 养老规划 | 10000（每年） | 优选债券C |
| | 4000（每年） | 非银ETF联结基金 |
| | 4000（每年） | （股票） |

（二）理财方案的调整

通过与李先生沟通，李先生认为教育规划目标所选投资产品风险较高，故进行部分调整，具体调整如下：

在教育规划中增加初始一次性投资金额，从剩余的11万元资产中拿出8万元与10万元定期存款一同作为初始投资，合计18万元，对于尚欠缺的部分采用年金的方式进行投资，仍考虑基金定投的方式，同时降低投资收益预期。具体测算如下（应用HP12C财务计算器进行计算）：

依次键入15，N，8，I，18，CHS，PV，0，PMT，按FV键显示57.0990（见图7－10）。

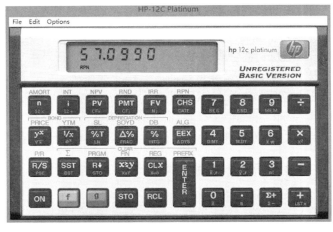

图7－10　可获得的教育金

将 18 万元定期存款投入投资回报率为 8% 的投资产品中，15 年后可获得 57.0990 万元教育金，与教育目标总需求 120 万元相比尚缺少 62.901 万元，同样选择每月投入 0.15 万元进行基金定投，全年投入 1.8 万元，以基金定投的方式获得。

具体测算如下（应用 HP12C 财务计算器进行计算）：

依次键入 15，g，N，0.15，CHS，PMT，0，PV，62.901，FV，按 I 键显示 0.8439（见图 7-11）。

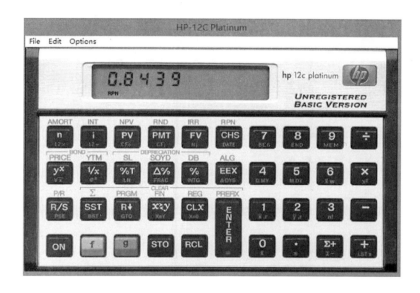

**图 7-11　月投资收益率**

0.8439% 为月投资收益率，则年化收益率为 10.1268%（0.8439 × 12 = 10.1268），需选择年化收益率在 10.1268% 以上的基金定投产品。

因此，为李先生推荐将 18 万元资金一次性投入工银瑞信双利债券 B（485011），其收益率预期在 8% 以上，且债券型基金波动性较小，表现平稳。另外，每月将 1500 元以基金定投的方式投资于博时新起点灵活配置混合型证券投资基金，其近三年的定投收益均在 10% 以上，且表现稳健评级较高，适合于作为教育规划投资产品。

依据调整后的教育规划方案执行可以降低投资风险，但同时降低了投资收益，此外，由于应用了较多理财资源，资产配置后剩余资产仅为 3 万元，不足以支撑新目标的达成，可作为养老规划或流动性规划的补充。

# 附　录

## 附录一　财富管理及理财规划实训说明书

### 第一部分　实训目的

一、课程目标

（1）知识目标：《财富管理实训》课程是一门综合技能实训课程，以培养学生的职业能力为目的。在教学过程中，注重循序渐进、由浅及深的原则，注重教学内容实践带动理论的特征，并在理论够用维度的前提下，尽可能详细地运用实际案例分析理财及财富管理过程。

（2）能力目标：通过课程训练，使学生了解理财及财富管理行业所需的职业素质、职业技能，加深对理财基本原理和基本方法的理解，巩固课堂教学内容，熟悉各分项规划，较好地掌握相关财富管理方法与技巧，初步具备理财及财富管理行业从业人员的基本素质。

（3）价值目标：在授课内容中融入理想信念教育、社会主义核心价值观教育、职业素养教育等"思政"要素，教育引导学生树立中国特色社会主义共同理想，增强学生的中国特色社会主义道路自信、理论自信、制度自信、文化自信，弘扬主旋律，传播正能量，在潜移默化中引导学生树立正确的世界观、人生观、价值观，从而对学生的理财素质和能力的培养起到主要的促进作用，更好地达到行业、社会对财富管理专业人才所提出的要求。

二、预期学习成果

（1）通过课程学习，使学生掌握理财规划的基本流程和基本原理，树立正确的消费观、价值观和财富观。

（2）综合运用经济学、金融学、会计学及投资学相关理论和知识，具备分析和解决理财问题的能力，同时以发展的视角看待当前经济形势。

（3）能够熟练运用理财计算方法及计算工具进行相关计算，通过数量化的方式发现理财问题，认知人生目标实现的时间因素，风险因素等，进而提供精准理财建议。

（4）通过学习使学生掌握个人及家庭理财及财富管理的各个分项规划，并且结合市场上主要理财及投资产品的类型、特点以及市场状况，以创新和发展的理念，选择适当的投资方式和投资产品。

（5）能够运用所学理财知识对客户及自己的财务状况进行诊断，以正确的价值观和财富观分析案例实际，并运用财富管理方法制定具备一定可行性的理财方案，鼓励学生以发展的视角对财富管理方案的具体实施进行合理预测。

## 第二部分　实验内容

现代的财富管理即用标准化的流程来做非标准化的方案，也就是理财流程的六个步骤，包括建立和界定与客户的关系，家庭财务状况分析，确定理财目标，制订理财方案和计划，执行理财计划，检查、调整和修改理财计划。理财规划的六个标准步骤就是要为每一个环节中的核心任务做相应的标准，用相对收缩和明确的标准来确定多元化服务的质量。本课程即以理财规划的六个步骤为依据，结合理财教学活动的特点，合理安排教学内容和训练计划。

实验实训教学活动即按照财富管理及理财规划的规范步骤安排实训课程项目，开展项目教学。学生通过项目的分工与合作，完成获得客户的相关资料、分析客户财务状况中存在的问题、归纳客户实际的理财目标以及制定相应的理财方案等阶段任务，并且能够学会解决客户争议，让学生模拟理财经理与客户交流的全过程，从而使财富管理实训课程更加接近于实际的理财工作，以此提高学生的人际交往能力以及为客户制作财富管理方案的能力。共分为五个实验项目：

**实验项目一：财富管理方案制定的准备流程**

实验重点：理财市场细分与目标市场定位，客户信任关系的建立。

实验难点：客户沟通技巧掌握与训练，客户信息收集训练。

实验方法：案例练习及角色扮演。

**实验项目二：客户家庭财务分析**

实验重点：资产负债表和收入支出表的编制，财务比率的计算与分析。

实验难点：某项特殊项目的处理、财务状况分析、报表之间的关联性分析。

实验方法：案例练习。

### 实验项目三：财富管理及理财目标的确定

实验重点：确定财富管理目标的原则和方法，目标的合理性和可行性分析。
实验难点：目标基准点法的应用，理财计算方法和计算工具的使用。
实验方法：案例练习及角色扮演。

### 实验项目四：分项理财规划

实验重点：各分项规划的制定（现金规划、保险规划、教育规划、购房规划、养老规划、遗产规划等）。
实验难点：资产配置方案的确定和策略选择，具体投资组合产品的确定。
实验方法：案例练习。

### 实验项目五：方案的执行与调整

实验重点：财富管理具体方案的整理，理财方案的推荐与营销。
实验难点：向客户推介及解释财富管理方案的技巧，财富管理方案执行中客户争议解决。
实验方法：案例练习及角色扮演。

## 第三部分 实验流程

教学中按照财富管理流程结合项目教学法安排实验实训流程，具体流程如图1所示。在教学开展前，学生需要具备先修课程知识储备，具体包括以下内容：

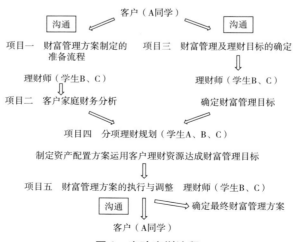

**图1 实验实训流程**

（1）金融理财的基本概念、原理和基础理论。

（2）个人及家庭财务规划的基本概念、原理和基础理论。

（3）投资及投资规划的基本概念、原理和基础理论。

（4）保险及保险规划的基本概念、原理和基础理论。

（5）证券（包括基金等）及证券投资的基本概念、原理和基础理论。

（6）税务及税务筹划的基本概念、原理和基础理论。

（7）市场营销和推销技巧的基本概念、原理和基础理论。

**实验项目一：财富管理的准备流程**

一、目的与要求

对教学班级学生进行分组，每组学生人数在 2～3 人，组成一个财富管理团队。通过对案例资料的了解客户基本信息。在这一过程中需要学生设计问题、问卷及相关表格，了解客户全部财务信息和非财务信息，特别是风险特征信息，并把资料及信息进行整理。

二、实训步骤

（1）首先每组选定一名学生 A 作为客户，其从案例库中随机抽取一个案例作为本组的研究对象，只有他一人知道客户资料，其他同学通过与他沟通获得相关客户信息。

（2）理财师（学生 B、C）设计沟通问题和相关表格，通过与 A 沟通并填写表格的方式获取客户的所有财务信息及非财务信息。

（3）理财师（学生 B、C）设计风险特征测评问卷或问题，全面分析客户风险特征，并对客户进行初步投资者教育。

（4）资料的整理和全面性检查。

三、考核点

（1）问题设计的全面性和合理性。

（2）客户沟通过程的开展情况（可以书面资料或影像资料佐证）。

（3）客户风险特征评价的准确性。

**实验项目二：客户家庭财务分析**

一、目的与要求

学生通过实验项目一获得全面案例资料，运用所学知识进行整理，编制家庭财务报表，并做财务比率和结构分析，评价案例家庭财务状况。要求学生熟练应用所学家庭财务知识，掌握财务报表之间的勾稽关系、具体内容及分析方法。

二、实训步骤

（1）理财师（学生 B、C）对实验项目一所获得的资料进行分类整理。

（2）编制相关家庭资产负债表和收支储蓄表（包含税务计算和房产计算等）。

（3）对家庭财务报表进行结构分析和财务比率分析，分析评价其财务状况。

（4）对案例家庭以后的财务状况作出合理预测。

三、考核点

（1）财务报表编制的正确性、规范性。

（2）相关税务及房贷等计算的正确性。

（3）财务分析的全面性、合理性。

### 实验项目三：财富管理及理财目标的确定

一、目的与要求

学生通过与客户的进一步沟通，获得客户财富管理需求的相关资料，帮助客户确定财富管理及理财目标，并对目标的合理性进行分析，并在此基础上运用目标基准点及目标现值法分析财富管理及理财目标的可行性，并最终确定目标实现的具体时间和金额。

二、实训步骤

（1）理财师（学生 B、C）通过与客户 A 沟通并填写相关表格获取客户财富管理及理财目标相关信息。

（2）归纳、整理目标信息，确定合理的财富管理及理财目标。

（3）分析财富管理及理财目标的可行性，应用理财计算工具（财务计算器、Excel 等）进行反复测算，最后使用目标基准点法确定具体理财需求，明确财富管理及理财目标。

（4）参照财富管理方案模板列明财富管理及理财目标明细表。

三、考核点

（1）目标信息收集开展情况（可包含影像资料和书面资料）。

（2）财富管理及理财目标的合理性和可行性。

（3）相关计算的准确性。

### 实验项目四：分项理财规划

一、目的与要求

学生依据实验项目二和实验项目三中确定的理财资源和财富管理目标，运用现金流量的估算方法制定相应的资产配置方案，要求学生掌握各分项规划制定的基本要求，对每一分项规划做完整阐述，并要有具体投资产品推荐，选择与案例家庭风险特征匹配的投资产品。

二、实训步骤

（1）由学生 A、B、C 协商确定客户的资产配置策略。

（2）根据财富管理目标的优先顺序进行理财资源的分配，制定分项规划，包含现金规划（流动性需求）、保险规划、教育规划、购房规划、养老规划等。

（3）为每个分项规划推荐具体产品和投资组合。

（4）整理产品相关资料

三、考核点

（1）资产配置策略选择的合理性。

（2）相关计算的正确性。

（3）具体产品选择的合理性。

**实验项目五：财富管理方案的执行与调整**

一、目的与要求

学生对实验项目四中的各分项规划进行整理归纳，依据财富管理方案模板制定理财规划建议书，并准备客户展示材料，与客户沟通财富管理方案中的具体问题，并做出相应解释和调整，辅助客户顺利执行财富管理方案。

二、实训步骤

（1）由理财师（学生 B、C）向客户（学生 A）展示和说明财富管理及理财方案，并推荐相应投资组合产品。

（2）客户（学生 A）需要对财富管理及理财方案的具体内容提出质疑和问题，并协商解决。

（3）最终确定方案内容和具体实施的时间、方式。

三、考核点

（1）财富管理及理财方案内容的完整性。

（2）沟通问题的解决和方案的调整。

（3）客户展示材料的完整性。

## 第四部分　实验实训考核参考评分标准

一、考核方式

整个实验实训分组完成，每组 2～3 人，按组提交考评资料和最终财富管理方案或理财规划方案。考核方式为全过程考核，即按照五个项目分别给出形成性成绩，每个项目占 20%。

二、考核标准

每个实验项目的成绩（20 分）包括每个项目完成的工作质量得分（10 分）和组内成员工作量得分（10 分）。教师依据每个项目的完成情况给予全组工作质量分，包括项目完成度和材料整理，每个项目内容必须完整，每个结果（不是案例中直接给出的）都须有计算过程或说明理由，每个分项规划中都要有相应的产品推荐，投资产品需构建投资组合，每个投资方案都要有 1～2 个备选方案；材料整理分包括将理财方案中每一项资料都要按要求整理，方案中所涉及的全部资料都要进行汇总，包括客户信息收集问卷和表格，客户风险特征测评问卷，方案中涉及的所有产品的说明文件，客户执行方案的说明文件等，按组上缴；此外，方案中的图表、文字叙述、公式等要有机结合，提交的方案格式要规范美观。组内成员工作量评价即评价每名学生在财富管理方案制作中完成的具体工作，依据每个学生在各项目内的工作量和贡献度进行分项评价。

| 考核方式 | 成绩构成 | 考核详细说明 | 所占比例（或分值） |
|---|---|---|---|
| 全过程考核 | 项目一 | 本组完成的工作质量（10 分）：依据本项目完成情况给出本组得分。主要包括面谈问题设计是否合理，财务信息收集的完整性，风险特征测评材料的完整性<br>组内成员工作量（10 分）：依据每个项目中组内分工情况和实训表现给出每个学生得分 | 20% |
| | 项目二 | 本组完成的工作质量（10 分）：依据本项目完成情况给出本组得分。主要包括财务报表编制准确度，计算过程完整性，财务分析与案例的相符度<br>组内成员工作量（10 分）：依据每个项目中组内分工情况和实训表现给出每个学生得分 | 20% |
| | 项目三 | 本组完成的工作质量（10 分）：依据本项目完成情况给出本组得分。主要包括财富管理目标排序是否正确，目标总需求测算是否正确<br>组内成员工作量（10 分）：依据每个项目中组内分工情况和实训表现给出每个学生得分 | 20% |
| | 项目四 | 本组完成的工作质量（10 分）：依据本项目完成情况给出本组得分。主要包括每个分项规划中都要有相应的产品推荐，投资产品需构建投资组合，每个投资方案都要有 1～2 个备选方案<br>组内成员工作量（10 分）：依据每个项目中组内分工情况和实训表现给出每个学生得分 | 20% |
| | 项目五 | 本组完成的工作质量（10 分）：依据本项目完成情况给出本组得分。主要包括材料整理，需要将方案中每一项资料按要求整理，方案中所涉及的全部资料都要进行汇总，包括客户信息收集问卷和表格，客户风险特征测评问卷，方案中涉及的所有产品的说明文件，客户执行方案的说明文件等<br>组内成员工作量（10 分）：依据每个项目中组内分工情况和实训表现给出每个学生得分 | 20% |
| 总计 | | | 100% |

# 附录二　财富管理及理财规划方案模板①

## ×××客户理财规划建议书

### 第×××组

学生姓名：××××　　学号：×××××××
学生姓名：××××　　学号：×××××××
学生姓名：××××　　学号：×××××××

---

① 本模板在专业的理财规划建议书的基础上进行了相应调整，以便更好地适应课堂教学，并鼓励学生对模板进行合理的创新。

# 声明

尊敬的××客户：

非常荣幸有这个机会为您提供全方位的理财规划服务。首先请参阅以下声明：

本理财规划建议书是用来帮助您明确财务需求及目标，对理财事务进行更好的决策，达到财务自由、决策自主与生活自在的人生目标。

本理财规划建议书是在您提供的资料基础上，基于通常可接受的假设、合理的估计，综合考虑您的资产负债状况、现金收支状况和理财目标而制定的。

本理财规划建议书所做出的所有分析都是基于您当前的家庭情况、财务状况、生活环境、未来目标和计划以及对一些金融参数的假设和当前所处的经济形势，以上内容都有可能发生变化。建议您定期评估自己的目标和计划，特别是在人生阶段发生较大变化的时候，如家庭结构转变或更换工作等。

专业胜任说明：本公司金融理财师××为您制作此份理财规划建议书。其经验背景介绍如下：

学历：硕士研究生

专业认证：××资格认证

工作经历：20××—20××年银行理财顾问

专长：理财规划、财务诊断

保密条款：本理财规划建议书将由金融理财师直接交给客户，经充分沟通讨论后，协助客户执行规划书中的建议方案。未经客户书面许可，本公司负责的金融理财师及其助理人员不得透漏任何有关客户的个人信息。

应揭露事项：本理财规划建议书收取报酬为每份××元人民币，建议书完成后若需要由理财师协助执行投资或保险产品，本公司根据与基金公司和保险公司签订的代理合同，收取代理手续费。

推介专业人士时，该专业人士与理财师的关系：相互独立，如顾问契约。

所推荐产品与理财师个人投资是否有利益冲突：经确认无利益冲突状况。

与第三方签订书面代理或者雇佣关系合同：××理财师仅收取顾问咨询费，未与第三方签订书面代理或者雇佣关系合同。

### 宏观经济与基本假设

本规划是基于以下宏观经济和相关基本假设做出的，当以下假设发生变化，会影响您目标实现的可能性。

1. 利率：应当关注长期利率水平的波动趋势，及其对理财目标所产生的影响。请参考 10 年期国债利率变化或 5 年期 LPR 来设定长期利率水平。

2. 汇率：应当关注长期汇率水平的波动趋势，及其对跨境资产配置和家庭理财目标所产生的影响。通常通过远期汇率交易水平来设定未来的汇率水平。

3. 通货膨胀率：规划时依照生活费用支出的类别考虑通货膨胀因素，参考官方公布的 CPI 变化情况。

4. 学费增长率：依照经验统计数据与未来趋势，学费增长受通货膨胀率影响，且其增长水平往往会高于通货膨胀率。因此，应估算与客户需求对应的公私立学校与留学的费用增长率。

5. 收入成长率：根据客户年龄与职业，从稳健的角度考虑，通常收入成长率设置较为保守。

6. 房屋折旧率与房价成长率：房屋未来价值 = 当前房价 × (1 − 折旧率 × n) × (1 + 房价成长率)n(n = 居住年数或投资年数)。

7. 投资收益率：根据建议的资产组合，推算出经验投资收益率。

8. 折现率：一般可用客户要求的最低投资回报率。

9. 退休生活消费替代率：退休后的消费水平是退休前消费支出的一定比例，一般经验认为是 70% ~ 80%，如客户未明确其退休后所期望的生活消费水平，则可以此经验值进行估算。

10. 存贷款利率：以商业银行公布数据为准。

需要注意的是，在每年对理财规划方案进行检视时，应对这些数据假设的合理性重新判断并做相应调整。

### 客户基本情况介绍

此处对客户家庭基本信息进行文字描述，可依据案例实际，也可通过情景模拟获取客户资料。

1. 家庭成员信息：年龄、职业、健康状况等。

2. 家庭资产负债信息：投资资产类别、可投资期限、负债总额、投资绩效等。

3. 家庭收支信息：家庭成员年收入、金融资产收益、实物资产收益等。

4. 家庭风险特征信息：投资经验、可接受资产类别、可承受损失比率等。

5. 其他信息：其他客户关注问题或特殊要求。

## 项目一　理财规划准备流程（××同学和×××同学完成）

一、客户基本信息收集

（1）面谈问题设计。

（2）信息调查表。

表样参考：

### 客户现有资产信息调查表

| 资产类别 | 是否持有 | 持有数量或金额 |
|---|---|---|
| 股票 | | |
| 证券投资基金 | | |
| 债券 | | |
| 理财产品 | | |
| 银行储蓄 | | |
| 房产 | | |
| 企业年金 | | |
| 退休金账户余额 | | |
| 公积金账户余额 | | |
| 保险投资账户价值 | | |
| 其他投资性资产（列明种类） | | |
| 合计 | | |

### 家庭收支信息调查表

| 收入情况（税前） | | 支出情况 | |
|---|---|---|---|
| 工资薪金收入合计 | | 家庭基本生活支出 | |
| 本人年收入 | | 子女抚养及教育支出 | |
| 配偶年收入 | | 赡养父母支出 | |
| 其他家庭成员年收入 | | 旅游娱乐支出 | |
| 财产性收入合计 | | 其他支出 | |
| 经营性收入合计 | | | |
| 其他收入合计 | | | |
| 合计 | | 合计 | |

填表说明：如支出中还涉及其他类目可以写在下面的空格处。

二、客户的风险特征分析

（1）客户风险特征分析问题设计。

（2）风险特征测评问卷设计：风险承受能力问卷和风险容忍态度问卷。

此处仅对客户风险特征做分析说明，风险特征测评问卷可放在模板最后的附件中。

### 项目二　家庭财务分析（××同学和×××同学完成）

一、资产负债表的编制

参考表样：

**资产负债表**　　　　　　　　　　　　　　　　　　单位：万元

| 资产 | 金额 | 负债及净值 | 金额 |
|---|---|---|---|
| 现金 | | 信用卡欠款 | |
| 活期存款 | | 小额消费信贷 | |
| 其他流动性资产 | | 其他消费性负债 | |
| 流动性资产合计 | | 消费性负债合计 | |
| 定期存款 | | 金融投资借款 | |
| 外币存款 | | 实业投资借款 | |
| 股票投资 | | 投资性房地产按揭贷款 | |
| 债券投资 | | 其他投资性负债 | |
| 基金投资 | | 投资性负债合计 | |
| 投资性房地产 | | 住房按揭贷款 | |
| 保单现金价值 | | 汽车按揭贷款 | |
| 其他投资性资产 | | 其他自用性负债 | |
| 投资性资产合计 | | 自用性负债合计 | |
| 自用房产 | | 负债总计 | |
| 自用汽车 | | | |
| 其他自用性资产 | | 净值 | |
| 自用性资产合计 | | | |
| 资产总计 | | 负债和净值总计 | |

二、收支储蓄表的编制

参考表样：

收支储蓄表　　　　　　　　　　　　　　　　　　　　单位：元

| 项目 | 金额 |
|---|---|
| 工作收入 | |
| 　　其中：薪资收入 | |
| 　　　　　其他工作收入 | |
| 减：生活支出 | |
| 　　其中：子女教育金支出 | |
| 　　　　　家庭生活支出 | |
| 　　　　　赡养父母支出 | |
| 　　　　　其他生活支出 | |
| 工作储蓄 | |
| 理财收入 | |
| 　　其中：利息收入 | |
| 　　　　　资本利得 | |
| 　　　　　房租 | |
| 减：理财支出 | |
| 　　其中：利息支出 | |
| 　　　　　保障型保险保费支出 | |
| 　　　　　其他理财支出 | |
| 理财储蓄 | |
| 储蓄 | |

收支储蓄表　　　　　　　　　　　　　　　　　　　　单位：元

| 科目 | 收入 | 科目 | 支出 |
|---|---|---|---|
| 丈夫收入 | | 日常生活支出 | |
| 妻子收入 | | 子女教育支出 | |
| 房租收入 | | 赡养父母支出 | |
| | | 旅游支出 | |
| | | 保障型保费支出 | |
| | | 合计 | |
| 合计 | | 储蓄合计 | |

三、家庭财务状况分析

### 财务状况基本指标（至少 4 个指标）

| 序号 | 指标 | 数值 |
|---|---|---|
| 1 | | |
| 2 | | |
| 3 | | |
| 4 | | |

财务状况分析

附：计算过程

包括房贷计算、税务计算及财务指标计算

### 项目三　理财目标的确定（××同学和×××同学完成）

参考表样：

### 理财目标整理表

| 理财目标 | 优先次序 | 目标基准点年份 | 目标总需求（元） |
|---|---|---|---|
| | | | |
| | | | |
| | | | |
| | | | |
| | | | |

注：理财目标需按照期限和重要性进行排序，并按排序顺序填写表格，目标总需求的计算须应用复利的计算方法。

附：计算过程（需绘制现金流量图）

包括现金规划（流动性）总需求的估算、保险目标总需求的测算（应用遗属需求法分人测算）、教育目标总需求的测算、养老目标总需求的测算、购房目标总需求的测算等。

### 项目四　分项理财规划（××同学和×××同学完成）

一、现金规划

依据项目三中现金规划目标确定紧急备付金的具体形式，需包含投资产品和融资产品。

二、保险规划

（1）估算保费。

（2）选择适合的保障型保险产品。

保险规划方案

| 被保险人 | 保险产品 | 保费 | 保额 |
|---|---|---|---|
| 丈夫 | | | |
| 妻子 | | | |

（3）在家庭保费有剩余的条件下为非家庭经济支柱选择保险产品。

三、教育规划

（1）判断采用一次性投资方式还是年金方式进行投资（PV，PMT 两种方式）。

（2）应用 Excel 或财务计算器计算理财资源投资需达到的收益率 I，其中 FV 是理财目标总需求，N 为投资期限，PV，PMT 为理财资源投入。

（3）构建符合客户风险特征的投资组合，使投资组合的期望收益与上述计算 I 相符。

（4）将投资组合中产品的情况说明，特别是收益率说明进行分类整理并放在附件中。

四、养老规划

（1）判断采用一次性投资方式还是年金方式进行投资（PV，PMT 两种方式）。

（2）应用 Excel 或财务计算器计算理财资源投资需达到的收益率 I，其中 FV 是理财目标总需求，N 为投资期限，PV，PMT 为理财资源投入。

（3）构建符合客户风险特征的投资组合，使投资组合的期望收益与上述计算 I 相符。

（4）将投资组合中产品的情况说明，特别是收益率说明进行分类整理并放在附件中。

五、购房规划

（1）判断采用一次性投资方式还是年金方式进行投资（PV，PMT 两种方式）。

（2）应用 Excel 或财务计算器计算理财资源投资需达到的收益率 I，其中 FV 是理财目标总需求，N 为投资期限，PV，PMT 为理财资源投入。

（3）构建符合客户风险特征的投资组合，使投资组合的期望收益与上述计算 I 相符。

（4）将投资组合中产品的情况说明，特别是收益率说明进行分类整理并放在附件中。

六、遗产规划

选择遗产规划工具，包括但不限于终身寿险、遗嘱信托等形式。

说明以上规划完成后剩余资产及储蓄的处理。

## 项目五　理财规划方案的执行与调整（××同学和×××同学完成）

一、准备客户展示文件

包括完整的理财规划建议书、产品说明文件（产品的名称、基本风险属性、收益的说明、产品优势等）、理财规划方案现场展示 PPT 等。

二、客户提问及解释记录

三、理财规划方案具体调整内容的简要说明

### 附件

一、客户风险特征测评问卷

二、保险产品说明文件

三、投资产品说明文件

四、理财规划方案展示 PPT

# 参考文献

［1］哈罗德·埃文斯基，斯蒂芬 M. 霍伦，托马斯 R. 罗宾逊．新财富管理［M］．北京：机械工业出版社，2015.

［2］柴效武．个人理财规划（第 3 版）［M］．北京：清华大学出版社，北京交通大学出版社，2017.

［3］苏跃辉，徐丹．投资理财理论与实务［M］．北京：经济管理出版社，2017.

［4］理清．银行职业化理财顾问营销技巧［M］．北京：中国财富出版社，2014.

［5］博多·舍费尔．财务自由之路Ⅲ：理财大师为你量身定制的投资组合体系［M］．北京：现代出版社，2019.

［6］卡尔·理查兹．理财最重要的事［M］．北京：中信出版社，2016.

［7］宗学哲，李睿康．银行理财经理营销实战宝典［M］．北京：中华工商联合出版社，2015.

［8］中国就业培训技术指导中心组织．国家职业资格培训教程：理财规划师专业能力（国家职业资格一级）［M］．北京：中国财政经济出版社，2014.

［9］中国就业培训技术指导中心组织．国家职业资格培训教程：理财规划师专业能力（国家职业资格二级）［M］．北京：中国财政经济出版社，2013.

［10］中国就业培训技术指导中心组织．国家职业资格培训教程：理财规划师专业能力（国家职业资格三级）［M］．北京：中国财政经济出版社，2013.

［11］罗瑞琼．个人理财［M］．北京：中国金融出版社，2014.

［12］刘柯．理财学院：银行理财产品一本通［M］．北京：中国铁道出版社，2017.

［13］G. 维克托·霍尔曼，杰瑞·S. 罗森布鲁姆．私人财富管理：个人财富规划者完全参考手册（第 8 版）［M］．苏薪茗，译．北京：中国金融出版社，2014.

［14］薛桢梁．中国财富管理顾问营销实战［M］．北京：中信出版社，2018.

［15］中国民生银行私人银行部．经济转型背景下的财富管理与资产配置［M］．北京：中国人民大学出版社，2018.

［16］斯蒂芬 M. 霍兰．私人财富管理［M］．翟立宏，等译．北京：机械工业出版社，2015.

［17］诺伯特·M. 明德尔，莎拉·E. 斯莱特．新经济下的财富管理：如何实现财富保值、增值、转移与传承［M］．侯伟鹏，译．北京：中信出版社，2016.

［18］张玲，成康康，高阳．个人理财规划实务［M］．北京：中国人民大学出版社，2018.

［19］人力资源和社会保障部教材办公室．助理理财规划师［M］．北京：中国人力资源和社会保障出版社，2016.

［20］胡君晖．个人理财规划（第二版）［M］．北京：中国金融出版社，2017.

［21］阿瑟 J. 基翁．个人理财（第六版）［M］．北京：中国人民大学出版社，2016.

［22］郑惠文．理财规划与方案设计［M］．北京：机械工业出版社，2014.

［23］安佳理财．理财产品实战［M］．北京：清华大学出版社，2016.

［24］大众理财顾问杂志社．理财经理基础与实务［M］．北京：机械工业出版社，2018.

［25］蒂姆·柯祺，张蓓．理财的智慧［M］．上海：上海财经大学出版社，2016.

［26］劳伦斯·J. 吉特曼．个人理财［M］．北京：中国人民大学出版社，2016.

［27］北京当代金融培训有限公司．金融理财综合规划案例［M］．北京：中信出版社，2014.

［28］北京当代金融培训有限公司．投资规划［M］．北京：中信出版社，2014.

［29］北京当代金融培训有限公司．金融理财原理（上、下）［M］．北京：中信出版社，2014.

［30］郭秀兰．个人理财规划［M］．成都：西南财经大学出版社，2017.

［31］陈红玲．理财产品营销实务［M］．北京：电子工业出版社，2014

［32］李厚豪．银行客户经理营销方法与话术［M］．北京：清华大学出版

社，2017.

　　［33］销售有道编委会．新思维：理财师营销技巧与话术［M］．北京：中国财富出版社，2016.

　　［34］大众理财顾问杂志社．如何成为令人信赖的理财顾问［M］．广州：广东经济出版社，2014

　　［35］苏卫宏．做卓越的银行客户经理［M］．北京：北京联合出版公司，2018.